ENZO MATTHEWS

UNE ANNÉE D'ANGLAIS AUX TOILETTES

TUT-TUT

À propos de l'auteur

Enzo Matthews est un éminent professeur d'anglais. Il partage son temps entre l'université de Cambridge et la Harvard Business School. Il est à la pointe de l'enseignement depuis deux décennies. Son objectif est d'y rester. Aussi est-il en quête perpétuelle de nouvelles méthodes d'enseignement de l'anglais. Usant des fonds importants mis à sa disposition par les deux universités qui l'emploient et d'importantes subventions de l'Union européenne, il a investi plusieurs millions de dollars dans de nouvelles techniques d'apprentissage de la langue de Shakespeare. *J'apprends l'anglais à dos de poney*, *J'apprends l'anglais en dos crawlé*, *J'apprends à insulter copieusement ma belle-mère anglaise*, *Je révise mon anglais au pub (programme sponsorisé par Guinness®)*, et *Je deviens une pornstar en Californie pour m'améliorer en anglais* (programme sponsorisé par pornhub.com®) ne sont qu'un tout petit aperçu des pistes qu'il a explorées ces dernières années. Des milliers d'élèves ont participé à leurs dépens à ses programmes tests. Ils ont aussi permis de faire avancer la recherche : la méthode qui a donné les meilleurs résultats est *Je révise mon anglais aux toilettes*. L'Union européenne et les deux universités qui emploient Enzo Matthews n'ont pas tardé à avoir vent du potentiel de la nouvelle technique. En octobre dernier, l'université de Cambridge, la Harvard Business School et l'Union européenne ont donc décidé de financer ensemble la création d'un ouvrage plus conséquent : *Une année d'anglais aux toilettes*. Après une bataille féroce entre éditeurs de renom, ce sont les éditions Tut-tut qui ont été choisies pour publier ce livre. C'est donc grâce à nous que vous pouvez aujourd'hui lire ce livre dans vos toilettes.

TELEPHONE

Ce livre est révolutionnaire

Se remettre à l'anglais

Si en raison de la gestion complexe de votre compte Facebook, d'une importante mission sur Smartphone consistant à lancer au lance-pierre des oiseaux sur des cochons verts ou des sorties incessantes des nouvelles saisons des séries américaines, vous n'avez jamais pu trouver le temps de vous remettre à l'anglais, *Une année d'anglais aux toilettes* va tout changer. Ce livre est tout le contraire des habituelles méthodes barbantes. Pour rendre ce manuel d'anglais révolutionnaire, nous avons notamment privilégié l'humour dans le but de stimuler votre mémoire. Lors de tests, Enzo Matthews a mesuré qu'il s'agissait de la façon la moins fatigante de retenir quelque chose (malheureusement, dans cet ouvrage, vous constaterez assez rapidement qu'il a lamentablement échoué dans la plupart de ses tentatives d'humour).

Ce livre vous fera tout de même progresser jour après jour. Il va vous permettre de retrouver un bon niveau d'anglais pour ensuite l'améliorer. Ici, pas de leçons de grammaire assommantes façon Mme Baudrillard, votre prof d'anglais à moustache du collège. Les leçons du livre partent toujours de ce que l'on connaît déjà ou de ce que vous avez déjà appris ou entendu un jour. Bref, nous allons mettre à profit le travail suivi et sérieux que vous avez fourni ces dix ou vingt dernières années en utilisant l'anglais dans votre quotidien et aussi pendant vos loisirs. Au cinéma par exemple, en utilisant des mots d'anglais pour acheter des tickets pour *Men In Black*, *Basic Instinct* ou *Jurassic Park*, en regardant *Desperate Housewives* ou *Homeland*, en écoutant chaque jour des dizaines de chansons en anglais, en utilisant les mots anglais intégrés à la langue française... Grâce au travail fastidieux et de longue haleine que vous avez effectué sommeille dans des coins de votre cerveau une base de vocabulaire qui va très bientôt prendre vie, leçon après leçon.

Des leçons calibrées

À ce propos, précisons que les leçons correspondent à la durée d'un passage aux toilettes, quatre à cinq minutes. Elles ont été scientifiquement calibrées par deux équipes du CNRS (elles n'ont pas souhaité être citées). Cette durée s'avère être suffisante pour faire de vrais progrès en seulement quelques mois. Toujours d'après les deux équipes du CNRS, si vous passez 30 ou 45 minutes par jour aux toilettes, vous pouvez vous attendre à faire des progrès beaucoup plus rapides. Si vous êtes concerné, contactez-les par téléphone pour recevoir gratuitement l'étude par courrier.

Réactivez facilement 1 600 mots !

Avec l'aide de cette méthode unique, vous apprendrez ou réactiverez facilement les 900 mots qui constituent la base de l'anglais. Ils vont se transformer en un socle assez solide pour vous permettre de vous exprimer, d'émettre des opinions, de vous emporter, de vous plaindre, de colporter des ragots, de crier, d'insulter, de bramer et d'avoir des rapports sexuels en anglais. Votre anglais sera aussi mis à jour avec les toutes dernières expressions. Vous étudierez en plus la structure des phrases anglaises dans les répliques des meilleures séries comme celles, cinglantes, du Dr House ou piquantes de vérité de la série *Desperate Housewives*. Ensuite, vous doublerez sans aucun effort votre vocabulaire de 700 nouveaux mots grâce au franglais, une liste de mots identiques dans les deux langues. Bref, vous avez entre les mains une vraie méthode pour fainéants mais diablement efficace. Quatre à cinq minutes de travail aux toilettes par jour et les progrès seront là, enfin si vous êtes capable de faire deux choses à la fois, ce sur quoi repose toute la méthode.

Une philosophie unique

En quelques mots, *Une année d'anglais aux toilettes* est aussi révolutionnaire dans son contenu que dans l'endroit où l'on va réviser, au calme et sans personne sur le dos. Afin d'utiliser au mieux ce puissant outil d'apprentissage, lisez les explications et recommandations sur les différents modules contenus dans les leçons.

Des *phrasal verbs*

Ce sont des verbes à particules très souvent utilisés par les Anglais et pas du tout par les Français lorsqu'ils parlent anglais. On retrouve ces petits verbes partout et surtout dans les conversations courantes anglaises. Il existe 518 923 *phrasal verbs* dans le Megascope, un gigantesque dictionnaire d'Oxford qui recense tous les mots de la langue anglaise. Après des débats houleux au cœur de la maison d'édition entre ceux qui voulaient tous les mettre et les autres, nous avons finalement sélectionné les 50 *phrasal verbs* les plus usités. Ce sont eux qui donneront à vos phrases et vos jurons un son authentiquement anglais. Vous serez crédible en anglais.

Du franglais ultra-facile à apprendre

Dans vos toilettes, brûlez régulièrement des bâtons d'encens afin de remercier Guillaume le Conquérant pour sa conquête de l'Angleterre en 1066. Grâce à lui, la langue anglaise s'est largement inspirée du français. Nous avons aujourd'hui des milliers de mots en commun ou partant de la même racine, dont ossification. Nous avons listé ces mots identiques et utiles afin que vous puissiez les apprendre rapidement, sans aucun effort (oui, vos amis nous ont indiqué que vous êtes fainéant, nous le savons). À haute voix dans vos toilettes, élaborez une phrase avec chacun d'eux afin qu'ils rentrent dans votre vocabulaire actif. Relisez-les régulièrement. Le franglais vous permettra d'exprimer des idées et des concepts compliqués mais ne doit pas devenir la base de votre anglais parlé. Si vous ne tenez pas compte de ce conseil, vous allez parler le même anglais que votre patron, ce qu'on ne peut souhaiter à personne (*The collaboration with the clients and the coordination of the informations are the important points for the profits of the division*). Le vocabulaire du premier chapitre est celui que vous devez utiliser en priorité.

Des phrases de vos séries

Vous regardez des séries américaines ? Dans ce livre, cette activité passive va se transformer en une excellente façon d'améliorer votre anglais. Les citations tirées de séries sont ici la version moderne des ennuyeux dialogues de votre ancien manuel d'anglais. Nous avons sélectionné des extraits, souvent amusants mais aussi représentatifs de phrases actuelles. Apprenez de nombreuses répliques par cœur, celles que vous aimez. Placez les ensuite dans vos conversations. Si votre interlocuteur reconnaît la citation, dites-lui : « Ah, toi aussi, tu es fan de cette série géniale. » S'il n'a pas bronché, attribuez-vous sans aucun scrupule la paternité de ce bon mot.

Peu de grammaire pénible

Personne ou presque n'aime la grammaire, aussi, nous avons essayé de limiter cette partie à quelques points importants, ceux dont vous ne pouvez pas vous passer quand vous parlez ou écrivez en anglais. Nous avons aussi tenté d'expliquer ces points de grammaire le plus simplement possible. Des interros surprise tomberont, vous ne pouvez pas faire l'impasse. Les interros peuvent tomber tous les jours de la semaine et même le week-end.

Des nouveaux mots anglais rigolos

Donnez votre manuel d'anglais du collège à un Anglais et vous êtes certain de déclencher chez lui l'hilarité en raison des mots et des expressions désuets utilisés dans les leçons. Il semble urgent que vous arrêtiez de parler le même anglais que les arrière-grands-mères anglaises. Afin de dénicher de nouveaux mots aussi amusants qu'inventifs, nous avons lu aux toilettes la presse anglaise, les dictionnaires d'Oxford et de Cambridge, ainsi que séjourné dans les pires banlieues de Londres et de Manchester à nos risques et périls. Ces mots en disent beaucoup sur les préoccupations de la société anglaise. Ils mettent aussi en lumière l'excellent sens de l'humour des Anglais, car oui, les Anglais sont drôles. Utilisez ces nouveaux mots pour donner à votre anglais une intonation résolument actuelle et aussi, bien entendu, pour frimer.

Les expressions des Anglais et des Américains

Dans cet ouvrage vous trouverez de très nombreuses expressions idiomatiques. Les apprendre vous permettra de manier une langue anglaise colorée et amusante, d'évoquer un concept ou un sentiment qui serait plus long à exprimer avec d'autres mots et de communiquer d'une façon beaucoup plus visuelle et métaphorique.

Les expressions anglaises sauvent des vies

Accessoirement, cela vous évitera les mésaventures de touristes français qui les traduisent mot à mot et qui à Londres se voient délivrer des informations qui viennent de la bouche de chevaux, tordent leurs slips dubitatifs devant leurs interlocuteurs, tentent de faire passer des billets par leur nez après avoir demandé six fois à leur interlocuteur de leur répéter la dernière phrase pour s'assurer de l'avoir bien comprise, repeignent la nuit venue des bâtiments entiers en rouge, se demandent pourquoi un Tom qui fait des gazouillis les observe...

Être plus intéressant en anglais

En plus de probablement vous sauver la vie, les expressions idiomatiques que vous allez apprendre dans vos toilettes donneront un son beaucoup plus authentique à votre anglais. En tant qu'étranger, vous bénéficiez d'un petit plus. En effet, lorsqu'un étranger utilise certaines expressions idiomatiques, elles prennent une saveur particulière, la même que lorsqu'une personne qui n'est pas française utilise avec malice l'une de nos expressions idiomatiques françaises ou qu'elle nous chante une vieille chanson française, par exemple. En résumé, en plus de mieux comprendre la langue de Shakespeare et de Britney Spears, l'un des bénéfices de votre travail effectué assis sur la lunette de vos toilettes sera de rendre vos propos définitivement plus intéressants pour un Anglais qui vous écoute. Concrètement, cela se traduit pour nos lecteurs par un côté plus séduisant et plus d'aventures sexuelles une fois en Angleterre ou aux États-Unis.

Des exemples actuels

Nous connaissons votre passé scolaire douloureux. Nous savons que vous avez subi plusieurs années de suite la lecture de dialogues soporifiques dans des manuels scolaires d'anglais insipides. Aussi, dans ce livre, afin de vous éviter la lecture d'une succession de phrases ennuyeuses, nous sommes partis chercher nos exemples d'utilisation d'idiomes dans les séries américaines, les films, les citations... Nous voulions que ce livre regorge d'extraits représentatifs de phrases actuelles. Il fallait qu'elles puissent ensuite réellement vous servir tout en restant intéressantes à lire. Apprenez certaines répliques et citations par cœur, celles que vous aimez. C'est ainsi que vous saurez placer les expressions idiomatiques anglaises au bon moment dans vos conversations.

Des traductions super-débiles

« Tu es en train de taper sur un cheval mort », « Souffle dans ta propre trompette », « J'ai une abeille dans mon bonnet »... Nous avons traduit mot à mot certaines expressions anglaises. En plus d'essayer de vous faire sourire à demi-nu dans vos toilettes, notre objectif est de vous faciliter l'apprentissage des expressions du livre. Derrière ce titre amusant se cache aussi une réflexion pédagogique.

Nos étonnantes méthodes de mémorisation

Ce livre se veut innovant sur deux tableaux. Le premier est évident, l'endroit où l'on révise. Le second est la méthode d'apprentissage. Dans ce livre, nous poursuivons un objectif ambitieux : que vous reteniez tout le contenu de l'ouvrage et pas seulement des bribes, comme cela se produit avec la plupart des autres livres.

Pour atteindre cet objectif, nous avons la conviction qu'il faut sortir des méthodes classiques d'apprentissage de l'anglais. Une simple lecture ne peut suffire pour mémoriser durablement une expression anglaise ou un mot. De plus, les exercices classiques des manuels d'anglais tels que remplir laborieusement des textes à trous, répondre à des QCM ou relier des groupes de mots les uns aux autres n'assurent pas une mémorisation à long terme de la langue anglaise. Pour preuve, ce sont les exercices que nos professeurs d'anglais ont utilisés pendant toute notre scolarité. S'ils fonctionnaient, le niveau moyen en anglais des Français ne serait pas aussi bas. Si ces méthodes donnaient de bons résultats, nous ne serions pas au coude à coude avec les Italiens et les Espagnols pour la place de plus nuls en anglais de toute l'Europe.

Pour prendre le contre-pied de l'ennuyeux enseignement de l'anglais dispensé dans les écoles françaises, nous avons créé des techniques originales qui vont vous permettre de mémoriser l'intégralité du contenu de ce livre. Au début, pour la plupart des lecteurs, ces techniques sembleront saugrenues. Cependant, c'est justement parce que ces méthodes sont atypiques qu'elles réussiront à marquer durablement votre cerveau. Sortir de ses habitudes est l'un des secrets d'une mémorisation à long terme.

Nos méthodes vous feront donc sortir d'un apprentissage de l'anglais trop confortable auquel nous nous sommes habitués. Beaucoup de lecteurs devront se faire violence pour appliquer ces méthodes. Ce sera dur. Cependant, essayez-les au moins une fois chacune ! Objectif : les tester. Par la suite, vous n'aurez pas à toutes les utiliser. Vous choisirez dans ces techniques celles qui vous amusent le plus, celles qui correspondent à votre mode de vie, à votre état d'esprit et celles qui vous auront permis de mémoriser avec le moins d'efforts possible. Rappelons que la philosophie du livre est de créer une méthode pour fainéants, mais diablement efficace.

MÉTHODE 1 : Passez en langue anglaise l'interface de votre compte Facebook, de votre compte Twitter, de votre boîte mail, de Windows, de Word, de votre console de jeux, de votre tablette, de votre liseuse, de votre GPS, de votre télévision et de votre smartphone. Si, chez vous, vous avez un téléphone beige ou gris à cadran, oubliez au plus vite la phrase incompréhensible que vous venez de lire !

MÉTHODE 2 : Glissez la traduction littérale d'une expression idiomatique anglaise apprise aux toilettes dans une conversation en français. Lors du dîner, vous tenterez par exemple de placer discrètement l'expression « J'ai mis un pied dedans » ou « J'ai une grenouille dans ma gorge » sans que personne à table ne relève que vous avez prononcé une phrase étrange.

MÉTHODE 3 : Pour pratiquer votre anglais, il n'est pas nécessaire de souscrire à d'onéreuses heures de conversations par téléphone avec des autochtones. Chaque jour, prenez l'habitude d'appeler les numéros gratuits (*toll-free*) des services consommateurs des grandes marques anglaises. Vous pouvez le faire des toilettes. Présentez-vous comme un Français expatrié à Londres souhaitant avoir une nouvelle cheminée, des informations sur une voiture, une piscine ou des conseils alimentation pour un chien bien trop fougueux... Dans cette conversation téléphonique, vous tenterez de placer les derniers mots et les dernières expressions idiomatiques que vous venez d'apprendre. Vous bénéficierez ainsi d'un cours de conversation avec un *native speaker* très poli au prix le plus bas du marché.

MÉTHODE 4 : Inscrivez-vous sur un forum anglais consacré à un thème qui vous passionne. Dans vos interventions sur le forum, vous vous imposerez de placer les dernières expressions, les phrases idiomatiques et les mots que vous venez d'apprendre aux toilettes. Indiquez dans votre signature automatique que vous êtes Français.

MÉTHODE 5 : Créez un compte utilisateur sur le site du *Daily Mail* (www.dailymail.co.uk) afin d'écrire en anglais des commentaires en dessous des articles. Vous y utiliserez les mots appris dans ce livre. Votre objectif sera bien entendu de déclencher un maximum de polémiques et de débats stériles. Dans ce but, caché derrière votre pseudonyme, vous expliquerez aux internautes anglais que tout est bien mieux en France que chez eux.

MÉTHODE 6 : Si vous parlez une ou plusieurs autres langues étrangères, fouillez dans votre mémoire pour essayer de faire un lien avec une expression idiomatique similaire à celle que vous venez d'apprendre en anglais. On retrouve des idiomes très similaires dans de nombreuses langues.

MÉTHODE 7 : Écrivez sur des grandes feuilles, sur le tableau de la cuisine, sur votre bras... les mots et les expressions anglaises que vous venez d'apprendre. En ayant ces expressions sous le nez pendant la journée, elles devraient finir par rentrer.

MÉTHODE 8 : Pensez à une situation qui vous est arrivée et où vous auriez pu utiliser les mots ou la phrase que vous venez d'apprendre. Racontez cette situation à voix haute en anglais dans vos toilettes et insérez dans votre récit la nouvelle expression apprise.

MÉTHODE 9 : Si vous êtes deux à travailler en même temps sur ce livre, écrivez une vingtaine des expressions idiomatiques qu'il contient sur des petits papiers. Pliez-les et tirez-en un au sort. Vous devrez faire deviner l'expression en la dessinant (variante du jeu : la mimer). Si vous êtes seul, le simple fait de dessiner une expression sera un moyen efficace de la retenir.

MÉTHODE 10 : Avec le micro et le magnétophone de votre ordinateur, enregistrez les leçons de ce livre en Mp3. Envoyez ensuite ces fichiers sur votre lecteur Mp3 et écoutez-les pendant vos trajets en voiture, dans les transports en commun ou chez vous. Cette méthode est à utiliser par tous les lecteurs qui ont une mémoire auditive. Vous constaterez ainsi que le fait d'enregistrer la leçon permet aussi d'en retenir immédiatement une bonne partie. Vous pouvez réaliser ces enregistrements dans les toilettes. Vous bénéficierez alors d'un magnifique effet écho.

MÉTHODE 11 : Sur les murs de votre ville, taguez à la craie des mots, des expressions et des idiomes de ce livre. Le stress associé à cette activité permet de retenir pour toujours les mots tagués. Si vous vous faites surprendre par la police un marqueur à la main, dites avec un fort accent anglais : « Laissez-moi tranquille, je suis Banksy ! » Non seulement ces policiers vont immédiatement vous relâcher mais vous retirerez aussi une belle somme de vos œuvres.

MÉTHODE 12 : Lisez un article par jour sur les sites www.guardian.co.uk et www.bbc.co.uk/news/ en utilisant le navigateur Google Chrome pour une traduction automatique en français juste après la première lecture d'un paragraphe en anglais. Bien entendu, pour un article lu sur ces deux sites très ennuyeux, récompensez-vous de trois articles sur le tabloïd www.thesun.co.uk. Vous saurez ainsi si Britney Spears a repris du poids ou en quoi le prince Harry a eu cette fois-ci la bonne idée de se déguiser.

MÉTHODE 13 : Regardez vos séries préférées en VO avec des sous-titres en anglais. Re-visionnez tous vos DVD avec les sous-titres en anglais. Si vous êtes niveau débutant, la nuit venue, visionnez en cachette les DVD de vos enfants en anglais. Ne vous faites pas surprendre. « Maman, quand je fais dodo, Papa, il regarde tout seul mes DVD de Winnie l'ourson » n'aide pas à asseoir votre autorité.

MÉTHODE 14 : Pour compléter et mettre à jour votre fiche de vocabulaire sur l'anatomie, visitez régulièrement des sites pornographiques américains. Ce travail suivi vous permettra aussi de savoir quoi dire quand vous serez au lit avec un(e) Anglo-Saxon(ne). (Aujourd'hui, OH YES, OH YES, OH YEEESS... n'est plus du tout suffisant.)

MÉTHODE 15 : Sur les forums anglais, testez les insultes apprises dans ce livre. Faites-le tranquillement assis devant votre ordinateur, sans aucun danger pour votre intégrité physique.

Ces méthodes d'apprentissage sortent des sentiers battus et c'est la raison pour laquelle nous vous conseillons vivement de les utiliser. Pour les avoir testées à de multiples reprises, nous savons qu'elles fonctionnent. Adoptez-les pour des progrès rapides et pour que ce livre améliore vraiment votre anglais. Nous rappelons que les interros surprise tomberont n'importe quel jour de la semaine.

Pour améliorer la mémorisation de ce livre à long terme

Pour faire un vrai bond en avant dans vos toilettes en anglais, n'enchaînez pas les leçons les unes après les autres. Voici trois bonnes habitudes à prendre aux toilettes.

TECHNIQUE 1 : Une à deux fois par jour, essayez de vous remémorer ce que vous avez appris hier et le matin même aux toilettes. Ce petit travail dope la mémoire. C'est ainsi que vous progresserez et pourrez fièrement dire un jour : « Tout ce que je connais en anglais, je l'ai appris dans mes toilettes. »

TECHNIQUE 2 : Aux toilettes, avant de commencer une nouvelle leçon, faites quelques étirements, vérifiez qu'il reste du papier et relisez en diagonale la leçon vue la veille.

TECHNIQUE 3 : Deux fois par semaine, au lieu d'entamer une nouvelle leçon, revoyez trois anciennes leçons au hasard. Soyons bien d'accord dès maintenant : *au hasard* ne signifie pas revoir systématiquement les trois premières leçons du livre, les plus faciles.

TELEPHONE

Niveau 1
Back to basics !

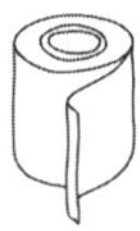

Dans ce premier chapitre à lire entièrement aux toilettes, vous réviserez les bases de l'anglais à travers **900 mots de vocabulaire**. Ils doivent devenir la base de votre anglais parlé. Avec eux, on peut tout dire, ou presque ! Vous redécouvrirez aussi **certaines règles de grammaire essentielles** et **des expressions usuelles**. Certains trouveront dans ces bases de l'anglais beaucoup de choses qu'ils connaissent déjà. Pour eux, ces leçons seront à relire rapidement dans le but de réactiver leurs connaissances de base. Ils pourront très vite progresser en passant au niveau 2.
Les progrès de ce premier chapitre seront validés par un test final qui vous permettra d'accéder à un niveau d'anglais « une balayette ». À la fin du livre, vous atteindrez un niveau « trois balayettes », une mention que vous pourrez fièrement reporter sur votre curriculum vitæ dans la partie langue étrangère. En entretien, vous pourrez répondre : « Non, je n'ai pas encore passé le TOEIC, pas plus que le TOEFL. Cependant, en seulement quatre mois, j'ai validé un niveau trois balayettes dans mes toilettes », ce qui, nous vous l'assurons, ne manquera pas d'impressionner n'importe quel bon recruteur.

LEÇON 1

Savoir conjuguer le verbe être pour être ou ne pas être car oui, dans cet ouvrage, vous lirez aussi de la philosophie aux toilettes du style *I think* donc *I am*…

Présent	Passé	Futur
I am	*I was*	*I will be*
you are	*you were*	*you will be*
he is	*he was*	*he will be*
we are	*we were*	*we will be*
you are	*you were*	*you will be*
they are	*they were*	*they will be*

Conjuguer le verbe avoir

Présent	Passé	Futur
I have	*I had*	*I will have*
you have	*you had*	*you will have*
he has	*he had*	*he will have*
we have	*we had*	*we will have*
you have	*you had*	*you will have*
they have	*they had*	*they will have*

Deux règles de la grammaire anglaise qui énervaient votre prof d'anglais au lycée quand vous les aviez oubliées dans votre copie

1. En anglais, les adjectifs ne s'accordent jamais ! (ex. : I am sad. We are sad.*)*

2. Au présent, les verbes prennent un s *à la troisième personne du singulier.*

5 verbes indispensables

to blow : souffler
to burn : brûler
to burst : exploser
to come : venir
to cook : cuire

LEÇON 2

Se remettre en tête les pronoms

Les pronoms personnels	Les pronoms possessifs
Me	*My*
You	*Your*
Him	*His*
Her	*Her*
It	*Its*
Us	*Our*
You	*Your*
Them	*Their*

Petit rappel sur les temps de base

LE FUTUR

Sujet + *will* + verbe à l'infinitif

Exemple : *You will drive*

LE CONDITIONNEL

Sujet + *would* + verbe à l'infinitif

Exemple : *He would do it if he had time*

LE PASSÉ

Sujet + verbe + *ed* ou verbe irrégulier

Exemples : *He baked a cake – She bought a car* (verbe irrégulier)

LEÇON 3

Les 75 mots les plus utiles en anglais

Une chance, l'OEC (*Oxford English Campus*) a recensé les mots les plus utilisés par les Anglais. Ces mots courts sont à connaître sur le bout des doigts et à utiliser le plus souvent possible. Selon l'OEC, en sortant des toilettes avec une connaissance de seulement 75 mots, vous serez à même de comprendre presque 50 % de n'importe quelle phrase anglaise !

Les noms

time : le temps
a person : une personne
a year : une année
a way : un chemin
a day : un jour
a thing : une chose
a man : un homme
the world : le monde
a life : une vie
a hand : une main
a part : une partie
a child : un enfant
an eye : un œil
a woman : une femme
a place : un endroit
a job : un travail
a week : une semaine
a case : un cas
a point : un point
a government : un gouvernement
a company : une société
a number : un numéro
a group : un groupe
a problem : un problème
a fact : un fait

LEÇON 4

Les verbes

Et maintenant, passons aux 25 verbes les plus utilisés en anglais. Notez qu'ils ont tous une seule syllabe. La langue anglaise aime les mots courts. Ces verbes sont à utiliser tout le temps.

Attention, ces verbes sont ici traduits dans leur forme simple. S'ils sont suivis d'une particule, ils prennent le plus souvent un sens très différent. Prenez-y garde dans vos traductions. Voici un exemple avec *to get* qui signifie recevoir ou obtenir. S'il est suivi d'une particule, sa signification change : *to get after* : poursuivre ; *to get along* : s'entendre ; *to get around* : contourner ; *to get back* : récupérer ; *to get in* : entrer ; *to get off* : descendre ; *to get on* : monter à bord ; *to get out* : sortir ; *to get up* : se lever... et ainsi de suite.

Pour une petite mise en tête, voici les dix premiers.

to be : être
to have : avoir
to do : faire
to say : dire
to get : recevoir/obtenir
to make : faire
to go : aller
to know : savoir
to take : prendre
to see : voir

LEÇON 5

Les 25 verbes les plus importants (la suite)

Après les 10 premiers, voici les 15 autres.

to come : venir
to think : penser
to look : regarder
to want : vouloir
to give : donner
to use : utiliser
to find : trouver
to tell : dire
to ask : demander
to work : travailler
to seem : sembler
to feel : ressentir
to try : essayer
to leave : quitter
to call : appeler

6 adjectifs à connaître !

angry : en colère
automatic : automatique
beautiful : beau
boiling : en ébullition
bright : clair
broken : cassé

6 insultes !

Avec ces quelques dizaines de mots de base, il vous faut maintenant des insultes !

Go to hell : Va au diable !
Bugger off : Va te faire voir ! (version light de *Fuck off!*)
Fascist : Fasciste !
Dictator : Dictateur !
Imbecile : Imbécile !
Silly cow : Vache débile !

LEÇON 6

Les adjectifs

Découvrez les 25 adjectifs les plus utilisés en anglais.

good : bon
new : nouveau
first : premier
last : dernier
long : long
great : grand
little : petit
own : propre
other : autre
old : vieux
right : droit/bon
big : gros
high : haut
different : différent
small : petit
large : grand
next : à côté de
early : tôt
young : jeune
important : important
few : peu nombreux
public : public
bad : mauvais
same : identique
able : capable

8 façons de saluer les Anglais même si vous ne les aimez pas beaucoup (c'est bon, on sait)

Hi : Salut
Hello : Bonjour
Good morning : Bonjour (matin)
Good afternoon : Bonjour (après-midi)
Good evening : Bonsoir
Good night : Bonne nuit
Nice to see you : Content de te voir
Nice to meet you : Content de vous rencontrer
How are you? : Comment allez-vous ?
Good bye : Au revoir
See you soon! : À bientôt !
See you later! : À plus tard !
See you next year! : *À l'année prochaine !*

LEÇON 7

Compter en anglais et pouvoir commander jusqu'à 19 pintes de bière !

one, two, three, four, five, six, seven, eight, nine, ten, eleven, twelve, thirteen, fourteen, fifteen, sixteen, seventeen, eighteen, nineteen

Les moments de la journée, mais aussi ceux où vous aurez le lendemain la gueule de bois si vous avez commandé ces 19 pintes uniquement pour vous

morning : le matin
noon : le midi
afternoon : l'après-midi
daytime : la journée
evening : le soir
night : la nuit
midnight : à minuit

Jack Bauer Quote - 24

"I'm federal agent Jack Bauer, and today is the longest day of my life."

➥ « Je suis l'agent fédéral Jack Bauer, et aujourd'hui est la plus longue journée de toute ma vie. »

How are you?

I'm fine : Ça va
I'm hungry : J'ai faim
I'm sad : Je suis triste
I'm happy : Je suis content
I'm scared : J'ai peur
I'm thirsty : J'ai soif
I'm tired : Je suis fatigué
I'm hot : J'ai chaud
I'm cold : J'ai froid

À noter : Une différence importante entre le français et l'anglais. En français, nous employons le verbe *avoir* dans les expressions : j'ai faim, j'ai soif, j'ai chaud, j'ai froid. Les Anglais emploient, eux, le verbe être : *I'm hungry, I'm thirsty, I'm hot, I'm cold*. Il faut apprendre ces expressions par cœur pour ne pas être tenté de les traduire mot à mot.

LEÇON 8

Le corps humain : les 47 mots de base, utiles pour dire franchement à un Anglais qu'il a un gros nez, un gros genou et une grosse langue (ce sont des exemples).

a birth : une naissance
a brain : un cerveau
a chest : une poitrine
a comb : un peigne
a cough : une toux
a disease : une maladie
a face : un visage
a finger : un doigt
a foot : un pied
a hand : une main
a head : une tête
a heart : un cœur
a knee : un genou
a leg : une jambe
a lip : une lèvre
a muscle : un muscle
a nerve : un nerf
a nose : un nez
a pain : une douleur
a sense : un sens
a throat : une gorge
a thumb : un pouce
a toe : un doigt de pied
a tongue : une langue
a tooth : une dent
a wound : une plaie
an arm : un bras
an ear : une oreille
hair : les cheveux
a hospital : un hôpital
an operation : une opération
You have a big nose : Tu as un gros nez.
You have a big knee : Tu as un gros genou.
You have a big tongue : Tu as une grosse langue.

LEÇON 9

Les 47 mots de base du corps humain (la suite)...

31 hier, 16 aujourd'hui, pas la peine de recompter...

back : le dos
blood : le sang
breath : le souffle
chin : le menton
eyes : les yeux
hearing : l'ouïe
belly : le ventre
a mouth : une bouche
nails : les ongles
skin : la peau
stomach : l'estomac
the body : le corps
the neck : le cou
voice : la voix
weight : le poids
a baby : un bébé

AND [ET]

He forgot the dog and the books.

→ Il a oublié le chien et les livres.

5 petites phrases à glisser dans vos conversations

Be safe : Sois prudent
Come in : Entrez
I am coming : J'arrive
That's ok! : Tout va bien !
No problem : Pas de problème

7 verbes indispensables

to taste : goûter
to touch : toucher
to trick : rouler
to turn : tourner
to use : utiliser
to walk : marcher
to wash : laver

BUT [MAIS]

Sorry, but I think it's my dog.

→ Désolé, mais je pense que c'est mon chien.

LEÇON 10

Vocabulaire pour une journée shopping à Oxford Street !

a bag : un sac
a cloth : un tissu
a coat : un manteau
a colour : une couleur
a credit card : une carte de crédit
a dress : une robe
a glove : un gant
a hat : un chapeau
a needle : une aiguille
a pin : une épingle
a shirt : une chemise
a shoe : une chaussure
a size : une taille
a skirt : une jupe
a sock : une chaussette
a stocking : un bas
cotton : le coton
leather : le cuir
silk : la soie
trousers : un pantalon
wool : la laine
a wallet : un porte-monnaie

I love cotton.
➥ J'aime le coton.

This bag is ugly. Is it yours?
➥ Ce sac est horrible. Est-ce le tien ?

These big trousers will be perfect for your big knees.
➥ Ce gros pantalon sera parfait pour tes gros genoux.

9 adjectifs à connaître !

cheap : pas cher
chemical : chimique
clean : propre
clear : limpide
common : commun
complex : complexe
conscious : conscient
deep : profond
dependent : dépendant

LEÇON 11

Votre statut marital (vous pourriez faire l'impasse sur ce vocabulaire, ça vous ferait une excuse, au cas où… nous, on ne juge personne…)

married : marié(e)
single : célibataire
divorced : divorcé(e)
separated : séparé(e)
widowed : veuf/veuve
in a relationship : dans une relation
it's complicated : c'est compliqué
a fuckfriend : un ami pour le lit

BECAUSE [À CAUSE DE]

In Brighton, because of the snow on the beach in July, we couldn't bathe.

➥ À Brighton, en juillet, à cause de la neige sur la plage, on ne pouvait pas se baigner.

5 petites phrases à glisser dans vos conversations

I have no idea : J'en ai aucune idée
Nice day, isn't it? : Belle journée, n'est-ce pas ?
Me too : Moi aussi
Listen to this : Écoute ça
It depends : Ça dépend

Barney Stinson Quote – How I Met Your Mother

"How to run a marathon: Step one, you start running. There is no step two."

➥ « Comment courir un marathon ? Étape 1, vous commencez à courir. Il n'y a pas d'étape 2. »

LEÇON 12

Les pays que les Anglais ont probablement deliberement choisi de ne pas dire comme nous, en plus de conduire à gauche, ça commence à faire beaucoup tout ça... Il y en a même tellement qu'on vous en aurez encore à la prochaine leçon !

De nombreux pays se disent en français et en anglais de la même façon (exemples : Canada, France, Bangladesh...), mais plus souvent encore la langue anglaise ajoute un *a* à la fin du pays en langue française (exemples : Algérie/Algeria, Albanie/Albania, Argentine/Argentina...). Avec ces deux seules règles, dans plus de deux tiers des cas, vous devinerez intuitivement le nom du pays en anglais. Cependant, 53 pays font exception à ces deux règles. Les voici :

Austria : Autriche
Barbados : Barbade
Belarus : Biélorussie
Belgium : Belgique
Brazil : Brésil
Burma : Birmanie
Cambodia : Cambodge
Cameroon : Cameroun
Cape Verde : Cap-Vert
Central African Republic : République centrafricaine
Chile : Chili
Cook Islands : Îles Cook
Costa Rica : Costa Rica
Cote d'Ivoire : Côte-d'Ivoire

LEÇON 13

Les pays, la suite...

Cyprus : Chypre
Czech Republic : République tchèque
Dominican Republic : République dominicaine
Egypt : Égypte
El Salvador : le Salvador
Equator : Équateur
Eritrea : Érythrée
French Polynesia : Polynésie française
Germany : Allemagne
Greece : Grèce
Iceland : Islande
Ireland : Irlande
Japan : Japon
Latvia : Lettonie
Lebanon : Liban
Marshall Islands : îles Marshall
Mauritius : île Maurice
Morocco : Maroc
New Zealand : Nouvelle-Zélande
North Korea : Corée du Nord
Norway : Norvège
Peru : Pérou
Poland : Pologne
Puerto Rico : Porto Rico
Saudi Arabia : Arabie saoudite
Scotland : Écosse
Solomon Islands : îles Salomon
South Africa : Afrique du Sud
South Korea : Corée du Sud
Spain : Espagne
Sweden : Suède
Switzerland : Suisse
The Maldives : les Maldives
The Netherlands : les Pays-Bas
The United Arab Emirates : les Émirats arabes unis
The United Kingdom : le Royaume-Uni
The United States : les États-Unis
Turkey : Turquie
Wales : pays de Galles

Maintenant, les clichés ! Voici ceux que les Anglais ont en tête. Pour les connaître de façon précise, il suffit de taper « *the Germans are...* », « *the French are...* » dans google.co.uk. L'algorythme de Google, qui analyse les recherches de millions d'internautes anglais, propose la suite et révèle ainsi ce que tapent les Anglais. Découvrez ce que google.co.uk vous suggèrera. Ce n'est pas joli, joli...

The French are rude.
➥ Les Français sont impolis.

The Japanese are weird.
➥ Les Japonais sont bizarres.

The Germans are cold.
➥ Les Allemands sont froids.

The Greeks are losers.
➥ Les Grecs sont des perdants.

The Irish are smiling.
➥ Les Irlandais sont souriants.

The Swedes are racist.
➥ Les Suédois sont racistes.

LEÇON 14

Présenter toute votre famille à votre hôte anglais, bien que ça ne l'intéresse probablement pas du tout

family : la famille
father : père
dad, daddy : papa
mother : mère
mom, mommy (US), mum, mummy (UK) : maman
parents : les parents
sister : sœur
brother : frère
children : les enfants
baby : bébé
son : fils
daughter : fille
husband : mari
wife : femme
grandmother : grand-mère
grandfather : grand-père
grandson : petit-fils
granddaughter : petite-fille
uncle : oncle
aunt : tante
nephew : neveu
niece : nièce
cousin : cousin(e)
stepfather : beau-père
stepmother : belle-mère
stepbrother : beau-frère
stepsister : belle-sœur
half-brother : demi-frère
half-sister : demi-sœur
godfather : parrain
godmother : marraine
godson : filleul
goddaughter : filleule
Mum, where is my coat? : Maman, où est mon manteau ?
My family sucks : Ma famille craint.
This is my father. He is also my uncle... : Voici mon père. Il est aussi mon oncle...

LEÇON 15

Grammaire

Le pluriel, ou lorsque la grammaire anglaise peut vous permettre de commander une tournée de pintes au pub

Comme en français, les mots anglais prennent un *s* au pluriel.

A beer, two beers; a hammer, two hammers...

➥ Une bière, deux bières ; un marteau, deux marteaux...

Mais il y a des exceptions...

Exception 1 : Un nom se terminant par un *y* précédé d'une consonne fait son pluriel en *ies*.

An anomaly, two anomalies; a country, two countries...

➥ Une anomalie, deux anomalies ; un pays, deux pays...

Exception 2 : Un nom se terminant par *-s*, *-ch*, *-sh* ou *-x* fait son pluriel en *-es* de façon à ce que le *s* devienne prononçable, tout comme certains mots qui se terminent par *o*.

A brush, two brushes; an arch, two arches ; a hero, two heroes...

➥ Une brosse, deux brosses ; un arc, deux arcs ; un héros, deux héros...

Exception 3 : 6 pluriels irréguliers à connaître.

A man - two men : un homme - deux hommes
A woman - two women : une femme - deux femmes
A child - two children : un enfant - deux enfants
A wife - two wives : une épouse - deux épouses
A foot - two feet : un pied - deux pieds
A tooth - two teeth : une dent - deux dents
A life - two lives : une vie - deux vies
A knife - two knives : un couteau - deux couteaux

LEÇON 16

Les mois anglais où il pleut souvent

January : janvier
February : février
March : mars
April : avril
May : mai
June : juin
July : juillet
August : août
September : septembre
October : octobre
November : novembre
December : décembre

Vous pouvez le dire aussi en anglais

En traduisant une expression idiomatique française mot à mot en anglais, on ne sait jamais si on va être compris. Pour les 4 expressions qui suivent, pas de problème, les Anglais utilisent exactement la même que nous.

Prendre quelqu'un sous son aile : *to take someone under one's wing*
Être dans le même bateau : *to be in the same boat*
Être sur la bonne piste : *to be on the right track*
Garder un profil bas : *to keep a low profile*

Dr House Quote – Dr House

"If you are dying, suddenly everybody loves you."

➥ « Si vous êtes mourant, soudain tout le monde vous aime. »

5 verbes indispensables

to copy : copier
to cry : pleurer
to disgust : dégoûter
to drink : boire
to fold : plier

LEÇON 17

Les aliments mais aussi votre liste de courses en mode survie à faire en France pour éviter à tout prix de manger anglais

a basket : un panier
a bone : un os
a bottle : une bouteille
bread : du pain
a cake : un gâteau
a cheese : un fromage
a corkscrew : un tire-bouchon
a cup : une tasse
a fruit : un fruit
a glass : un verre
a liquid : un liquide
a meal : un repas
a nut : une noix
a plate : une assiette
a potato : une pomme de terre
a soup : une soupe
an apple : une pomme
an egg : un œuf
an orange : une orange
butter : le beurre
food : la nourriture
meat : la viande
milk : le lait
oil : l'huile
rice : du riz
salt : le sel
sugar : le sucre
a platter : un plateau
wine : le vin
a market : un marché

9 adjectifs à connaître !

early : tôt
elastic : élastique
electric : électrique
equal : égal
fat : gras
fertile : fertile
first : premier
fixed : fixe
flat : plat

5 verbes indispensables

to let : laisser
to look : regarder
to make : faire
to move : bouger
to play : jouer

LEÇON 18

4 phrases utiles au restaurant

May I see the menu please?

➥ Est-ce que je peux voir le menu, s'il vous plaît ?

I would like some lunch/dinner please.

➥ Je voudrais déjeuner/dîner, s'il vous plaît.

I'll have the duck dish please.

➥ Je vais prendre le plat au canard, s'il vous plaît.

May I please have the bill?

➥ Est-ce que je peux avoir l'addition, s'il vous plaît ?

8 adjectifs à connaître !

second : deuxième
separate : distinct
serious : sérieux
sharp : aiguisé
smooth : lisse
sticky : collant
stiff : raide
straight : droit

IDIOM: *To get a move on*

➥ Se dépêcher

PHOEBE DE LA SÉRIE *FRIENDS* VOUS MONTRE COMMENT UTILISER CET IDIOME.

FRIENDS (TV show)

Phoebe: Yeah, we should ***get a move on*** if we wanna make those dinner reservations.

we should : nous devrions

wanna : want to (vouloir)

OR [OU]

We can set cars on fire on Monday or Wednesday. Tuesday, I can't, I have a yoga class.

➥ On peut brûler des voitures lundi ou mercredi. Mardi, je ne peux pas. J'ai un cours de yoga.

LEÇON 19

Le génitif, très utile pour dire par exemple à tout le monde que le chien de Paul est particulièrement moche

1. Si le possesseur est animé (s'il bouge), on ajoutera 's à la fin du possesseur pour indiquer un lien de possession.

Paul's dog, Tim's camel, Marie's cat, the neighbour's Renault 5...

➥ Le chien de Paul, le chameau de Tim, la chatte de Marie, la Renault 5 du voisin...

À noter : Si le nom du possesseur se termine par un s, pas d'exception, on rajoute un s de plus (my boss's Fuego).

2. Dans le cas de plusieurs possesseurs et donc d'un nom au pluriel se terminant déjà par un s, on ajoute alors seulement une apostrophe juste après le s, sauf s'il s'agit d'un pluriel irrégulier qui ne se termine pas par un s.

My friends' shark, my parents' house, men's problems...

➥ Le requin de mes amis, la maison de mes parents, les problèmes des hommes...

3. Le génitif s'emploie aussi pour traduire « chez ».

I go to the doctor's, the butcher's...

➥ Je vais chez le docteur, chez le boucher...

Tonight, the orgy is at the Smiths', at Paul's...

➥ Ce soir, la partouze est chez les Smith, chez Paul...

LEÇON 20

6 adjectifs à connaître !

free : gratuit
frequent : fréquent
full : plein
grey : gris
happy : heureux
general : général

Phrases cultes et simples dans des films cultes mais pas simples

"You're gonna need a bigger boat." *Les Dents de la mer*

➥ Tu vas avoir besoin d'un plus grand bateau.

"You talking to me?" *Taxi Driver*

➥ C'est à moi qu'tu parles ?

"May the Force be with you." *Star Wars*

➥ Que la force soit avec toi.

"Mama always said, "life was like a box of chocolates. You never know what you're gonna get." *Forrest Gump*

➥ Maman a toujours dit : « La vie est comme une boîte de chocolats. Tu ne sais jamais ce que tu vas avoir. »

"I'm the king of the world!" *Titanic*

➥ Je suis le roi du monde.

"I'll be back." *Terminator*

➥ Je reviendrai.

"Houston, we have a problem." *Apollo 13*

➥ Houston, nous avons un problème.

5 verbes indispensables

to force : forcer
to get : obtenir
to give : donner
to go : aller
to grip : saisir

***IF* [SI]**

I wonder if you are Fantômas.

➥ Je me demande si tu es Fantômas.

LEÇON 21

Vocabulaire et phrases des toilettes

toilet paper : le papier toilette
a toilet bowl : la cuvette des toilettes
a toilet brush : une brosse WC
a toilet seat : le siège de toilettes
a plunger : un débouchoir

The toilet is orverflowing.

➥ Les toilettes débordent.

Brian has left a horrible smell in the toilet.

➥ Brian a laissé une odeur horrible dans les toilettes.

Is this your toilet brush?

➥ Est-ce votre brosse WC ?

Could you repair the toilet seat you broke?

➥ Peux-tu réparer la lunette des WC que tu as cassée ?

Paul broke the flush.

➥ Paul a cassé la chasse d'eau des WC.

9 adjectifs à connaître !

hard : dur
healthy : sain
high : haut
hollow : creux
important : important
kind : gentil
like : pareil
lively : vivace
long : long

Les jours où les pubs sont ouverts

Monday : lundi
Tuesday : mardi
Wednesday : mercredi
Thursday : jeudi
Friday : vendredi
Saturday : samedi
Sunday : dimanche

LEÇON 22

Tout ce que vous allez bientôt savoir dire avec le verbe *Do*

FAIRE

I'll do my best.

➥ Je ferai de mon mieux.

I do a lot of swimming.

➥ Je fais beaucoup de natation.

Let's do the orgy on Sunday at Margaret's!

➥ Faisons la partouze dimanche chez Margaret !

I have work to do.

➥ J'ai du travail.

I do the maths.

➥ Je fais le calcul.

I did anthropology at university.

➥ J'ai fait de l'anthropologie à l'université.

Correspondance

Mr., Sir : Monsieur
Gentlemen : Messieurs
Mrs. : Madame
Ladies : Mesdames
Miss : Mademoiselle
Young ladies : Mesdemoiselles

TOP 13 des couleurs les plus fréquentes

Voici les treize couleurs le plus souvent utilisées par les Anglais. Elles sont classées par fréquence d'apparition. Vous devez toutes les apprendre, même celles que vous n'aimez pas.

white : blanc
grey : gris
black : noir
red : rouge
orange : orange
yellow : jaune
silver : argent
green : vert
blue : bleu
purple : violet
brown : marron
pink : rose
gold : or

LEÇON 23

Le présent en anglais

Le présent français se traduit par plusieurs temps différents en anglais, dont le présent simple et le présent progressif.

Le présent progressif : *be + verbe + ing*
He is watching TV, the hamster is having lunch...
➥ Il regarde la télé, le hamster déjeune...

Le présent progressif s'emploie pour une action en cours. On peut le traduire par « en train de ».

Le présent simple
I often go to the gym, I drink tea every day, my rabbit loves pizza, peacoks are self-centred, vain and narrow-minded...
➥ Je vais souvent à la salle de sport, je bois du thé tous les jours, mon lapin aime
la pizza, les paons sont égocentriques, vaniteux et bornés...

Le présent simple s'utilise pour exprimer des vérités ou des habitudes.

Barney Stinson Quote - How I Met Your Mother

"New is always better."
➥ « Nouveau, c'est toujours mieux. »

THOUGH [BIEN QUE]

Though young, he is silly.
➥ Bien que jeune, il est débile.

Quiz

Testez votre anglais en répondant aux questions qui suivent.

Question n° 1 : How are you? Répondez à cette question.

a) I am fine.
b) 66,25 %
c) I like horses.

Question n° 2 : Trouvez la phrase qui contient une faute qui aurait beaucoup énervé votre professeur d'anglais au lycée.

a) Can I get your number?
b) Your father drink ten pints of beer a day.
c) What colour are your eyes?

Question n° 3 : Que signifie le mot *hand* ?

a) Main
b) Pied
c) Doigt

Question n° 4 : Quelle est la traduction exacte de la phrase *J'ai un gros genou* ?

a) I have a big nose
b) I have a big knee
c) I have a big elbow

Question n° 5 : Comment dit-on à un anglais que son manteau est moche ?

a) Your coat is ugly
b) Your hat is ugly
c) Your shirt is ugly

Question n° 6 : Que signifie l'expression *Go to hell!* ?

a) Va au supermarché !
b) Va dans la haie !
c) Va au diable !

Question n° 7 : Comment traduit-on Norvège en anglais ?

a) Norge
b) Norway
c) Norwen

Question n° 8 : Que signifie le verbe *to wash* ?

a) emporter
b) laver
c) utiliser

Réponses :

Êtes-vous bien certain de ne pas regarder ces réponses alors que vous n'avez pas encore fini votre test ? Allez, retournez-y !

1a – 2b – 3a – 4b – 5a – 6c – 7b – 8b

LEÇON 24

Le futur en anglais

En français, nous exprimons le futur de plusieurs façons (J'irai à New York avec toi - Ce soir, je vais chez Julie - Il va s'en rendre compte) ; les Anglais font de même et, bonne nouvelle, on peut caler leur grammaire sur la nôtre.

Le futur : *will + infinitif sans to*
I will do it, the cop will be jealous, our slave dealer won't come for dinner...

➥ Je le ferai, le flic sera jaloux, notre marchand d'esclaves ne viendra pas dîner...

Will permet de traduire la plupart des phrases au futur. Il fait référence à une intention ou à une attitude envers autrui.

Will se contracte sous la forme *'ll*.

Will not devient *won't*.

Le futur : *présent progressif*
I am doing it tonight, the Celtics are playing against the Suns tonight, I am seeing the Queen this afternoon...

➥ Je le fais ce soir, les Celtics jouent contre les Suns ce soir, je vois la reine cet après-midi.

Le présent progressif s'utilise pour un futur très proche, de la même façon que nous utilisons le présent en français.

Le futur : *be + going to...*
I am going to go on a naked hike, China is going to pay our debts, Psy is going to the Superbowl and not on the naked hike...

➥ Je vais aller faire une randonnée tout nu, la Chine va payer nos dettes, Psy va aller au Super Bowl et pas à la randonnée tout nu...

La forme *be going to* du futur anglais est équivalente à notre utilisation du verbe « aller » pour exprimer le futur en français.

LEÇON 25

Bien utiliser le mot *Day*

JOUR

During the day

➥ Pendant la journée

A day off

➥ Un jour de congé

Great! The sex-shop is open 24 hours a day.

➥ Super ! Le sex shop est ouvert 24 heures sur 24.

What did you do at home all day?

➥ Qu'est ce que tu as fait à la maison toute la journée ?

I saw the Queen three days ago.

➥ J'ai vu la reine il y a trois jours.

DAY dans une citation amusante

"By working faithfully eight hours a day you may eventually get to be boss and work twelve hours a day." **Robert Frost**

➥ « En travaillant fidèlement huit heures par jour, vous pourriez finir par devenir patron et travailler douze heures par jour. »

IDIOM: *When pigs fly*

Cette expression sarcastique est proche de l'expression française « Quand les poules auront des dents ». Elle est utile quand vous pensez qu'un événement a très peu de chances de se produire. Vous pouvez ainsi répondre à votre interlocuteur, d'un air dubitatif : « *Yes and pigs might fly.* »

La traduction débile

➥ Quand les cochons voleront.

WHILE [PENDANT QUE]

While he was bonking, he was thinking about his job.

➥ Pendant qu'il s'envoyait en l'air, il pensait à son travail.

LEÇON 26

I love beaucoup ton anatomie (1)

Pour débuter cette série en huit parties « *I love* beaucoup ton anatomie », nous réitérerons un conseil donné dans l'introduction. Pour compléter et mettre à jour ces fiches de vocabulaire sur l'anatomie, vous devez impérativement visiter régulièrement des sites pornographiques gratuits américains. Ce travail suivi vous permettra notamment d'apprendre des phrases complexes, d'utiliser les nouveaux mots appris dans des situations de la vie courante en effectuant des recherches précises et surtout de savoir quoi dire quand vous serez au lit avec un(e) Anglo-Saxon(ne). Encore une fois, aujourd'hui, *OH YES, OH YES, OH YEEEESS...* n'est plus du tout suffisant. C'est en tout cas ce qu'ont indiqué les Anglais lors d'un sondage sur le *french lover* et le *french kiss*. Mettez les bouchées doubles pour progresser en regardant très régulièrement des sites pornographiques ! C'est l'image de la France à l'étranger qui est actuellement en jeu.

BACK : DOS

back pain : mal de dos
back to back : dos à dos
on one's back : sur son dos

EYE : ŒIL

Open/close your eyes!

➥ Ouvre/ferme les yeux !

I couldn't believe my eyes.

➥ Je n'en croyais pas mes yeux.

HAND : MAIN

Put your hands up (in the air)!

➥ Mettez vos mains en l'air !

All their sextoys are made by hand!

➥ Tous leurs sextoys sont faits à la main !

HAND dans une citation amusante

"If evolution really works, how come mothers only have two hands?"

Milton Berle

➥ « Si l'évolution fonctionne vraiment, comment se fait-il que les mères n'aient que deux mains ? »

LEÇON 27

Tout ce que vous allez bientôt savoir dire avec le verbe *Say*

DIRE

Kevin, what did I say?

➥ Kevin, qu'est ce que j'ai dit ?

What do you say?

➥ Qu'en dis-tu ?

Say what you think!

➥ Dis ce que tu penses !

I didn't believe a word you said!

➥ Je n'ai pas cru un mot de ce que vous avez dit !

Did her mom say who will come to Margaret's orgy?

➥ Est-ce que sa maman a dit qui allait venir à la partouze de Margaret ?

SAY dans une citation de Sheldon de la série *The Big Bang Theory*

"What type of computer do you have? And please don't say a white one."

➥ « Quel genre d'ordinateur avez-vous ? Et s'il vous plaît, ne dites pas un blanc. »

Vous pouvez le dire aussi en anglais

En traduisant une expression idiomatique française mot à mot en anglais, on ne sait jamais si on va être compris. Pour les 4 expressions qui suivent, pas de problème, les Anglais utilisent exactement la même que nous.

Être sur la même longueur d'onde : *to be on the same wavelength*
La balle est dans ton camp : *the ball is in your court*
Lire entre les lignes : *to read between the lines*

LEÇON 28

Le prétérit

Facile à former et à conjuguer : il suffit d'ajouter *-ed* à la fin du verbe. La conjugaison du prétérit est très simple (voir exemple). On l'utilise pour désigner des faits ou des actions qui sont terminés et qui n'ont pas de lien avec le présent.

Règles :

Si le verbe se termine par un *y*, si ce *y* est précédé d'une consonne, on transforme ce *y* en *i* avant d'y ajouter *–ed* (*study/studied, cry/cried, worry/worried...*).
Si un verbe n'a qu'une seule syllabe et qu'il se termine par une consonne précédée d'une seule voyelle, doubler la consonne finale et ajouter *-ed*.

*I ask**ed***	*I look**ed***
*You ask**ed***	*You look**ed***
*He/She/It ask**ed***	*He/She/It look**ed***
*We ask**ed***	*We look**ed***
*You ask**ed***	*You look**ed***
*They ask**ed***	*They look**ed***

*I cr**ied***	*I stop**ped***
*You cr**ied***	*You stop**ped***
*He/She/It cr**ied***	*He/She/It stop**ped***
*We cr**ied***	*You stop**ped***
*You cr**ied***	*We stop**ped***
*They cr**ied***	*They stop**ped***

IDIOM: *Like a bat out of hell*

- À tombeau ouvert.
- À toute vitesse.

La traduction débile

- Comme une chauve-souris sortant de l'enfer.

LEÇON 29

Les sentiments humains

a belief : une croyance
a crush : un coup de cœur
a decision : une décision
a desire : un désir
a doubt : un doute
a quality : une qualité
a regret : un regret
a relation : une relation
a request : une demande
a smile : un sourire
a suggestion : une suggestion
a surprise : une surprise
a thought : une pensée
a trouble : un ennui
an approval : une approbation
an idea : une idée
an order : un ordre
care : le souci
fear : la peur
hate : la haine
help : l'aide
hope : l'espoir
humour : l'humour
love : l'amour
pleasure : le plaisir
respect : le respect
shame : la honte
behaviour : le comportement
the mind : l'esprit
hate : la haine
help : l'aide
hope : l'espoir
humour : l'humour
love : l'amour
pleasure : le plaisir
respect : le respect
harmony : l'harmonie
feeling : un sentiment

7 adjectifs à connaître !

male : mâle
material : matériel
medical : médical
military : militaire
natural : naturel
necessary : nécessaire
normal : normal

LEÇON 30

IDIOM: *To go to great lengths to do something*

➥ Essayer très fort de réussir quelque chose.

UN CHANTEUR DE COUNTRY AMERICAIN VOUS MONTRE COMMENT UTILISER CET IDIOME.

Ronnie Dunn (American country music singer)
My own grandmother ***went to great lengths to make*** sure I knew simple things like how and when to open the door for a lady.

AGAIN [ENCORE UNE FOIS]

Do it again!

➥ Fais-le encore une fois !

Les saisons où il fait souvent gris en Angleterre

À noter avant un départ estival : en Angleterre, l'été est un peu plus court que chez nous, il commence le 15 juillet et se termine le 10 août.

spring : le printemps
summer : l'été
autumn : l'automne
winter : l'hiver
et aussi...
a season : une saison
to season : assaisonner (un plat)
the low season : la basse saison
the high season : la haute saison
off-season : hors-saison

5 verbes indispensables

to join : rejoindre
to keep : garder
to kiss : embrasser
to laugh : rire
to lead : mener

LEÇON 31

Bien utiliser l'adjectif *Easy*

FACILE

I have an easy life.
→ J'ai une vie facile.

I'm easy.
→ Je suis facile.

I love easy money.
→ J'aime l'argent facile.

Take it easy!
→ Vas-y doucement !

Bien utiliser le mot *World*

MONDE

the Western World : le monde occidental
a world champion : un champion du monde
a world crisis/war : une crise/guerre mondiale
the world economy : l'économie mondiale

Yes, I sailed around the world.
→ Oui, j'ai fait un tour du monde à la voile.

WORLD dans une citation amusante

"We hope that, when the insects take over the world, they will remember with gratitude how we took them along on all our picnics." **Bill Vaughan**
→ « Nous espérons que lorsque les insectes vont prendre le contrôle du monde, ils se rappelleront avec gratitude comment nous les avons invités à tous nos pique-niques. »

9 adjectifs à connaître !

open : ouvert
parallel : parallèle
past : passé
physical : physique
present : présent
political : politique
poor : pauvre
possible : possible
private : privé

McGyver Quote - McGyver

"Pete, we're friends. If you got troubles, I got troubles."
→ « Pete, nous sommes amis. Si tu as des problèmes, j'ai des problèmes. »

LEÇON 32

Bien utiliser l'adjectif *Hot*

CHAUD

I feel hot.

→ J'ai chaud.

Take your trousers off if you're hot!

→ Enlève ton pantalon si tu as chaud !

It is 11 degrees. Do you like this hot weather in England?

→ Il fait 11 degrés. Est-ce que vous aimez ce temps chaud en Angleterre ?

5 petites phrases à glisser dans vos conversations

I won't be long : Je ne serai pas long
Not a chance : Impossible
What do you mean? : Que voulez-vous dire ?
All right : Très bien
It stinks! : Ça pue !

Tout ce que vous allez bientôt savoir dire avec le verbe *Get*

OBTENIR

I got a new job.

→ J'ai un nouveau boulot.

Get me out of here!

→ Sortez-moi d'ici !

Don't get me wrong!

→ Comprends-moi bien !

Try to get some sleep!

→ Essaie de dormir un peu !

I got you.

→ Je t'ai eu.

LEÇON 33

Interroger les Anglais pour mieux les connaître et enfin peut-être réussir à les aimer plus... tout ça, en seulement 3 leçons !

WHAT

What s'emploie pour un objet.
Il se traduit en français par : quel, quelle, quels, quelles, ou qu'est-ce que.

What is it?

➥ Qu'est-ce que c'est ?

What do you do?

➥ Qu'est-ce que tu fais ?

What kind of dildoes do you like?

➥ Quel genre de godes aimes-tu ?

What's wrong with eating people? ***(a book by Peter Cave)***

➥ Qu'est-ce qui ne pas va avec le fait de manger des gens ? (un livre de Peter Cave)

What dog are you? ***(a book by Tami Bergeson)***

➥ Quel chien êtes-vous ? (un livre de Tami Bergeson)

WHO

Who s'emploie pour une personne. Il se traduit par : qui.

Who's that chick?

➥ Qui est cette fille ?

Who let the dogs out?

➥ Qui a laissé sortir les chiens ?

Who wants to be a poodle? I don't! ***(a book by Lauren Child)***

➥ Qui veut être un caniche ? Pas moi ! (un livre de Lauren Child)

Who moved my penis? The leadership book, ***(a book by Peter R. Dick)***

➥ Qui a déplacé mon pénis ? Le livre sur le leadership, (un livre de Peter R. Dick)

LEÇON 34

Interroger les Anglais pour essayer de les aimer un peu plus (la suite)

WHEN

When signifie : quand.

When does the world end?

➥ Quand est la fin du monde ?

When do I ovulate?

➥ Quand est-ce que j'ovule ?

When are you arriving?

➥ Quand arrives-tu ?

When will Jesus bring the pork chops? ***(a book by George Carlin)***

➥ Quand est-ce que Jésus apportera les côtelettes de porc ? (un livre de George Carlin)

When did ignorance become a point of view? ***(a book by Scott Adams)***

➥ Quand est-ce que l'ignorance est devenue un point de vue ? (un livre de Scott Adams)

WHERE

Where signifie : où.

Where is my phone?

➥ Où est mon téléphone ?

Where is Chuck Norris?

➥ Où est Chuck Norris ?

Where is Chuck Norris's phone?

➥ Où est le téléphone de Chuck Norris ?

WHY

Why se traduit par : pourquoi.

Why do we have Christmas trees?

➥ Pourquoi est-ce que nous avons des sapins de Noël ?

Why is the sky blue?

➥ Pourquoi est-ce que le ciel est bleu ?

Why are you so fat? ***(a book by Talksport)***

➥ Pourquoi es-tu si gras ? (un livre de Talksport)

Why pandas do handstands ***(a book by Augustus Brown)***

➥ Pourquoi les pandas font des poiriers (un livre d'Augustus Brown)

LEÇON 35

Interroger les Anglais pour essayer de les aimer un peu plus (dernière partie et donc dernière chance pour vous d'y arriver)

WHICH

Which exprime un choix entre plusieurs possibilités.

Which car should I drive?
- Quelle voiture devrais-je conduire ?

Which camera is the best?
- Quel appareil photo est le meilleur ?

Which button do you push to get god to come out? ***(a book by Jo Russell)***
- Quel bouton devez-vous pousser pour que Dieu vienne à vous ? (un livre de Jo Russell)

Which way do I hang the toilet paper??? ***(a book by Timothy J. Evans)***
- Dans quel sens dois-je accrocher le rouleau de papier toilette ? (un livre de Timothy J. Evans)

Which witch? ***(a book by Eva Ibbots)***
- Quelle sorcière ? (un livre d'Eva Ibbots)

WHOSE

Whose exprime une interrogation sur la possession.

Whose mobile number is this?
- À qui est ce numéro de téléphone ?

Whose song is this?
- De qui est cette chanson ?

2 verbes indispensables

to rest : se reposer

to run : courir

HERE [ICI, LÀ]

Is the dog here?
- Est-ce que le chien est là ?

4 adjectifs à connaître !

strange : étrange

thin : mince

wrong : faux

current : courant

LEÇON 36

Compter en anglais et réussir à dépasser 19

en seulement deux passages aux toilettes !

twenty :	vingt	*sixty* :	soixante
thirty :	trente	*seventy* :	soixante-dix
forty :	quarante	*eighty* :	quatre-vingts
fifty :	cinquante	*ninety* :	quatre-vingt-dix

À remarquer : Contrairement à ***four*** **ou** ***fourteen, forty*** **s'écrit sans u.**

On ajoute toujours un trait d'union entre les dizaines et les unités.
Exemples :
25 = *twenty-five*
34 = *thirty-four*
48 = *forty-eight*

On peut ajouter *and* entre les centaines et les dizaines.
Il est courant d'utiliser *a hundred* à la place de *one hundred*.
Exemples :
103 = ***a/one*** *hundred* ***and*** *three*
125 = ***a/one*** *hundred* ***and*** *twenty-five*
132 = ***a/one*** *hundred* ***and*** *thirty-two*

Hundred **ne prend pas de *s*.**
Exemples :
200 = *two* ***hundred***
249 = *two* ***hundred*** *and forty-nine*
748 = *seven* ***hundred*** *and forty-eight*

2 façons de dire que vous adorez quelque chose

To love

→ ***I love pandas :*** J'adore les pandas

To be keen on + verbe + ing

→ ***I am keen on hiding :*** J'aime beaucoup me cacher

LEÇON 37

Compter en anglais et réussir à dépasser 19 (la suite)

***Thousand* ne prend pas de *s*.**

Exemples :

1,153 = *a/one thousand one hundred and fifty-three*

2,254 = *two* ***thousand*** *two hundred and fifty-four*

6,587 = *six* ***thousand*** *five hundred and eighty-seven*

En anglais, le séparateur de milliers est une virgule.

Exemples :

14,525 = *fourteen thousand five hundred and twenty-five*

16,598 = *sixteen thousand five hundred and ninety-eight*

77,058 = *seventy-seven thousand fifty-eight*

123,568 = *a/one hundred and twenty-three thousand five hundred and sixty-eight*

178,569 = *a/one hundred and seventy-eight thousand five hundred and sixty-nine*

Lorsque *dozen, hundred, thousand, million* ou *billion* prennent un *s*, ils signifient des douzaines, des centaines, des milliers, des millions ou des miliards.

Exemples :

dozens of admirers : des douzaines d'admirateurs

hundreds of euros : des centaines d'euros

thousands of years : des milliers d'années

millions of cats : des millions de chats

billions of dollars : des milliards de dollars

LEÇON 38

L'école

a ball : une balle
a bell : une cloche
a book : un livre
a circle : un cercle
a form : un formulaire
a friend : un ami
a group : un groupe
a language : une langue
a letter : une lettre
a level : un niveau
a paper : un papier
a pen : un stylo
a pencil : un crayon
a punishment : une punition
a reading : une lecture
a reward : une récompense
a rule : une règle
a school : une école
a theory : une théorie
a whip : un fouet
a whistle : un sifflet
a word : un mot
an angle : un angle
an hour : l'heure
a test : un essai
education : l'éducation
history : l'histoire
ink : l'encre
knowledge : la connaissance
teaching : l'enseignement
writing : l'écriture

Bien utiliser l'adjectif *Big*

GRAND, GROS

a big house : une grande maison
a big decision : une grande décision
a big success : un grand succès
my big brother : mon grand frère

Your father has a really big dick.

➥ Ton père a vraiment une grosse bite.

I'm big in Japan but no one has heard of me in France.

➥ Je suis une star au Japon mais personne n'a entendu parlé de moi en France.

BIG dans une citation amusante

"My husband wanted one of those big-screen TVs for his birthday. So I just moved his chair closer to the one we have already." **Wendy Liebman**

➥ « Mon mari voulait l'une de ces télés grand écran pour son anniversaire. Donc, j'ai juste bougé sa chaise plus près de celle que nous avions déjà. »

LEÇON 39

L'entreprise en anglais (première partie)

balance : le solde
a committee : un comité
a credit : un crédit
a debt : une dette
a hammer : un marteau
a machine : une machine
a manager : un manager
a meeting : une réunion
a number : un nombre
a parcel : un colis
a payment : un paiement
a plant : une usine
a price : un prix
a profit : un profit
a range : une gamme
a rate : un taux
a receipt : un reçu
a screw : une vis
a spade : une pelle
a system : un système
a tax : un impôt
a tendency : une tendance
a work : un travail

IDIOM: *A heart-to-heart (talk)*

➥ Une discussion à cœur ouvert.

TOUT EN CONDUISANT SA FERRARI, MAGNUM VOUS MONTRE COMMENT UTILISER CET IDIOME.

MAGNUM (TV show)

Magnum [narrating]: I guess the earliest memory I have of my grandfather Sullivan is the kind of ***heart-to-heart*** talk we had while walking by the Rappahannock River when I was six years old. We used to hunt for wild asparagus down by the river to take home to my mom to cook for dinner.

LEÇON 40

L'entreprise en anglais (deuxième partie)...

an account : un compte
an act : une loi
an addition : un ajout
an advertisement : une publicité
an agreement : un accord
an amount : un montant
an engine : un moteur
an expert : un expert
an insurance : une assurance
an interest : un intérêt
an invention : une invention
an office : un bureau
an organization : une organisation
business : les affaires
growth : la croissance
increase : une augmentation
industry : l'industrie
metal : le métal
money : l'argent
power : la puissance
scissors : des ciseaux
the authority : l'autorité
trade : le commerce
value : la valeur
a secretary : une secrétaire

Bien utiliser l'adjectif *Late*

TARD, EN RETARD

You are late.

➥ Tu es en retard.

You are an hour late.

➥ Tu as une heure de retard.

It's getting late.

➥ Il se fait tard.

Bien utiliser le mot *House*

UNE MAISON

I clean the house.

➥ Je fais le ménage. (Litt : Je nettoie la maison)

A house of cards

➥ Un château de cartes (pensez à la série)

To buy/rent a house

➥ Acheter/louer une maison

5 petites phrases à glisser dans vos conversations

What happened? : Qu'est-ce qui s'est passé ?
That's terrific! : C'est excellent !
That's brilliant! : C'est super !
Forget about it : Laisse tomber
I'm kidding : Je plaisante

A.M./P.M., ne plus se tromper, cela évite d'arriver avec 12 heures d'avance à un rendez-vous ou au ferry (ou 12 heures de retard, pas mieux)

A.M. (ante meridiem) : le matin
P.M. (post meridiem) : l'après-midi et le soir

Voici un moyen mnémotechnique très simple : A.M. sont les premières lettres d'après-midi, donc elles désignent la matinée (selon le même principe qu'un dromadaire commence par un *d* comme deux, donc il n'a qu'une seule bosse).

9 adjectifs à connaître !

probable : probable
quick : rapide
quiet : calme
ready : prêt
red : rouge
regular : régulier
responsible : responsable
right : droit
round : rond

5 verbes indispensables

to produce : produire
to protest : protester
to pull : tirer
to push : pousser
to put : poser

LEÇON 42

11 faux amis, en plus de ceux que vous avez déjà.

to abuse : injurier
to achieve : accomplir
actual : réel, véritable
actually : en fait, en réalité
agenda : ordre du jour
to attend : assister à
confidence : confiance
to dispose of : se débarrasser de
eventually : finalement
fortunate : chanceux
hazard : danger

IDIOM: *It's all Greek to me!*

➥ Je n'ai rien compris à ce que tu viens d'expliquer !

La traduction débile

➥ Tout ça, c'est du grec pour moi !

Mais d'où ça vient ?

L'origine de cet idiome se trouve dans la pièce de Shakespeare *Julius Caesar* (acte I, scène 2).
Cassius: Did Cicero say anything?
Casca: Ay, he spoke Greek.
Cassius: To what effect?
Casca: Nay, an I tell you that I'll ne'er look you i' the face again: but those that understood him smiled at one another, and shook their heads; but, for mine own part, it was Greek to me.

Dr House Quote - Dr House

"Never trust doctors."

➥ « Ne faites jamais confiance aux médecins. »

LEÇON 43

Vocabulaire important mais en vrac #1

a base : une base
a basin : un bassin
a bite : un morceau
a blade : une lame
a board : une planche
a box : une boîte
a brush : une brosse
a bucket : un seau
a button : un bouton
a card : une carte
a cart : un panier
a cause : une cause
a chain : une chaîne
a chance : une chance
a change : un changement
a clock : une horloge
a collar : un collier
a company : une entreprise
a comparison : une comparaison
a condition : une condition
a connection : une connexion
a control : un contrôle
a cord : un cordon
a cover : une couverture
a crime : un délit
a curve : une courbe
church : l'église
damage : un dommage
a danger : un danger
a day : un jour
death : la mort
a degree : un degré
a design : une conception
destruction : une destruction

NEAR [PRÈS DE]

The dog is near the door.

➥ Le chien est près de la porte.

NOW [MAINTENANT]

It's now or never.

➥ C'est maintenant ou jamais.

LEÇON 44

Vocabulaire important, mais en vrac (le retour)

a detail : un détail
a development : un développement
a direction : une direction
a discovery : une découverte
a discussion : une discussion
a distribution : une distribution
a division : une division
a fact : un fait
a fiction : une fiction
a field : un domaine
a fight : un combat
a fire : un incendie
a flag : un drapeau
a flame : une flamme
a flight : un vol
a fork : une fourche
a frame : un cadre

8 adjectifs à connaître !

future : prochain
ill : malade
last : dernier
late : tard
left : gauche
loose : lâche
loud : bruyant
low : faible

IDIOM: Down to earth

➥ Les pieds sur terre.

JENNIFER GARNER VOUS MONTRE COMMENT UTILISER CET IDIOME.

JENNIFER GARNER (American actress)

I am lucky to have had an attentive, curious and loving dad and heart-smart, ***down-to-earth***, gifted mother.

gifted : talentueuse

LEÇON 45

La nature

a bee : une abeille
a berry : un fruit rouge
a bird : un oiseau
a branch : une branche
a cat : un chat
a cow : une vache
a dog : un chien
a farm : une ferme
a feather : une plume
a fish : un poisson
a flower : une fleur
a fly : une mouche
a fowl : une volaille
a goat : une chèvre
a horse : un cheval
a leaf : une feuille
a monkey : un singe
a mountain : une montagne
a pig : un cochon
a rat : un rat
a river : une rivière
a root : une racine
science : la science
a seed : une graine
shade : de l'ombre
a sheep : un mouton
a snake : un serpent
a star : une étoile
a tree : un arbre
a wave : une vague
air : l'air
an ant : une fourmi
an insect : un insecte
an island : une île
ice : la glace
iron : le fer
wood : le bois
mass : la masse
moon : la lune
night : la nuit
rain : la pluie
sand : le sable
sea : la mer
silver : l'argent
sky : le ciel
the earth : la terre
the snow : la neige
thunder : le tonnerre
water : l'eau
wind : le vent
grass : l'herbe

LEÇON 46

Tout ce que vous allez bientôt savoir dire avec le verbe *Make*

FAIRE

I made a mistake.

→ J'ai fait une erreur.

He made coffee.

→ Il a fait du café.

This cartoon always makes her dog cry.

→ Ce dessin animé fait toujours pleurer son chien.

You keep making the same mistakes.

→ Tu continues à faire les mêmes erreurs.

What made you change your mind?

→ Qu'est ce qui t'a fait changer d'avis ?

MAKE dans une citation amusante

"I hate housework! You make the beds, you do the dishes – and six months later you have to start all over again." Joan Rivers

→ « Je déteste le ménage. Vous faites les lits, vous faites la vaisselle et six mois plus tard vous devez tout recommencer. »

8 adjectifs à connaître !

short : court
shut : fermé
simple : simple
slow : lent
small : petit
soft : mou
solid : solide
special : spécial

THERE [LÀ]

They aren't there.

→ Ils ne sont pas là.

Quiz

Testez votre anglais en répondant aux questions qui suivent.

Question n° 1 : Quel est le prétérit du verbe *to cry* ?
a) Cryed
b) Cried
c) Cryied

Question n° 2 : Comment traduit-on en anglais l'expression *Être sur la même longueur d'onde* ?
a) To be on the same longueur of ondes
b) To be on the same wavelength
c) To be on the same leg

Question n° 3 : Comment dit-on *hors-saison* en anglais ?
a) Out of season
b) Off-season
c) Hors-season

Question n° 4 : Que signifie *dozens of admirers* ?
a) Des dizaines d'admirateurs
b) Des douzaines d'admirateurs
c) Une bonne douzaine d'admirateurs

Question n° 5 : Quelle phrase utilise-t-on pour signifier à son *fuckfriend* anglais qu'on ne sera pas long ?
a) I won't be long
b) Don't panic
c) Here it is

Question n° 6 : Comment dit-on *j'aime beaucoup me cacher* ?
a) I am keen on hiding
b) I am the king of hiding
c) I am the queen of hiding

Réponses :

1b – 2b – 3b – 4 b – 5a – 6a

LEÇON 47

5 verbes indispensables

to slip : glisser
to smash : fracasser
to smoke : fumer
to sneeze : éternuer
to sort : trier

9 adjectifs à connaître !

strong : fort
sudden : soudain
sweet : doux
tall : grand (taille)
thick : épais
tight : serré
tired : fatigué
true : vrai
violent : violent

4 petites phrases à glisser dans vos conversations

Okay : C'est bon
What are you doing? : Tu fais quoi ?
It's hot today : Il fait chaud aujourd'hui
See you later : À plus tard

TOGETHER [ENSEMBLE]

Together, we can do it.

→ Ensemble, nous pouvons le faire.

Les 5 différentes sortes de temps anglais

It's rainning : Il pleut
It's cold : Il fait froid
It's windy : Le temps est venteux
It's foggy : Il y a du brouillard
It's cloudy : Il fait un temps nuageux

IDIOM: *To not give a damn*

→ S'en foutre.

→ Se ficher pas mal de...

→ Ne pas être inquiet ou intéressé par quelque chose ou par quelqu'un.

La traduction débile

→ Je ne donne pas un mince.

LEÇON 48

Bien utiliser l'adjectif *Bad*

MAUVAIS, MÉCHANT

♫ *Because I'm bad, I'm bad* ♫ (Michael Jackson)

→ Parce que je suis mauvais/méchant, je suis mauvais/méchant

I have bad news. My father punctured his inflatable dolphin.

→ J'ai une mauvaise nouvelle. Mon père a crevé son dauphin gonflable.

My holiday in the UK was spoiled by bad weather.

→ Mes vacances au Royaume-Uni ont été gâchées par le mauvais temps.

BAD dans une citation amusante

"I've had bad luck with both my wives. The first one left me and the second one didn't." Patrick Murray

→ « Je n'ai pas eu de chance avec mes deux femmes. La première est partie et la seconde ne l'est pas. »

10 contractions fréquentes à connaître

1. *I'm* = *I am*
2. *don't* = *do not*
3. *didn't* = *did not*
4. *it's* = *it is*
5. *wasn't* = *was not*
6. *you're* = *you are*
7. *that's* = *that is*
8. *I'll* = *I will*
9. *couldn't* = *could not*
10. *can't* = *can not*

Bien utiliser le mot *Place*

ENDROIT

I always thought your country would be a boring place. I was right.

→ J'ai toujours pensé que votre pays serait un endroit ennuyeux. J'avais raison.

A popular eating place

→ Un endroit populaire pour manger

Let's have the party at your place!

→ Faisons cette fête chez toi !

Let's find a quiet place where we can bonk.

→ Trouvons un endroit paisible où on pourra s'envoyer en l'air.

LEÇON 49

SINCE ou FOR, ou lorsque la grammaire anglaise peut vous éviter de déclarer que vous êtes marié avec votre femme depuis 2004 années, votre interlocuteur pouvant alors vous regarder de façon un peu dubitative

Since et *for* se traduisent notamment par « depuis » mais chacun de ces deux termes s'emploie dans des contextes précis. Si vous utilisez l'un à la place de l'autre, le sens de votre phrase sera totalement modifié. Accordez à ces deux termes une attention particulière !

SINCE	***FOR***
Avec une date ou un événement marquant	Avec une durée ou un indice de temps
Exemples :	Exemples :
since 2001	*for 20 minutes*
since 9 am	*for three days*
since Monday	*for 6 months*
since January	*for 4 years*
since 1997	*for 2 centuries*
since 1500	*for a long time*
since I left school	*for ever*

IDIOM: To blow your own trumpet

➥ À dire à une personne qui se vante ou qui fait sa propre promotion de façon exagérée.

La traduction débile

➥ Souffle dans ta propre trompette.

Bien utiliser l'adjectif *Old*

VIEUX, ANCIEN

An old car : une vieille voiture

I'm old enough to watch this movie. Let me in!

➥ Je suis assez vieux pour voir ce film. Laissez-moi entrer !

How old are you? I'm 75 years old.

➥ Quel âge avez-vous ? J'ai 75 ans.

LEÇON 50

Les loisirs, ou les activités que nous faisions jusqu'à ce que Facebook et le Smartphone apparaissent

a camera : un appareil photo
a canvas : une toile
a guide : un guide
a journey : un voyage
a library : une bibliothèque
a net : un filet
a sail : une voile
a song : une chanson
a ticket : un billet
an amusement : un amusement
an animal : un animal
an art : un art
an instrument : un instrument
music : la musique
paint : la peinture
a band : un groupe

7 adjectifs à connaître !

bent : courbé
bitter : amer
cold : froid
complete : complet
cruel : cruel
dark : sombre
dead : mort

ALMOST [PRESQUE]

He is almost 100.

→ Il a presque 100 ans.

5 verbes indispensables

to seem : sembler
to send : envoyer
to shake : agiter
to sign : signer
to sleep : dormir

LEÇON 51

Tout ce que vous allez bientôt savoir dire avec le verbe *Go*

ALLER

I go home.

→ Je rentre à la maison.

I will go by car/ by bus.

→ J'irai en voiture/en bus.

I'm going for a walk.

→ Je vais me promener.

We go shopping every Saturday night.

→ Nous allons faire des courses chaque samedi soir.

He doesn't go to the zoo very often these days.

→ Il ne va pas au zoo très souvent en ce moment.

I go up/down stairs.

→ Je monte/descends les escaliers.

I'm tired, let's go!

→ Je suis fatigué, allons-y !

Are you going to Margaret's orgy on Sunday?

→ Est-ce que tu vas à la partouze de Margaret dimanche ?

Bien utiliser l'adjectif *Free*

LIBRE, GRATUIT

Admission is free.

→ L'entrée est gratuite.

He will be free at six o'clock.

→ Il sera libre à 6 heures.

Your hamster is free to think what it likes.

→ Ton hamster est libre de penser ce qu'il veut.

LEÇON 52

Le loisir : le vocabulaire de Facebook

newsfeed : fil d'actualité
message : message
events : événements
find friends : retrouver des amis
interests : intérêts
comment : commenter
share : partager
home : accueil
notifications : notifications
status : statut
write a comment : écrire un commentaire
add photos : ajouter des photos
top stories : à la une
most recent : plus récent
post : publier
friends : amis
event : événement
friend request : demande d'ami
The Queen commented on her own photo : La reine a commenté sa propre photo.
James added a new photo : James a ajouté une nouvelle photo.
The Queen and the Pope are now friends : La reine et le pape sont maintenant amis.

5 verbes indispensables

to start : commencer
to stretch : étirer
to swim : nager
to take : prendre
to talk : parler

ENOUGH [ASSEZ]

I just can't get enough.

↪ Je ne peux juste pas en avoir assez.

LEÇON 53

I love beaucoup ton anatomie (2)

HEAD : TÊTE

20£ per head

➥ 20 £ par tête/par personne

What put that idea into his head?

➥ Qu'est ce qui lui a mis cette idée en tête ?

To give head

➥ Faire une fellation [vulgaire]

VOICE : VOIX

In a loud/soft voice : À voix haute/basse
To have a good voice : Avoir une belle voix
This is The Voice! : C'est la voix !

ARM : BRAS

arm-wrestling : bras de fer
with her husband on her arm : avec son mari à son bras
with arms folded : avec les bras croisés
arm in arm : bras-dessus, bras-dessous

Bien utiliser l'adjectif *Similar*

SIMILAIRE

You two look quite similar to each other.

➥ Vous vous ressemblez pas mal vous deux.

The two brothers are similar in size.

➥ Les deux frères sont de la même taille.

LEÇON 54

Les transports

a boat : un bateau
a brake : un frein
a bridge : un pont
a harbour : un port
a plane : un avion
a rail : un rail
a road : une route
a station : une station
a train : un train
transport : le transport
a ship : un navire
a wheel : une roue
driving : la conduite
seat : un siège
a distance : une distance

6 adjectifs à connaître !

waiting : qui attend
warm : chaud
wet : humide
wide : large
wise : sage
awake : réveillé

5 petites phrases à glisser dans vos conversations

***Wait a minute* :** Attends une minute
***Not true* :** C'est pas vrai
***You were right* :** Tu avais raison
***I got it* :** J'avais compris
***That's all* :** C'est tout

Clever quote

"So many books, so little time." *Frank Zappa*

➥ « Tant de livres, si peu de temps. »

LEÇON 55

Bien utiliser le mot *Thing*

CHOSE

Pack your things, we are going on a trip to Las Vegas!

→ Fais tes valises, on part en voyage à Las Vegas !

A funny thing happened to me today.

→ Un truc marrant m'est arrivé aujourd'hui.

All good things come to an end.

→ Toutes les bonnes choses ont une fin.

It's a good thing that you are not coming.

→ C'est une bonne chose que tu ne viennes pas.

Don't treat me like that. I'm a person, not a thing!

→ Ne me traite pas comme ça. Je suis une personne, pas une chose !

I know a thing or two about astrophysics.

→ Je connais deux ou trois trucs en astrophysique.

THING dans une citation amusante

"Two things are infinite, the universe and human stupidity, and I am not yet completely sure about the universe." Albert Einstein

→ « Deux choses sont infinies, l'univers et la stupidité humaine, et je ne suis pas encore complètement sûr pour l'univers. »

8 adjectifs à connaître !

dear : chéri	*false* : faux
delicate : délicat	*feeble* : faible
dirty : sale	*female* : femelle
dry : sec	*foolish* : ridicule

LEÇON 56

Bien utiliser l'adjectif *National*

NATIONAL

The national newspapers : La presse nationale
National anthem : L'hymne national

5 petites phrases très utiles qui commencent par *I don't*

I don't believe it.
➥ Je ne le crois pas.

I don't understand.
➥ Je ne comprends pas.

I don't care.
➥ Ça m'est égal.

I don't know.
➥ Je ne sais pas.

I don't think so.
➥ Je ne pense pas.

Bien utiliser l'adjectif *Wrong*

MAUVAIS, FAUX, ERRONÉ

Wrong answer/choice
➥ Mauvaise réponse/mauvais choix

I was wrong.
➥ J'avais tort.

Paul, stealing is wrong but bonking is not wrong.
➥ Paul, voler c'est mal mais s'envoyer en l'air, ce n'est pas mal.

What went wrong with their online business of selling inflatable crocodiles?
➥ Qu'est ce qui n'a pas été dans leur entreprise en ligne de vente de crocodiles gonflables ?

WRONG dans une citation de Hank Moody de la série *Californication*

"Wrong place, wrong time, wrong vagina!"
➥ « Mauvais endroit, mauvais timing, mauvais vagin ! »

LEÇON 57

L'habitat et la ville

a bath : un bain
a bed : un lit
a brick : une brique
a building : un bâtiment
a bulb : une ampoule
a curtain : un rideau
a door : une porte
a drawer : un tiroir
a floor : un plancher
a garden : un jardin
a house : une maison
a key : une clé
a lift : un ascenseur
a lock : un verrou
a property : une propriété
a roof : un toit
a room : une chambre
a shelf : une étagère
a street : une rue
a table : une table
a town : une ville
a wall : un mur
a window : une fenêtre
a wing : une aile
a wire : un fil
an apparatus : un appareil
an owner : un propriétaire
comfort : le confort
sheets : les draps

7 adjectifs à connaître !

mixed : mixte
narrow : étroit
opposite : opposé
rough : rugueux
sad : triste
safe : sûr
secret : secret

IDIOM: Curiosity killed the cat

➥ Il s'agit d'une mise en garde : être trop curieux peut vous amener à une situation dangereuse.

La traduction débile

➥ La curiosité a tué le chat.

LEÇON 58

Toutes les questions avec HOW en seulement deux passages aux toilettes…

HOW

How peut se traduire par : comment.

How did I meet your mother?

➥ Comment ai-je rencontré votre mère ?

How did I do?

➥ Comment ai-je fait ?

HOW LONG

How long pose la question « Pendant combien de temps ? » ou « Depuis combien de temps ? »

How long does it takes to go to the moon?

➥ Combien de temps faut-il pour aller sur la lune ?

How long do spiders live?

➥ Combien de temps vivent les araignées ?

How long do you last?

➥ Combien de temps dures-tu ?

Vocabulaire important mais en vrac #3

a gun : un pistolet
a hole : un trou
a hook : un crochet
a jewel : un bijou
a judge : un juge
a jump : un saut
a kick : un coup de pied
a knot : un nœud
a law : une loi
a light : une lumière
a limit : une limite
a line : une ligne
a list : une liste
a loss : une perte
a map : une carte
a mark : une marque
a match : une allumette
a measure : une mesure

LEÇON 59

Les questions avec HOW (la suite)

HOW MUCH - HOW MANY

How much et *how many* se traduisent par : combien de.

How much est suivi d'un nom singulier.

How many est suivi d'un nom pluriel.

How much can I borrow?

➥ Combien est-ce que je peux emprunter ?

How many calories do I burn watching a one-hour porn movie?

➥ Combien de calories est-ce que je brûle en regardant un film pornographique d'une heure ?

How many freemasons does it take to change a light bulb? ***(a book by Martin Faulks)***

➥ Combien de francs-maçons faut-il pour changer une ampoule ? (un livre de Martin Faulks)

How many frogs does a girl have to kiss?

➥ Combien de grenouilles une fille doit-elle embrasser ?

HOW OFTEN

How often signifie : tous les combien.

How often do you go to the gym?

➥ Tous les combien allez-vous à la salle de sport ?

How often can I give blood?

➥ Tous les combien puis-je donner mon sang ?

HOW MANY TIMES

How many times signifie : combien de fois.

How many times a week should I do yoga?

➥ Combien de fois par semaine devrais-je faire du yoga ?

How many times do we lie a day?

➥ Combien de fois mentons-nous par jour ?

LEÇON 60

IDIOM: *I will cross that bridge when I come to it*

➥ Se soucier d'un problème quand il arrivera et ne pas s'en préoccuper pour l'instant.

La traduction débile

➥ Je traverserai ce pont quand j'y serai.

LINDSAY MONROE DES *EXPERTS* ET BERNARD BARUCH VOUS MONTRENT COMMENT UTILISER CET IDIOME.

CSI (TV show)

Lindsay Monroe: Well, ***we'll cross that bridge when we come to it.***

BERNARD BARUCH (American financier, statesman, and political consultant)

We ***can't cross that bridge until we come to it***, but I always like to lay down a pontoon ahead of time.

to lay down : poser

a pontoon : un ponton

IDIOM: *To pay through the nose for something*

➥ Payer trop cher ou très cher pour un objet, un service ou un plat au restaurant. En gros, quand vous vous faites arnaquer et que ça fait mal !

La traduction débile

➥ Tu dois payer à travers ton nez.

ONLY [SEULEMENT]

There was only one pub and it was a girls only night.

➥ Il y avait seulement un pub et c'était une soirée « filles uniquement ».

LEÇON 61

Vocabulaire important mais en vrac #4

a memory :	une mémoire
a minute :	une minute
a motion :	un mouvement
a name :	un nom
a nation :	une nation
a need :	un besoin
a noise :	un bruit
a note :	une note
a page :	une page
a part :	une partie
a paste :	une pâte
peace :	la paix
a person :	une personne
a picture :	une image
a pipe :	un tuyau
a place :	un endroit
a pocket :	une poche

LEÇON 62

Vocabulaire important mais en vrac #5

a point : un point
a poison : un poison
a position : une position
a pot : un pot
a powder : une poudre
a prison : une prison
a process : un processus
a pump : une pompe
a purpose : un but
a question : une question
a reaction : une réaction
a reason : une raison
a record : un record
a religion : une religion
a rhythm : un rythme
a ring : une bague
a rod : une tige
a roll : un rouleau
a scale : une échelle
a selection : une sélection
a shock : un choc
a side : un côté
a slope : une pente
a smell : une odeur
soap : du savon
a sound : un son
a space : un espace
a sponge : une éponge
a square : un carré
a stage : une scène
a stamp : un timbre
a statement : une déclaration
a step : une étape
a stick : un bâtonnet
a stone : une pierre
a stop : un arrêt
a story : une histoire
a structure : une structure
a substance : une substance
a support : un soutien

QUITE [ASSEZ]

He is quite good.

→ Il est plutôt bon.

LEÇON 63

Vocabulaire important mais en vrac #6

a thing : une chose
a thread : un fil
a watch : une montre
a way : un chemin
a week : une semaine
an adjustment : un réglage
an answer : une réponse
an argument : un argument
an army : une armée
an attack : une attaque
an attempt : une tentative
an attraction : une attraction
an effect : un effet
an end : une fin
an error : une erreur
an event : un événement
an example : un exemple
an exchange : un échange
an expansion : une expansion
an experience : une expérience
an observation : une observation
an offer : une offre
an opinion : un avis
digestion : la digestion
dust : la poussière
gold : l'or
middle : milieu
news : les nouvelles
sex : le sexe
the edge : le bord
the existence : l'existence
society : la société
time : le temps
top : le sommet
view : la vue
war : la guerre
waste : les déchets
wax : la cire

Bien utiliser le mot *Fact*

FAIT

Her father knew for a fact that he was Batman.

➥ Son père savait avec certitude qu'il était Batman.

This movie is based on historical facts.

➥ Ce film est basé sur des faits historiques.

The English are, in fact, idiots.

➥ Les Anglais sont, en fait, des idiots.

You are not a fridge and that's a fact.

➥ Tu n'es pas un frigidaire et c'est un fait.

I have never hidden the fact that I am Fantômas.

➥ Je n'ai jamais caché le fait que je suis Fantômas.

LEÇON 64

SO [SI]

I am so happy to see you.

➥ Je suis si heureux de vous voir.

Tout ce que vous allez bientôt savoir dire avec le verbe *Work*

TRAVAILLER

I work in a supermarket.

➥ Je travaille dans un supermarché.

I work for a big firm in Paris.

➥ Je travaille pour une grande entreprise à Paris.

This phone doesn't work.

➥ Ce téléphone ne marche pas.

I don't know how to work this computer.

➥ Je ne sais pas comment faire fonctionner cet ordinateur.

My plan worked.

➥ Mon plan a fonctionné.

Yes, I work for peace in the world.

➥ Oui, je travaille pour la paix dans le monde.

Bien utiliser l'adjectif *Local*

LOCAL

A local newspaper

➥ Un journal local

The local population is ugly and fat.

➥ La population locale est moche et grosse.

LEÇON 65

Le mot nouveau et rigolo

SEXERCISM

Ce mot mélange les mots *sex* et *exorcism*. Il désigne une relation sexuelle avec un nouveau partenaire de façon à oublier son ex après une rupture douloureuse.

Bien utiliser l'adjectif *Certain*

CERTAIN

One thing is certain.

➥ Une chose est sûre.

I am certain to forget your name.

➥ Je suis certain d'oublier votre nom.

Tout ce que vous allez bientôt savoir dire avec le verbe *Know*

SAVOIR

I don't know her.

➥ Je ne la connais pas.

I don't know what to do.

➥ Je ne sais pas quoi faire.

You know what I mean.

➥ Tu vois ce que je veux dire.

I know what you did last summer.

➥ Je sais ce que tu as fait l'été dernier.

Do you know any French?

➥ Est-ce que vous connaissez un peu de français ?

KNOW dans une citation de *Dr House*

"We treat it. If she gets better we know that we're right."

➥ « On applique le traitement. Si elle va mieux, on sait que nous avons raison. »

LEÇON 66

4 expressions idiomatiques à connaître

IDIOM: *To be over the moon*

➥ Être extrêmement content de quelque chose.

À la Maison-Blanche (TV show)
Toby Ziegler: I'm over the moon. This is my over-the-moon face.

IDIOM: *Get a life!*

➥ À dire à une personne qui dit ou fait quelque chose de très ennuyeux et qui ferait mieux de se trouver des activités plus intéressantes ou excitantes.

Bruce Oldfield (British fashion designer)
I'm not interested in fashion... When someone says that lime-green is the new black for this season, you just want to tell them to get a life.
lime-green : vert citron

IDIOM: *I could eat a horse*

➥ J'ai vraiment très faim.

Un idiome à utiliser pour signifier que vous avez vraiment très faim. Dans les faits, manger tout un cheval, nous, on n'y croit pas, même si c'est un poney.
La traduction débile : Je pourrais manger un cheval.

Buffy contre les vampires (TV show)
Faith: I could eat a horse. Ain't it crazy how slaying just always makes you hungry and horny?
to slay : tuer *horny* : excité sexuellement

IDIOM: *To be a fly on the wall*

➥ Être une petite souris capable de voir et d'entendre ce qui se passe à un endroit.

Miley Cyrus – *fly on the wall* (Song)
Don't you wish that you could be a fly on the wall?

LEÇON 67

2 bonnes blagues à raconter à vos interlocuteurs anglais

I didn't sleep very well last night. So this morning I put Monster energy drinks in my coffee. I was half way to work when I realized I forgot my car.

➥ Je n'ai pas très bien dormi la nuit dernière. Donc, ce matin, j'ai mis du Monster energy drink dans mon café. J'étais à mi-chemin du travail quand j'ai réalisé que j'avais oublié ma voiture.

When people go underwater in scary movies, I like to hold my breath and see if I would have survived that situation. I almost died in Finding Nemo.

➥ Quand les gens vont sous l'eau dans les films d'horreur, j'aime retenir ma respiration et voir si j'aurais survécu à cette situation. Je suis presque mort dans *Le monde de Némo*.

Bien utiliser l'adjectif *Large*

GRAND, GROS

A large family in a large house

➥ Une grande famille (famille nombreuse) dans une grande maison

A large sum of money

➥ Une grosse somme d'argent

Bien utiliser le mot *Time*

TEMPS

What time is it?

➥ Quelle heure est-il ?

I have no time for that.

➥ Je n'ai pas de temps pour ça.

It's party time!

➥ C'est la fête !

It's time to go to bed.

➥ Il est l'heure d'aller au lit.

LEÇON 68

Bien utiliser l'adjectif *Small*

PETIT

A small town/house/car : Une petite ville/maison/voiture
Small children : Les petits enfants

Tell your family that this condom is too small for me!

↪ Dis à ta famille que ce préservatif est trop petit pour moi !

I noticed a few small mistakes in your English.

↪ J'ai noté quelques petites erreurs dans votre anglais.

10 contractions fréquentes à connaître

1. *I'd = I would*
2. *wouldn't = would not*
3. *I've = I have*
4. *hadn't = had not*
5. *doesn't = does not*
6. *what's = what is*
7. *we're = we are*
8. *won't = will not*
9. *there's = there is*
10. *isn't = is not*

Le mot nouveau et rigolo

IFINGER

Le doigt que vous gardez propre lorsque vous mangez pour pouvoir utiliser votre Smartphone.

Regardez *The Tonight Show starring Jimmy Fallon*

The Tonight Show starring Jimmy Fallon est une émission de télévision américaine diffusée sur NBC et présentée par l'humoriste Jimmy Fallon. L'émission mêle de façon classique humour et talk-show mais a su aussi renouveler le genre. Regardez les meilleurs moments sur la chaîne YouTube de l'émission.

La page youtube à suivre : www.youtube. com/user/latenight

LEÇON 69

Bien utiliser l'adjectif *Right*

JUSTE, EXACT, BON

Yes, that's right.

➥ Oui, c'est exact (vrai).

The right answer

➥ La bonne réponse

The giraffe arrived right after me.

➥ La girafe est arrivée juste après moi.

Am I right in thinking that you are Batman?

➥ Est-ce que j'ai raison de penser que vous êtes Batman ?

Next time you'll get it right.

➥ La prochaine fois, tu feras bien les choses.

You owe me 4,589£, right?

➥ Vous me devez 4 589£, c'est bien ça ?

I hope we are doing the right thing with this pink inflatable dolphin.

➥ J'espère que nous faisons le bon choix avec ce dauphin gonflable rose.

I am the right person for the job!

➥ Je suis la bonne personne pour ce travail !

Un dialogue amusant de *The Big Bang Theory*

Lisez ce dialogue simple extrait de la série The Big Bang Theory et retenez les phrases qui vous seront utiles.

Sheldon: I made tea.
Leonard: I don't want tea.
Sheldon: I didn't make tea for you. This is my tea.
Leonard: Then why are you telling me?
Sheldon: It's a conversation starter.
Leonard: That's a lousy conversation starter.
Sheldon: Oh, is it? We're conversing. Checkmate.

Lousy : nul, pourri

Conversation starter : lanceur de conversation

Checkmate : échec et mat

LEÇON 70

Le mot nouveau et rigolo

AXEHOLE

Hole signifie trou et *asshole* désigne un trou du cul ou un imbécile. Un *axehole* est une personne qui met trop de déodorant Axe.

I love beaucoup ton anatomie (3)

HAIR : CHEVEUX

I'm losing my hair.

➥ Je perds mes cheveux.

She is brushing her long hair.

➥ Elle brosse ses longs cheveux.

Her father is brushing his pubic hair.

➥ Son père se brosse les poils pubiens.

HAIR dans une citation amusante

I don't need a hair stylist, my pillow gives me a new hairstyle every morning.

➥ Je n'ai pas besoin d'un styliste capillaire, mon oreiller me donne une nouvelle coupe de cheveux chaque matin.

SHOULDER : ÉPAULE

She carried the baby on her shoulders.

➥ Elle portait l'enfant sur ses épaules.

BODY : CORPS

♫ *Girl look at that body ! I work out.* (LMFAO) ♫

➥ Fille, regarde ce corps. Je fais de l'exercice.

BODY dans une citation amusante

"I can't believe I have to keep washing this stupid body until I die."
Twitter @frenchielaboozi

➥ « Je n'arrive pas à croire que je doive continuer à laver ce corps stupide jusqu'à ce que je meure. »

LEÇON 71

Tout ce que vous allez bientôt savoir dire avec le verbe *Take*

PRENDRE

Here's your micro-wave. I took it by mistake.

↪ Voici ton micro-ondes. Je l'ai pris par erreur.

That's my final offer. Take it or leave it!

↪ C'est ma dernière offre. C'est à prendre ou à laisser !

Do you take milk in your coffee?

↪ Est-ce que vous prenez du lait dans votre café ?

Do you think her father takes drugs?

↪ Est-ce que tu penses que son père prend de la drogue ?

Ok, I will take a picture of you mother.

↪ Ok, je vais prendre une photo de ta mère.

Take a seat!

↪ Assieds-toi !

I can't take criticism.

↪ Je ne peux pas supporter la critique.

TAKE dans une citation amusante

"Never, under any circumstances, take a sleeping pill and a laxative on the same night." Dave Barry

↪ « Quelles que soient les circonstances, ne prenez jamais un somnifère et un laxatif le même soir. »

Bien utiliser l'adjectif *Clear*

CLAIR, LIMPIDE, PUR

Clear water

↪ De l'eau claire

You'll do as you're told. Is that clear Mr. President?

↪ Tu vas faire comme on te l'a dit. Est-ce que c'est clair Monsieur le Président ?

Quiz

Testez votre anglais en répondant aux questions qui suivent.

Question n° 1 : Comment dit-on *pendant 4 ans* ?
a) Since 4 years
b) For 4 years
c) With 4 years

Question n° 2 : Que dit-on à un anglais qui ferait mieux de se trouver des activités plus intéressantes ou plus excitantes ?
a) Get a life!
b) Stop pulling my leg!
c) It cost me an arm and a leg.

Question n° 3 : Que signifie l'adjectif *narrow* ?
a) Magnifique
b) Étroit
c) Charmant

Question n° 4 : Comment dit-on *Attends une minute* ?
a) Attend one minute!
b) Wait a minute!
c) Raise one minute!

Question n° 5 : Que signifie l'expression *I could eat a horse* ?
a) Je pourrais manger un cheval
b) Je suis au bout du rouleau
c) J'ai vraiment très faim

Question n° 6 : Que signifie le mot *bitter* ?
a) C'est un comparatif qui signifie *Un plus grand phallus que…*
b) Étrange
c) Amer

Réponses :

1b – 2a - 3b – 4b – 5c– 6c

TELEPHONE

Niveau 2
Progressez encore, vers l'infini et au-delà !

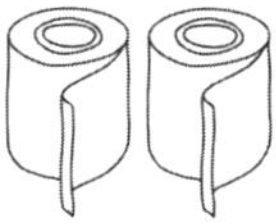

Bravo pour votre réussite du test et l'obtention de votre première balayette qui vous permet d'accéder aux leçons du deuxième niveau. Vous allez découvrir les *phrasal verbs*, ces verbes à particules qui donneront un son résolument anglais à vos dires. On mettra les bouchées doubles sur les phrases de série, apprenez-les par cœur. Les verbes irréguliers feront leur apparition. Vous découvrirez aussi les tout derniers mots apparus récemment dans les dictionnaires anglais et l'anglais urbain grâce à nos mots tout nouveaux et rigolos. Enfin, vous apprendrez des expressions idiomatiques très souvent employées par les Anglais. *Enjoy!*

LEÇON 72

B&B, 13 termes et 3 phrases essentiels pour dire à un Anglais que son B&B est trop cher mais que vous allez tout de même dormir chez lui, car, bon voilà, vous n'avez rien trouvé d'autre

bed :	lit
breakfast :	petit déjeuner
room :	chambre
booking :	réservation
half board :	demi-pension
full board :	pension complète
vacancy :	chambre libre
bathroom :	salle de bains
balcony :	balcon
air conditioning :	air conditionné
in cash :	en liquide
too expensive :	trop cher
I have a booking for a double room for one night.	J'ai une réservation pour une chambre double pour une nuit.
Is breakfast included?	Est-ce que le petit déjeuner est inclus ?
For breakfast? I eat frogs.	Au petit déjeuner ? Je mange des grenouilles.

Dr House Quote - Dr House

"It's one of the great tragedies of life — something always changes."

→ « C'est une des grandes tragédies de la vie – il y a toujours quelque chose qui change. »

LEÇON 73

10 mots de vocabulaire contenus dans le titre de séries télé

Desperate Housewives	désespéré
Gossip Girl	potins
Private Practice	privé
Grey's Anatomy	l'anatomie
Vampire Diaries	journal intime (*diary*)
Vampire Diaries	vampire
Beverly Hills	colline
True Blood	vrai
(To) Chuck	laisser tomber (activité, job)
Scrubs	brosser *(to scrub)*

Bien utiliser l'adjectif *Full*

PLEIN, REMPLI

The car park is full.

➥ Le parking est plein.

I was full of hope.

➥ J'étais rempli d'espoir.

7 questions courantes qui commencent par *How*

How are you doing?

➥ Comment allez-vous ?

How are you feeling?

➥ Comment vous sentez-vous ?

How can I help you?

➥ Comment puis-je vous aider ?

How come?

➥ Comment ça se fait ?

How do you know?

➥ Comment le savez-vous ?

How are things going?

➥ Comment vont les choses ?

How is your family?

➥ Comment va votre famille ?

LEÇON 74

L'anglais maritime enseigné par Éric Cantona

"When the seagulls follow the trawler, it's because they think sardines will be thrown into the sea. Thank you."

Éric Cantona, 25-01-1995, conférence de presse,
à la suite d'un coup de pied donné à un supporter.

➥ « Quand les mouettes suivent un chalutier, c'est parce qu'elles pensent que des sardines seront jetées à la mer. »

Le pub

a pub : un pub
to go to the pub : aller au pub
a pint : une pinte
a glass of wine : un verre de vin
beer on tap : bière à la pression
a half a pint of beer : une demi-pinte de bière
spirits : les alcools forts
rum and coke : un rhum-cola
vodka orange juice : une vodka orange
a cocktail : un cocktail
a hangover : une gueule de bois

Shall we go have a drink?

➥ Est-ce qu'on devrait aller prendre un verre ?

Let me buy you a drink!

➥ Laisse-moi te payer un verre !

What do you have on tap?

➥ Qu'est-ce que vous avez à la pression ?

LEÇON 75

Bien utiliser le mot *Life*

VIE

I will become famous later in life.

➥ Je deviendrai célèbre sur le tard.

Don't spend your whole life watching porn movies!

➥ Ne passe pas toute ta vie à regarder des films pornos !

I have lived in France all my life!

➥ J'ai vécu en France toute ma vie !

I lead a very interesting life.

➥ Je mène une vie très intéressante.

I will not risk my life for you.

➥ Je ne vais pas risquer ma vie pour toi.

LIFE dans une citation d'Homer Simpson

"Alcohol, the cause of, and the solution to, all of life's problems."

➥ « L'alcool, la cause de et la solution à tous les problèmes de la vie. »

Tout ce que vous allez bientôt savoir dire avec le verbe *See*

VOIR

I can see you!

➥ Je peux te voir !

Have you seen the film Fight Club*?*

➥ Est-ce que tu as vu le film *Fight Club* ?

Things will get better, you'll see.

➥ Les choses vont aller mieux. Tu verras.

I can see you are upset.

➥ Je peux voir que tu es fâché.

LEÇON 76

Le vocabulaire des singles n° 1 en France

Your Latest Trick (Dire Straits)	astuce
Happy Nation (Ace of Base)	nation
Zombie (the Cranberries)	zombie
Gangsta's Paradise (Coolio et L.V.)	paradis
Killing Me Softly (the Fugees)	doucement
Wannabe (Spice Girls)	envie d'être
Don't Cry for Me Argentina (Madonna)	pleurer
Candle in the Wind (Elton John)	bougie

5 petites phrases à glisser dans vos conversations

Give it a try! : Essaye !
Not a problem : C'est pas un problème.
Don't worry! : T'inquiète pas !
Bye guys! : Salut les gars ! (peut inclure des filles)
I can't : J'peux pas.

En voyage : prendre l'*undergound*

a ticket : un billet
adult : adulte
child : enfant
to get on : monter
to get off : descendre
to change : changer
public transport : les transports en commun
undergroung, tube : le métro
a map : une carte

LEÇON 77

Phrasal verb: look after

Signification : s'occuper de

He looks after our interests in the company.

➥ Il s'occupe de nos intérêts dans l'entreprise.

He looked after the goldfish when she was out.

➥ Il s'est occupé du poisson rouge quand elle était sortie.

ABOUT [À PROPOS DE]

10 things you didn't know about the devil.

➥ 10 choses que vous ne saviez pas à propos du diable.

[ENVIRON, À PEU PRÈS]

She is about 3.

➥ Elle a environ 3 ans.

Le mot tout nouveau et rigolo

LEGO HAIR

Look at that ugly guy with the Lego hair : Regarde ce mec moche avec sa coupe Lego.

Une coupe de cheveux toute pourrie qui recouvre les oreilles et aussi tellement laquée qu'elle ne bouge plus d'un millimètre, même lors d'un mouvement brusque. Bref, une coupe de Playmobil.

Bien utiliser l'adjectif *Short*

COURT

He has short hair : Il a les cheveux courts
A short walk : Une marche courte
A short stay/holiday : Un court séjour/des vacances courtes

Bien utiliser l'adjectif *Major*

MAJEUR

A major change/problem

→ Un changement/problème majeur

A major obstacle/role

→ Un obstacle/rôle majeur

It's more than likely that it will rain during your three weeks of holidays in London.

→ Il y a de grandes chances pour qu'il pleuve pendant vos trois semaines de vacances à Londres.

Le mot nouveau et rigolo

FACEBOOK PHILOSOPHER

Un de vos contacts Facebook qui partage trop de pensées profondes...

LEÇON 79

8 mots de vocabulaire contenus dans les titres de films américains

A History of Violence	l'histoire
A History of Violence	la violence
Abyss	abysse
Alien	extraterrestre
American Beauty	américain
American Beauty	la beauté
American Gigolo	gigolo
American Graffiti	des graffitis

4 verbes irréguliers pour faire un régime après deux semaines de fish & chips (alors comme ça, vous ne vous doutiez vraiment pas que ça faisait grossir, les fish & chips ??!?)

INFINITIF	PRÉTÉRIT	PARTICIPE PASSÉ	
begin	*began*	*begun*	commencer
eat	*ate*	*eaten*	manger
forbid	*forbade*	*forbidden*	interdire
lose	*lost*	*lost*	perdre

IDIOM: It's raining cats and dogs

→ Il pleut des cordes.

Note : Cette expression est connue de tous ceux qui ont appris un jour l'anglais mais elle est en réalité très peu utilisée par les Anglais qui diront plutôt « It's bloody raining ! ».

La traduction débile

→ Il pleut des chats et des chiens.

LEÇON 80

8 adjectifs franglais

urgent : urgent
vague : vague
vain : vain
verbal : verbal
vertical : vertical
violent : violent
violet : violet
visible : visible

Les Beach Boys et Led Zeppelin vous apprennent l'anglais rock'n roll !

Beach Boys : plage
Queen : reine
Pink Floyd : rose
Green Day : vert
Rolling Stones : pierre
Led Zeppelin : zeppelin
Deep Puprle : profond
Cat Stevens : chat
Offspring : progéniture

Barney Stinson Quote – How I Met Your Mother

"In my body, where the shame gland should be, there is a second awesome gland. True story."

→ « Dans mon corps, à l'endroit où devrait se trouver la glande de la honte, il y a une deuxième glande géniale. C'est une vraie histoire. »

5 petites phrases à glisser dans vos conversations

No, it's okay : Non, ça va
I know : Je sais
You're right! : T'as raison !
I don't get it : Je ne comprends pas
You don't understand : Tu ne comprends pas (suivi d'une autre phrase)

LEÇON 81

Tout ce que vous allez bientôt savoir dire avec le verbe *Come*

VENIR

Come here!

↳ Viens ici !

Are you coming with me?

↳ Est-ce que tu viens avec moi ?

Summer came late this year in Brighton.

↳ L'été est arrivé tard cette année à Brighton.

Don't come near my inflatable crocodile!

↳ Ne t'approche pas de mon crocodile gonflable !

He came by car.

↳ Il est venu en voiture.

If you're ever in Normandy, come and visit us!

↳ Si tu passes en Normandie, passe nous voir !

Can I come too? – No.

↳ Est-ce que je peux venir aussi ? – Non.

I made her come twice.

↳ Je l'ai fait jouir deux fois.

I'll come with you.

↳ Je vais venir avec vous.

Suivez les youtubers anglais et américains !

Les Anglais et les Américains ont eux aussi un Cyprien et un Norman. Pour faire entrer l'anglais dans votre quotidien et le travailler sans même vous en apercevoir, abonnez-vous à leur chaîne YouTube ou mieux, likez leur page Facebook. Voici trois youtubers que vous pourriez suivre :

- **Pointless blog :** www.youtube.com/user/PointlessBlog
- **Zoella :** www.youtube.com/user/zoella280390
- **Stuartedge :** www.youtube.com/user/stuartedge

LEÇON 82

England/The United Kingdom, c'est pas la même chose !

UNITED KINGDOM

Une addition pour mettre les choses au clair.

ENGLAND (L'ANGLETERRE)
+ SCOTLAND (L'ÉCOSSE)
+ WALES (LE PAYS DE GALLES)
+ NORTHERN IRELAND (L'IRLANDE DU NORD)
= THE UNITED KINGDOM

IDIOM: *You are pulling my leg*

- Tu me charries.
- Tu te moques de moi.

La traduction débile

- Tu me tires la jambe.

9 mots de vocabulaire contenus dans les titres de films américains

Bad Boys	mauvais garçons
Black Swan	cygne
Basic Instinct	basique, élémentaire
Basic Instinct	l'instinct
Batman Begins	débute
Big Fish	poisson
Blade Runner	lame
Blade Runner	coureur
Blood Diamond	le sang

9 adjectifs franglais

social : social
spatial : spatial
strict : strict
subliminal : subliminal
succulent : succulent
svelte : svelte
transparent : transparent
ultra : ultra (préfixe)
unique : unique

LEÇON 83

J'améliore mon vocabulaire avec les albums n° 1

Dangerous (Michael Jackson)	dangereux
Nevermind (Nirvana)	t'inquiète (*Never mind*)
The Bodyguard (Whitney Houston)	le garde du corps
Songs of Faith and Devotion (Depeche Mode)	foi et dévotion
On the Night (Dire Straits)	la nuit
The Division Bell (Pink Floyd)	cloche
Music Box (Mariah Carey)	boîte
MTV Unplugged in New York (Nirvana)	débranché

ACROSS [D'UN CÔTÉ À L'AUTRE]

He walks across the park every day.

➥ Il traverse le parc chaque jour.

[DE L'AUTRE CÔTÉ]

Look at the car across the street.

➥ Regarde la voiture de l'autre côté de la rue.

AFTER [APRÈS]

Nadal dreams big after his crazy win.

➥ Nadal rêve en grand après sa folle victoire.

5 petites phrases à glisser dans vos conversations

Let's go! : Allons-y !
Prove it! : Prouve-le !
That's not a good idea : Ce n'est pas une bonne idée
I have to go : Je dois partir
You made it : Tu l'as fait (réussite)

LEÇON 84

5 expressions idiomatiques à connaître

IDIOM: *To know where you stand*

↪ Savoir ce qu'une personne pense de vous et à quoi vous en tenir avec elle.

Malcom X (Human rights activist)
I have more respect for a man who lets me know where he stands, even if he's wrong, than the one who comes up like an angel and is nothing but a devil.

IDIOM: *Bits and pieces*

↪ Des petits bouts, des morceaux, des petites choses de tailles différentes

Tiger Woods (American professional golfer)
I believe in Buddhism. Not every aspect, but most of it. So I take bits and pieces.

IDIOM: *To not have the foggiest (idea)*

↪ Ne pas avoir la moindre idée de la réponse à une question.

Le pont de la riviere Kwaï (Movie)
Saito: Do you know what will happen to me if the bridge is not built on time?
Nicholson: I haven't the foggiest.

IDIOM: *Cut corners*

↪ Faire quelque chose de la façon la plus simple, la moins chère, ou la plus rapide.

Bruce Oldfield (British fashion designer)
Never cut corners, or accept anything that's second-rate.

IDIOM: *So far so good*

↪ Jusqu'ici tout va bien.

Steven Wright (American comedian)
I intend to live forever. So far, so good.

Parler de la nature en franglais (partie 1)

a cactus : un cactus
a cascade : une cascade
a clone : un clone
a crevasse : une crevasse
a crocodile : un crocodile
a dune : une dune
a fjord : un fjord
a fruit : un fruit
a gazelle : une gazelle
a glacier : un glacier
a guide : un guide
the jungle : la jungle
a kiwi : un kiwi
a koala : un koala
a lion : un lion
a microscope : un microscope
a nectarine : une nectarine
a panda : un panda

Réconforter un Anglais !

Don't worry about it!
→ Ne t'en fais pas pour ça !

It's not that bad.
→ Ce n'est pas si terrible.

It could be worse.
→ Ça pourrait être pire.

It will be ok.
→ Ça va bien se passer.

Phrasal verb: turn into

Signification : transformer

Happy teenagers are more likely to turn into wealthy adults.
→ Les adolescents heureux ont plus de chances de se transformer en adultes riches.

Then, the magician turned her husband into a big seal lion.
→ Ensuite, le magicien a transformé son mari en une grosse otarie.

LEÇON 86

Lire les recettes de Jamie Oliver en VO – bon, on vous l'avoue, car vous allez vite vous en rendre compte, il s'agit en vrai d'une fiche de vocabulaire barbante sur les légumes

asparagus : asperge
anchovies : anchois
bean : haricot
beet : betterave
bell pepper : poivron
broccoli : brocoli
cabbage : chou
carrot : carotte
cauliflower : chou-fleur
celery : céleri
chick pea : pois chiche
eggplant : aubergine
endive : endive
garlic : ail
gherkin : cornichon
ginger : gingembre
globe artichoke : artichaut
leek : poireau
lentil : lentille
lettuce or latuca : laitue
maize : maïs
nettle : ortie
onion : oignon
pasta : pâtes
pea : petit pois
pepper : poivre
potato : pomme de terre
pumpkin : citrouille
shallot : échalote
seasonning : assaisonnement
soya bean : soja
spinach : épinard
spices : épices
squash : courge
tomato : tomate
turnip : navet
vinegar : vinaigre
wasabi : wasabi

La blague anglaise

Broccoli: "I look like a tree."
Walnut: "I look like a brain."
Mushroom: "I look like an umbrella."
Banana: "Dude! Change the topic!"
Brain : cerveau
Dude : Mec
Topic : sujet

LEÇON 87

Suivre les instructions culinaires de Gordon Ramsay, qui, lues à la façon d'Omar et Fred, « Dis donc, tu viens plus aux soirées », peuvent devenir très sexy...

Warm up the duck!

➥ Réchauffez le canard !

Add the fish!

➥ Ajoutez le poisson !

Turn the fish over!

➥ Retournez le poisson !

Combine the yoghurt and blueberries!

➥ Mélangez le yaourt et les myrtilles !

Toss the salad!

➥ Remuez la salade !

Ladle the soup!

➥ Servez la soupe à la louche !

Drain the fennel!

➥ Égouttez le fenouil !

Drop the tomatoes!

➥ Jetez les tomates !

Pour the milk!

➥ Versez le lait !

Drizzle the curry cream!

➥ Versez un filet de crème de curry !

Toast the bread!

➥ Grillez le pain !

Core the apple!

➥ Enlevez le trognon de la pomme !

Peel the asparagus!

➥ Pelez les asperges !

Crumble the cheese!

➥ Émiettez le fromage !

Stir in the capers!

➥ Ajoutez les câpres en remuant !

Bake for 15 minutes!

➥ Faites cuire pendant 15 minutes !

Heat the olive oil/the oven!

➥ Faites chauffer l'huile d'olive/le four !

Chop the ham!

➥ Hachez le jambon !

Halve the melons!

➥ Coupez en deux les melons !

Scatter the coriander!

➥ Saupoudrez de coriandre !

Slice off the top!

➥ Coupez la partie haute !

LEÇON 88

Bien utiliser l'adjectif *Different*

DIFFÉRENT

Paul and his brother are completely different.

➥ Paul et son frère sont très différents.

Her mother offered us twelve different kinds of jelly.

➥ Sa mère nous a proposé douze sortes de gelées différentes.

Indeed, you are right, those two penises are different in shape.

➥ En effet, vous avez raison, ces deux pénis sont de formes différentes.

Bien utiliser le mot *Year*

ANNÉE

My dog is only two years old.

➥ Mon chien a seulement deux ans.

Sir, in years to come, I'll be president.

➥ Monsieur, dans les années qui viennent, je vais devenir président.

At this time of year the sea is cold.

➥ À cette époque de l'année, la mer est froide.

I haven't seen the Queen in a year.

➥ Je n'ai pas vu la reine de l'année.

The zoo is open all year round.

➥ Le zoo est ouvert toute l'année.

Le mot nouveau et rigolo

SELFIE-CONSCIOUS

Cet adjectif désigne le moment où vous vous apprêtez à prendre un selfie mais où vous vous ravisez car on vous regarde.

AGAINST [CONTRE]

They were holding banners against gun violence.

➥ Ils tenaient des bannières contre la violence par les armes.

LEÇON 89

Les ustensiles de cuisine

a blender : un mixeur
a bowl : un bol
a cup : une tasse
a dish : un plat
a (frying) pan : une poêle
a kettle : une bouilloire
a food processor : un robot ménager
a fork : une fourchette
a glass : un verre
a saucepan : une casserole
a spoon : une cuillère
a teaspoon : une cuillère à café

IDIOM: *To take what someone says with a pinch of salt*

➥ Ne pas croire totalement ce que l'on vous dit car vous pensez que cela a peu de chances d'être vrai.

UNE CHANTEUSE ANGLAISE VOUS MONTRE COMMENT VOUS POUVEZ UTILISER CET IDIOME.

JESSIE J. (English singer)
And I definitely do that very British thing of, taking ***things with a pinch of salt***, stiff upper lip, you know what I mean?
stiff : raide, rigide
lip : lèvre

4 petites phrases à glisser dans vos conversations

Where have you been?

➥ T'étais où ?

Fair enough

➥ Bon d'accord
(ou je n'ai pas d'objection)

I know

➥ Je sais

I mean...

➥ Je veux dire + phrase

LEÇON 90

14 verbes irréguliers qui montrent une bonne fois pour toutes que les Anglais qui se battent dans les pubs sont aussi d'excellents grammairiens pour ensuite raconter leurs exploits !

Infinitif	Prétérit	Participe passé	
beat	*beat*	*beaten*	battre
bite	*bit*	*bitten*	mordre
bleed	*bled*	*bled*	saigner
break	*broke*	*broken*	casser
fight	*fought*	*fought*	combattre
fling	*flung*	*flung*	jeter violemment
hit	*hit*	*hit*	frapper, atteindre
hurt	*hurt*	*hurt*	blesser
shake	*shook*	*shaken*	secouer
sling	*slung*	*slung*	lancer (avec force)
spit	*spat*	*spat*	cracher
strike	*struck*	*struck*	frapper
swear	*swore*	*sworn*	jurer
forgive	*forgave*	*forgiven*	pardonner

Le mot tout nouveau et rigolo

SUBWAY SALMON

I am late. There were subway salmons.

➥ Je suis en retard. Il y avait des « saumons de métro ».

Dans le métro, ce mot désigne le passager en train d'essayer de remonter l'escalier alors que tout le monde le descend, le plus souvent juste après l'arrivée du train ou du métro.

LEÇON 91

Bien utiliser l'adjectif *British*

BRITANNIQUE

The British English : l'anglais britannique
The Bristish weather : le temps britannique

You have a very British sense of humour. I don't find you funny.

➥ Vous avez un sens de l'humour très britannique. Je ne vous trouve pas drôle.

Tout ce que vous allez bientôt savoir dire avec le verbe *Think*

PENSER/RÉFLÉCHIR

Let me think.

➥ Laisse moi réfléchir.

Think carefully before you reply.

➥ Réfléchis bien avant de répondre.

I think so.

➥ Oui, je crois.

What did you think of my wife?

➥ Qu'est-ce que tu as pensé de ma femme ?

He is thinking about moving.

➥ Il pense à déménager.

THINK dans une citation amusante

"Those people who think they know everything are a great annoyance to those of us who do." Isaac Asimov

➥ « Ces gens qui pensent qu'ils connaissent tout sont une grande contrariété pour nous qui savons tout. »

Le mot nouveau et rigolo

DUNCH

Le mot *brunch* réunit les mots *breakfast* et *lunch*. *Dunch* mélange, lui, *dinner* et *lunch*. Il désigne un repas qui est pris vers 17 heures et qui remplace les deux.

LEÇON 92

À l'aéroport !

an airline : une compagnie aérienne
airport taxes : les taxes d'aéroport
arrival : l'arrivée
boarding : l'embarquement
a boarding card : une carte d'embarquement
crew : l'équipage
customs : la douane
delay : un retard
departure : le départ
a flight : un vol
boarding gate : la porte d'embarquement
hand luggage item : un bagage à main
a landing : un atterrissage
a passenger : un passager
a passport : un passeport
a pilot : un pilote
a plane : un avion
a terminal : un terminal
to board : embarquer
to book a plane ticket : réserver un billet d'avion
to check in : s'enregistrer
to fly : voler
to land : atterrir
a take off : un décollage

Demandez conseil aux Anglais !

I need some advice.

→ J'ai besoin d'un conseil.

His grandmother is always checking my bump. What do you think I should do? Shag her?

→ Sa grand-mère regarde toujours mes fesses. Qu'est-ce que tu penses que je devrais faire ? L'envoyer en l'air ?

What would you do in my place?

→ Qu'est-ce que tu ferais à ma place ?

LEÇON 93

Bien utiliser l'adjectif *Private*

PRIVÉ

Do not enter in my private bathroom, I'm reading!

➥ N'entrez pas dans mes toilettes privées, je lis !

A private joke

➥ Une private joke

May I speak to your wife in private?

➥ Est-ce que je peux parler à votre femme en privé ?

9 mots de vocabulaire contenus dans les titres de films américains

American Pie	une tarte
American Psycho	un taré
Apocalypse Now	maintenant
Apocalypse Now	l'apocalypse
Arizona Dream	rêve
Armageddon	l'apocalypse
Avatar	avatar
Avenger	vengeur
Aviator	aviateur

Bien utiliser le mot *Baby*

UN BÉBÉ

Oh Baby, I love you!

➥ Oh chéri(e), je t'aime !

A baby-seat

➥ Un siège bébé

A five-week-old baby

➥ Un bébé de cinq semaines

The baby is crying.

➥ Le bébé pleure.

LEÇON 94

IDIOM: *To foam at the mouth*

➥ Être énervé et le montrer.

La traduction débile

➥ Il mousse de la bouche.

Hank Moody Quote - Californication

"Well, to make a long story short, I can't write, which kinda sucks, since I'm supposed to be a writer. And a professional one at that."

➥ « Bien, pour résumer, je n'arrive pas à écrire, ce qui craint un peu puisque je suis supposé être un écrivain. Et un écrivain professionnel qui plus est. »

J'améliore mon vocabulaire avec les albums n° 1

Diamond Life (Sade) : la vie
Brothers in Arms (Dire Straits) : frères d'armes
True Blue (Madonna) : vrai
Bad (Michael Jackson) : mauvais
Like a Prayer (Madonna) : une prière
Street Fighting Years (Simple Minds) : la rue
Out of Time (R.E.M.) : en retard, délai dépassé
On Every Street (Dire Straits) : dans chaque rue

9 adjectifs franglais

optimal : optimal
oral : oral
possible : possible
profitable : profitable
public : public
royal : royal
rural : rural
simple : simple
sociable : sociable

LEÇON 95

Le mot nouveau et rigolo

COME MEET MY CAT!

- ➥ Une femme vous invite à avoir une relation sexuelle. Messieurs, sans ce livre, vous seriez probablement passés à côté.

Commander un verre dans un pub

Avec ce dialogue entre Sheldon et Penny de la série *The Big Bang Theory*, apprenez le vocabulaire pour commander une boisson dans un bar.

Sheldon: I'll have a diet Coke.

Penny: Can you please order a cocktail? I need to practice mixing drinks.

Sheldon: Fine. I'll have a virgin Cuba Libre.

Penny: That's rum and Coke, without the rum?

Sheldon: Yes, and would you make it diet?

TRADUCTION
Sheldon : Je vais prendre un coca light.
Penny : Peux-tu commander un cocktail ? Je dois m'entraîner à mélanger les boissons.
Sheldon : Bien. Je vais prendre un Virgin Cuba Libre.
Penny : C'est du rhum et du coca, sans le rhum?
Sheldon : Oui, et pourrais-tu le faire light?

Bien utiliser l'adjectif *Young*

JEUNE

Young people

- ➥ Les jeunes

They married young.

- ➥ Ils se sont mariés jeunes.

I told your grandmother she was too young to understand.

- ➥ J'ai dit à ta grand-mère qu'elle était trop jeune pour comprendre.

Your dog is two years younger than my goldfish.

- ➥ Ton chien a deux ans de moins que mon poisson rouge.

LEÇON 96

La technologie

a computer : un ordinateur
a mouse : une souris
a screen : un écran
a website : un site web
social networks : les réseaux sociaux
the Internet : Internet
a laptop : un ordinateur portable
a mobile phone : un téléphone portable
TV : la télé
to watch TV : regarder la télé
a USB flash drive : une clé USB

11 verbes irréguliers qu'utiliserait Tarzan, enfin, s'il savait conjuguer...

INFINITIF	PRÉTÉRIT	PARTICIPE PASSÉ	
cling	*clung*	*clung*	s'accrocher
hang	*hung*	*hung*	pendre, accrocher
swing	*swung*	*swung*	se balancer
string	*strung*	*strung*	enfiler, tendre (une corde)
bend	*bent*	*bent*	(se) courber
cast	*cast*	*cast*	jeter, lancer
creep	*crept*	*crept*	ramper
dig	*dug*	*dug*	creuser
fall	*fell*	*fallen*	tomber
fly	*flew*	*flown*	voler
tread	*trod*	*trodden*	fouler aux pieds

AMONG [CONTRE]

The highest rates of unplanned pregnancies were among younger women.

→ Les taux les plus élevés de grossesses non désirées étaient parmi les femmes plus jeunes.

LEÇON 97

Bien utiliser l'adjectif *Common*

COMMUN

A common interest/goal

➥ Un intérêt/but commun

Yes, sir. Marcel is a common French name.

➥ Oui, Monsieur. Marcel est un nom français courant.

No, sir! I am sure we don't have a common ancestor. You are ugly and I'm not.

➥ Non, Monsieur ! Je suis certain que nous n'avons pas un ancêtre commun. Vous êtes laid et pas moi.

En voyage : prendre l'eurostar

a single ticket :	un billet aller simple
a return ticket :	un billet aller-retour
a platform :	un quai
a seat :	un siège
first class :	première classe
second class :	seconde classe
a railway station :	une gare
a tunnel :	un tunnel
to miss a train :	rater un train
to catch a train :	attraper un train
to be delayed :	avoir du retard

Bien utiliser le mot *Problem*

PROBLÈME

What's your problem?

➥ Quel est ton problème ?

I'm having problems with your cat. It does not like me.

➥ Je rencontre des problèmes avec ton chat. Il ne m'aime pas.

The problem is you.

➥ Le problème, c'est toi.

Thanks for the bonk. – No problem.

➥ Merci pour la partie de jambes en l'air. – Pas de problème.

LEÇON 98

IDIOM: *To take the mickey*

➥ Imiter ce que fait ou dit quelqu'un pour faire rire l'auditoire.

La traduction débile

➥ Je prends le mickey.

HARRY POTTER VOUS MONTRE COMMENT UTILISER CE NOUVEL IDIOME.

HARRY POTTER (Movie)

Ron: Why do you think she won't tell us who she's going to the ball with?

Harry: 'Cause she knows we'd ***take the mickey out of her*** if she did.

Phrasal verb: look at

Signification : regarder, considérer

The US looks at ways to reduce gun violence.

➥ Les États-Unis considèrent des moyens de réduire la violence par les armes.

Look at it!

➥ Jettes-y un coup d'œil !

Look at me bastard when I am talking to you!

➥ Regarde-moi salopard quand je te parle !

Vous êtes fâché ? Dites-le en anglais !

I have had enough.

➥ J'en ai eu assez.

Do you think you're funny?

➥ Tu te crois drôle ?

Shut-up!

➥ Ferme-la !

Hank Moody Quote - Californication

"I thought she liked me. I thought it was going well."

➥ « Je pensais qu'elle m'aimait bien. Je pensais que tout allait bien. »

LEÇON 99

8 mots de vocabulaire contenus dans les titres de films américains

Dancer in the Dark : danseur
Dirty Dancing : sale
Drive : conduire
Duel : duel
E.T. (extraterrestrial) : extraterrestre
Easy Rider : facile
Easy Rider : cavalier, cycliste, motocycliste
Elephant Man : éléphant

IDIOM: *So to speak*

➥ Pour ainsi dire

DES DOCTEURS VOUS MONTRENT COMMENT UTILISER VOTRE NOUVEL IDIOME.

LE SILENCE DES AGNEAUX (Movie)
Dr Chilton: Crawford is very clever, isn't he using you?
Clarice: What do you mean, sir?
Dr Chilton: A pretty young woman to turn him on. I don't believe Lecter has even seen a woman in eight years. And, oh, are you ever his taste. ***So to speak.***
to turn him on : pour l'exciter

THE MENTALIST (TV show)
Lisbon: How long will his vision be affected?
Dr Fuller: It's hard to say, really. The body's healing powers are unpredictable. But 48 to 72 hours is the norm. We must wait and see, ***so to speak.***
Jane: Ha, humor. Great. Everybody loves a witty doctor in times of trouble.
witty : plein d'esprit

LEÇON 100

IDIOM: *To wear one's heart on one's sleeve*

→ Exprimer ses émotions librement et franchement.

La traduction débile

→ Porte ton cœur sur ta manche.

11 mots de vocabulaire contenus dans le titre de séries télé

Monk : un moine
Ugly Betty : moche
Grey's Anatomy : gris
Cold Case : boîte, coffret, cas, affaire
Castle : château
Private Practice : habitude, entraînement
Fringe : une frange
21 Jump Street : un saut
Friends : amis
Twin Peaks : un jumeau
Twin Peaks : sommets

Parler de la nature en franglais (partie 2)

a panorama : un panorama
a pigeon : un pigeon
a prairie : une prairie
a rat : un rat
a rose : une rose
a scorpion : un scorpion
a serpent : un serpent
a torrent : un torrent
air : l'air
altitude : l'altitude
an alligator : un alligator
an animal : un animal
an atoll : un atoll
an avalanche : une avalanche

LEÇON 101

5 petites phrases à glisser dans vos conversations

This is my stop

➥ C'est mon arrêt

Is Paul home yet?

➥ Est-ce que Paul est déjà à la maison ?

I can't believe you

➥ J'arrive pas à te croire

I want that clear

➥ Je veux que ce soit clair

Trust me!

➥ Fais-moi confiance !

Phrasal verb: deal with

Signification : s'occuper de (gérer)

He deals with the company.

➥ Il s'occupe de l'entreprise.

She deals with this problem remarkably well.

➥ Elle s'occupe de ce problème remarquablement bien.

Dire que vous n'aimez pas !

I don't like it.

➥ Je n'aime pas.

It's not really my thing.

➥ C'est pas vraiment mon truc.

It isn't my cup of tea.

➥ Ce n'est pas ma tasse de thé.

I'm not very keen on eating your mustard and strawberry jelly.

➥ Je n'aime pas vraiment manger votre gelée moutarde et fraise.

I don't feel like going to feed this crocodile.

➥ J'ai pas trop envie d'aller donner à manger à ce crocodile.

Quiz

Testez votre anglais en répondant aux questions qui suivent.

Question n° 1 : Que signifie l'expression *To cut corners* ?
a) Faire les choses de la façon la plus simple possible
b) Couper les coins
c) Longer les murs

Question n° 2 : Quel mot peut vous sauver d'une semaine de repas anglais en vous permettant de dire non à une pension complète lors de votre séjour en B & B anglais ?
a) Half board
b) Full board
c) On board

Question n° 3 : Dans un pub, comment dit-on à la pression ?
a) On tap
b) On the pression
c) Pression one

Question n° 4 : Quel mot anglais signifie *gueule de bois* ?
a) Hangover
b) Woodface
c) Dickhead

Question n° 5 : Comment se conjugue le verbe irrégulier *begin* ?
a) Begin began begun
b) Begin begined began
c) Begin began beganed

Question n° 6 : *The United Kingdom* regroupe :
a) England + Scotland + Wales + Northern Ireland
b) England + Wales
c) England + Wales + Northern Ireland

Question n° 7 : Que signifie l'expression *You are pulling my leg* ?
a) Tu me charries
b) Tu me tires la jambe
c) Bas les pattes !

Question n° 8 : Comment dit-on à son interlocuteur anglais de la fermer ?
a) Close it!
b) Shut up!
c) Bollocks!

Réponses :

1a – 2b - 3a – 4a – 5a – 6a – 7a – 8b

LEÇON 102

IDIOM: First and foremost

- Tout d'abord
- Avant tout

ON VOUS MONTRE COMMENT UTILISER CE NOUVEL IDIOME.

MORAL OREL (TV show)
Behaving like a grown-up is many things. ***First and foremost***, it's doing things that you hate doing.
a grown-up : un adulte

ELIEZER YUDKOWSKY (American blogger and writer)
When you are older, you will learn that the ***first and foremost*** thing which any ordinary person does is nothing.

AT [CHEZ, À : désigne un endroit]

He is at the bus stop, at the hairdresser's, at school.

- Il est à l'arrêt de bus, chez le coiffeur, à l'école...

[À : heure]

At the moment he is at work. He will be back at six.

- En ce moment, il est au travail. Il va revenir à 6 heures.

5 petites phrases à glisser dans vos conversations

Enjoy it! : Profites-en !
What do I do? : Que faire ?
Wish me luck : Souhaite-moi bonne chance
It is awful : C'est horrible
It's too complicated : C'est trop compliqué

LEÇON 103

9 mots de vocabulaire contenus dans les titres de films américains

Bodyguard : garde du corps
Cars : voitures
Casino : casino
Chicken Run : poulet
Chicken Run : une course
Citizen Kane : citoyen
Collateral : collatéral
Copland : flic
Dancer in the Dark : le noir

IDIOM: *Put one's money where one's mouth is!*

→ Passer des paroles aux actes pour démontrer ses convictions. Quelqu'un dit régulièrement qu'il va faire quelque chose et ne le fait pas, comme s'inscrire à la gym ou donner de l'argent à une association humanitaire. On demande alors qu'il passe des paroles aux actes en dépensant son argent pour réaliser ce qu'il dit vouloir faire.

La traduction débile

→ Mets ton argent là où est ta bouche !

Le vocabulaire des singles n° 1 en France

No Stress **(Laurent Wolf)** : stress
Poker Face **(Lady Gaga)** : visage
Lady Melody (Tom Frager) : mélodie
Over the Rainbow **(Israel Kamakawiwo'ole)** : arc-en-ciel
Price Tag **(Jessie J et B.o.B)** : étiquette de prix
Sweat **(Snoop Dogg vs David Guetta)** : sueur, transpiration
Party Rock Anthem **(LMFAO)** : hymne
Down the Road **(C2C)** : la route
Gangnam Style **(Psy)** : style
Skyfall **(Adele)** : chute

LEÇON 104

Dexter Quote – Dexter

"There's something strange and disarming about looking at a homicide scene in the daylight of Miami. It makes the most grotesque killings look staged, like you're in a new and daring section of Disney World: Dahmerland."

➥ « Il y a quelque chose d'étrange et de désarmant lorsqu'on regarde une scène de crime de jour à Miami. Les meurtres les plus grotesques donnent l'impression d'avoir été mis en scène, comme si vous étiez dans une nouvelle section un peu osée de Disney World : Dahmerland. » [Jeffrey Dahmer était un tueur en série.]

La voiture

an airbag : un airbag
a seat belt : une ceinture de sécurité
headlights : les phares
to slow down : ralentir
a tyre : un pneu
a horn : un klaxon
a traffic light : un feu
road signs : les signaux routiers
to park : se garer
air-conditionning : la climatisation
to accelerate : accélérer
unleaded : sans plomb

LEÇON 105

Vous pouvez le dire aussi en anglais

En traduisant une expression idiomatique française mot à mot en anglais, on ne sait jamais si on va être compris. Pour les 4 expressions qui suivent, pas de problème, les Anglais utilisent exactement la même que nous.

Ne pas être sorti du bois : *to not be out of the wood*
Un château de cartes : *a house of cards*
Tout ce qui brille n'est pas or : *all that glitters is not gold*
Avoir le mot sur le bout de la langue : *to have the word on the tip of one's tongue*

Parler de la nature en franglais (partie 3)

an exploration : une exploration
an orange : une orange
an aquarium : un aquarium
fermentation : une fermentation
gel : le gel
glacial : glacial
an iceberg : un iceberg
igloo : igloo
instinct : l'instinct
irrigation : l'irrigation
nacre : une nacre
nature : la nature
ozone : l'ozone
perfection : la perfection
pollution : la pollution
recyclable : recyclable

LEÇON 106

IDIOM: *To get to the point*

➥ En venir aux faits

CLAIRE DU COSBY SHOW VOUS MONTRE COMMENT UTILISER VOTRE NOUVEL IDIOME.

THE COSBY SHOW (TV show)

Claire: Cliff, you are a wonderful husband and a loving father, but darling, you do have a problem. You never ***get to the point***.

Phrasal verb: do with

Signification : faire avec

What to do with waste?

➥ Que faire avec les déchets ?

11 fun things to do with a baboon and you mother-in-law.

➥ 11 choses sympas à faire avec un babouin et votre belle-mère.

BEFORE [AVANT]	***He may be released before he's 80.*** ➥ Il pourrait être libéré avant d'avoir 80 ans.
[AVANT-HIER]	***The day before yesterday, he was there.*** ➥ Avant-hier, il était là.
[AVANT]	***We must talk before the meeting.*** ➥ Nous devons parler avant la réunion.

9 adjectifs franglais

intellect : l'intellect
mauve : mauve
minuscule : minuscule
monumental : monumental
multiple : multiple
municipal : municipal
national : national
naval : naval
normal : normal

LEÇON 107

Bien utiliser l'adjectif *Little*

PETIT, PEU

A little car/house

→ Une petite voiture/maison

With a little bit of luck!

→ Avec un peu de chance !

Would you like a little drop of vodka?

→ Est-ce que vous voulez un peu de vodka ?

10 contractions fréquentes à connaître

1. *they're = they are*
2. *you've = you have*
3. *you'll = you will*
4. *haven't = have not*
5. *weren't = were not*
6. *aren't = are not*
7. *you'd = you would*
8. *shouldn't = should not*
9. *we've = we have*
10. *who's = who is*

6 petites phrases très utiles qui commencent par *I'm*

I'm fine : Je vais bien
I'm in a hurry : Je suis pressé
I'm busy : Je suis occupé
I'm doing okay : Je vais bien
I'm not kidding : Je ne plaisante pas
I'm sorry to hear that : Je suis désolé d'entendre ça

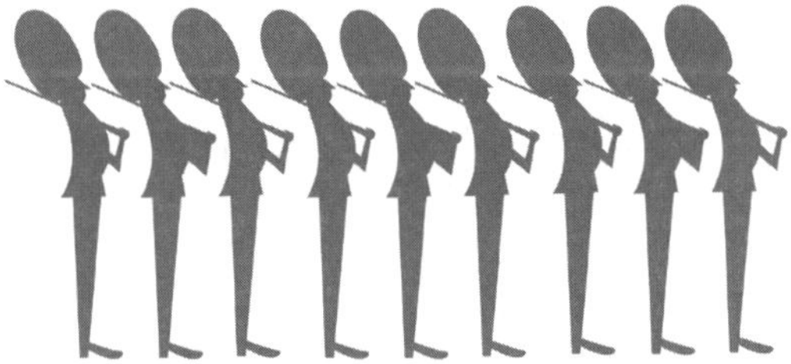

LEÇON 108

8 mots de vocabulaire contenus dans les titres de films américains

Heat : chaleur, chauffer
I Robot : robot
In the Air : en l'air, dans l'air, dans les airs
Inception : commencement, début, origine
Inglorious Bastards : peu glorieux
Inglorious Bastards : bâtards
Inside Man : à l'intérieur
Insomnia : insomnie

IDIOM: *Up to date*

- À jour
- Moderne

KING EDWARDS ET BOD DYLAN VOUS MONTRENT COMMENT UTILISER CE NOUVEL IDIOME.

KING EDWARD VIII (King of the United Kingdom and the Dominions of the British Commonwealth)
I wanted to ***be an up-to-date*** king. But I didn't have much time.

BOB DYLAN (American musician, singer-songwriter)
I realize I don't do a very good job in ***keeping up to date***, but I try to.

SERIAL NOCEURS (Movie)
Rule #63 : Bring an extra umbrella when it rains. Courtesy opens more legs than charm.
Rule #16 : Always have an ***up-to-date*** family tree.
Rule #79 : The tables furthest from the kitchen always get served first.
Rule #110 : Make sure your magic trick and balloon animal skills are not rusty. If the kids love it, the girls will too.

LEÇON 109

5 verbes irréguliers qui ne vous seront vraiment pas utiles à Londres, on ne voit d'ailleurs pas bien pourquoi vous vous embêtez à les apprendre…

INFINITIF	PRÉTÉRIT	PARTICIPE PASSÉ	
saw	*sawed*	*sawn*	scier
ride	*rode*	*ridden*	chevaucher
mow	*mowed*	*mown*	tondre
breed	*bred*	*bred*	élever (du bétail)
shear	*sheared*	*shorn*	tondre (des moutons)

Le franglais des transports

a scooter : un scooter
a taxi : un taxi
a terminal : un terminal
a terminus : un terminus
aviation : l'aviation
diesel : le diesel

5 petites phrases à glisser dans vos conversations

Just in time! : Juste à temps !
Hey, glad you made it! : Hé, heureux que vous ayez pu venir !
I'll tell you what : Je vais te dire quoi
Don't go! : N'y va pas !
Wait : Attends

LEÇON 110

IDIOM: To have a bee in one's bonnet

➥ Quelque chose qui vous obsède, une femme ou un homme dont vous êtes tombé éperdument amoureux, par exemple.

La traduction débile

➥ J'ai une abeille dans mon bonnet.

Vous pouvez le dire aussi en anglais

En traduisant une expression idiomatique française mot à mot en anglais, on ne sait jamais si on va être compris. Pour les 4 expressions qui suivent, pas de problème, les Anglais utilisent exactement la même que nous.

Tous dans le même bateau : *all in the same boat*
Armé jusqu'aux dents : *armed to the teeth*
Casser la glace : *to break the ice*
Enterrer la hache de guerre : *to burry the hatchet*

Le mot tout nouveau et rigolo

DEFRIEND

I don't know this guy. I'm defriending him

➥ Je ne connais pas ce gars. Je le supprime de ma liste d'amis.

On a tous accepté un peu trop d'« amis » sur Facebook et le temps de faire un peu de tri a commencé. Le defriendage, c'est tendance !

LEÇON 111

Carrie Quote - Sex & The city

"People go to casinos for the same reason they go on blind dates - hoping to hit the jackpot. But mostly, you just wind up broke or alone in a bar."

➥ « Les gens vont au casino pour la même raison qu'ils vont à un rendez-vous en aveugle – en espérant toucher le jackpot. Mais la plupart du temps, vous finissez juste fauché ou seul à un bar. »

Phrasal verb: go back

Signification : retourner, revenir, reculer

The Smiths went back home.

➥ Les Smith sont rentrés chez eux.

"What do you want? Me to go back to my plane, and go back to France?... This is not a method. This is provocation." *Jacques Chirac, 1996, Jérusalem*

➥ « Qu'est-ce que vous voulez ? Que je reprenne mon avion et que je reparte en France ?... Ce n'est pas une méthode. C'est une provocation. »

IDIOM: Use your loaf!

➥ Utilise ta tête pour penser ! On vous invite à utiliser votre cerveau pour penser, pas sympa, sympa tout ça...

La traduction débile

➥ Utilise ta miche !

LEÇON 112

Le mot nouveau et rigolo

DICKMATIZED

Lorsqu'une femme passe outre le fait d'être en couple avec un idiot ou un imbécile afin d'être en couple ou d'avoir des relations sexuelles. Le mot *dick* signifie bite.

Bien utiliser l'adjectif *Early*

TÔT

I hate having to get up early.

➥ Je déteste devoir me lever tôt.

In the early 1970s...

➥ Au début des années 70...

The boar and his father were ten minutes early.

➥ Le sanglier et son père étaient dix minutes en avance.

The snow came early that year to the British beaches. In August.

➥ La neige était arrivée tôt cette année-là sur les plages britanniques. En août.

It is too early to predict if it will snow in August in London.

➥ C'est trop tôt pour prédire s'il va neiger en août à Londres.

BETWEEN [ENTRE]

Nothing will happen between us. You are 7 and I'm 42.

➥ Rien n'arrivera entre nous. Tu as 7 ans et moi, 42.

[ENTRE]

My mother lives between the center and the airport.

➥ Ma mère habite entre le centre et l'aéroport.

LEÇON 113

Le franglais de la politique et des médias (partie 1)

a caricature : une caricature
a coalition : une coalition
a condition : une condition
a consensus : un consensus
a contribution : une contribution
a conviction : une conviction
a danger : un danger
a dialogue : un dialogue
a diminution : une diminution
a discussion : une discussion
a fluctuation : une fluctuation
a magazine : un magazine
a migrant : un migrant
a migration : une migration
a militant : un militant
a missile : un missile
a nation : une nation

5 petites phrases à glisser dans vos conversations

I'll be working late : Je vais travailler tard
You're joking, right? : Tu plaisantes, n'est-ce pas ?
I'm in : J'en suis
Shut up! : Tais-toi !
I'm gonna kill you : Je vais te tuer

LEÇON 114

7 mots de vocabulaire contenus dans les titres de films américains

Eyes Wide Shut : large
Eyes Wide Shut : fermé
Family Man : famille
Fahrenheit 9/11 : Fahrenheit
Fast and Furious : furieux
Fight Club : combat
Footloose : sans attaches

J'améliore mon vocabulaire avec les albums n° 1

Lifeline (Ben Harper) : corde de sécurité
Back to Black (Amy Winehouse) : retour au noir
In Rainbows (Radiohead) : dans les arcs-en-ciel
Thriller 25 (Michael Jackson) : film à suspense
Hard Candy (Madonna) : bonbon à croquer
Death Magnetic (Metallica) : la mort
Soul (Seal) : l'âme

8 verbes irréguliers très utiles pour aller voir une course de lévriers, si, si, très utiles, on vous le dit…

INFINITIF	PRÉTÉRIT	PARTICIPE PASSÉ	
bet	*bet*	*bet*	parier
bid	*bid*	*bid*	offrir (un prix)
catch	*caught*	*caught*	attraper
pay	*paid*	*paid*	payer
speed	*sped*	*sped*	aller à toute vitesse
stand	*stood*	*stood*	être debout
spring	*sprang*	*sprung*	jaillir, bondir
win	*won*	*won*	gagner

LEÇON 115

McGyver Quote - McGyver

"For the past seven years I have done nothing but travel around the world getting shot up, locked up, blown up... and all I have to show for it are a couple of empty rolls of duct tape."

➥ « Durant les sept dernières années, je n'ai quasiment fait que voyager autour de la planète, me faire tirer dessus, emprisonner, exploser... et tout ce que j'ai pour le montrer, ce sont deux ou trois rouleaux vides de *duct tape* [scotch gris très résistant]. »

BY [PAR : MOYEN]

How will you come? By plane, by car, by boat, by train or by bus? - I will tell you by letter or by phone.

➥ Comment viendras-tu ? Par avion, par voiture, par bateau, par train ou par bus ? – Je te le dirai par lettre ou par téléphone.

[À CÔTÉ, PRÈS DE]

Stand by me!

➥ Reste près de moi.

[DE]

A song by Calvin Harris.

➥ Une chanson de Calvin Harris.

LEÇON 116

IDIOM: *It's a piece of cake*

- ➥ C'est fastoche !
- ➥ C'est trop facile !
- ➥ C'est du gâteau !
- ➥ C'est un jeu d'enfant !

ET MAINTENANT, C'EST AU TOUR DU FILS D'HOMER SIMPSON, BART, ET DE RICHARD NIXON, DE VOUS MONTRER COMMENT UTILISER LE NOUVEL IDIOME.

LES SIMPSONS : LE FILM (Movie)
Bart: You know, we are on the roof. We could have some fun.
Homer: What kind of fun?
Bart: How about a dare contest?
Homer: That sounds fun. I dare you to climb the TV antenna!
Bart: ***Piece of cake***.
a dare contest : un « cap ou pas cap »
to climb : grimper

RICHARD NIXON (The 37th President of the United States)
It's a piece of cake until you get to the top. You find you can't stop playing the game the way you've always played it because it is part of you, and you need it as much as an arm or a leg.

8 mots de vocabulaire contenus dans les titres de films américains

Into the Wild : dans la nature
Iron Man : fer
Jackie Brown : marron
Jumpin' Jack Flash : éclair, éclat
Jurassic Park : jurassique
Kill Bill : tuer
King Kong : roi
L.A Confidential : confidentiel

LEÇON 117

Nathan Quote - Misfits

"If a bear and a shark had a fight, who would win?"

➥ Si un ours et un requin se battaient, qui gagnerait ?

9 adjectifs franglais

exact : exact
excellent : excellent
final : final
fragile : fragile
futile : futile
immature : immature
immoral : immoral
impatient : impatient
impertinent : impertinent

Bien utiliser l'adjectif *Necessary*

NÉCESSAIRE

If necessary, you can contact my wife, Margaret.

➥ Si nécessaire, vous pouvez contacter ma femme, Margaret.

It is absolutely necessary for you to have plastic surgery.

➥ Il est absolument nécessaire pour vous d'avoir une opération de chirurgie esthétique.

Paul, it's not necessary to wear a tie in bed.

➥ Paul, il n'est pas nécessaire de porter une cravate au lit.

I don't think it is necessary for us to meet your new cat again.

➥ Je ne crois pas qu'il soit nécessaire pour nous de rencontrer une nouvelle fois votre nouveau chat.

LEÇON 118

Phrasal verb: come back

Signification : revenir, faire un come-back

Nokia comes back from the dead.

➥ Nokia revient de chez les morts.

Will sponsors come back?

➥ Est-ce que les sponsors vont revenir ?

Le mot tout nouveau et rigolo

A BROMANCE

Jake has spoken publicly about his bromance with Paul.

➥ Jake a parlé publiquement de son amitié très forte avec Paul.

A bro : un frangin, un pote.
A romance : une idylle.

Une *bromance* désigne une relation proche mais non sexuelle entre deux amis.

DOWN [EN BAS DE]

Your dog is down the street.

➥ Ton chien est en bas de la rue.

Le franglais du sport

a biceps : un biceps
a champion : un champion
a finale : une finale
golf : le golf
judo : le judo
a kayak : un kayak
a marathon : un marathon
a muscle : un muscle

a slalom : un slalom
a sprint : un sprint
yoga : le yoga
hockey : le hockey
jockey : un jockey
rugby : le rugby
ski : le ski
tennis : le tennis

LEÇON 119

McGyver Quote - McGyver

"There always seems to be a way to fix things."

➥ « Il semble y avoir toujours une façon d'arranger les choses. »

IDIOM: *Go for it!*

➥ Faire tout ce qu'il faut pour obtenir quelque chose.

➥ Vas-y à fond !

ROMAN COPPOLA, B.B.KING ET EWAN MCGREGOR VOUS MONTRENT COMMENT UTILISER CET IDIOME.

ROMAN COPPOLA (American film director)

Anything that you think is wild or fun, or can't wait to see or show your friends, ***go for it***.

B.B. KING (American blues musician, singer, songwriter, guitarist)

Everything I record, I just try to sound like me and come up with songs that suit what I do, and then just ***go for it***.

to record : enregistrer

to suit : convenir

EWAN MCGREGOR (Scottish actor)

Drama school can't make you a brilliant actor, but you can do stuff for three years – you're not going to be fired. You should just ***go for it*** all, even the stuff you think is codswallop.

to be fired : être viré

codswallop : des âneries

LEÇON 120

IDIOM: *To be running around like a headless chicken*

- Agir de manière folle ou frénétique.
- Ne pas savoir où donner de la tête.

La traduction débile

- Il court comme un poulet à tête coupée.

9 mots de vocabulaire contenus dans les titres de films américains

French Connection : connexion
Full Metal Jacket : métal
Full Metal Jacket : blouson, veste
Gangs of N.Y : gangs
Ghost : fantôme
Gladiator : gladiateur
Golden Eye : en or
Grease : graisse
Gremlin : diablotin

IDIOM: *A bird in the hand is worth two in the bush*

- Un tiens vaut mieux que deux tu l'auras.

La traduction débile

- Un oiseau dans la main en vaut deux dans le buisson.

9 adjectifs franglais

impossible : impossible
improbable : improbable
incapable : incapable
indirect : indirect
indispensable : indispensable
inexplicable : inexplicable
inflammable : inflammable
initial : initial
intangible : intangible

LEÇON 121

Je parle fièrement le franglais dans mon entreprise (partie 1)

a robot : un robot
a routine : une routine
a science : une science
a subordination : une subordination
a technique : une technique
ambition : l'ambition
an approximation : une approximation
an expert : un expert
an information : une information
an interface : une interface
communication : la communication
coordination : la coordination
finance : la finance
motivation : la motivation
profit : le profit
stress : stress

Phrasal verb: work on

Signification : travailler à quelque chose

She is working on her post-pregnancy weight loss.

➥ Elle travaille sur sa perte de poids postnatale.

The committee works on the state budget.

➥ Le comité travaille sur le budget de l'État.

FROM [DE : origine]

She is from Brighton and she can translate from French to English.

➥ Elle est de Brighton et elle sait traduire de français en anglais.

LEÇON 122

Les singles n° 1 en France depuis 1980, ou comment, tous ensemble, ils racontent le déroulement d'une seule et unique histoire d'amour (Partie 1)

Streets of Philadelphia (Bruce Springsteen)	:	Dans les rues de Philadelphie
Barbie Girl (Aqua)	:	Une fille type Barbie
Living on My Own (Freddie Mercury)	:	Vivant seule
What Is Love? (Haddaway)	:	Qu'est-ce que l'amour ?
It's Raining Men (Geri Halliwell)	:	Il pleut des hommes
Black or White (Michael Jackson)	:	Noir ou blanc
Men in Black (Will Smith)	:	Des hommes en noir
Sex Bomb (Tom Jones)	:	Une bombe sexuelle
Tarzan Boy (Baltimora)	:	Un garcon façon Tarzan
Know You Want Me (Pitbull)	:	J'sais que tu me veux
Hips Don't Lie (Shakira et Wyclef Jean)	:	Les hanches ne mentent pas
I Like to Move It (Reel 2 Real)	:	J'aime le bouger
Short Dick Man (20 Fingers)	:	Homme à la petite bite
Seven Seconds (Youssou N'Dour et Neneh Cherry)	:	Sept secondes
Baby One More Time (Britney Spears)	:	Bébé, une fois de plus
Move Your Body (Eiffel 65)	:	Bouge ton corps
Whenever, Wherever (Shakira)	:	N'importe quand, n'importe où
Just Can't Get Enough (The Black Eyed Peas)	:	Je ne peux pas en avoir assez
One More Time (Daft Punk)	:	Une fois de plus
Can't Get You Out of My Head (Kylie Minogue)	:	Je ne peux pas te sortir de ma tête
You Rock My World (Michael Jackson)	:	Tu fais balancer mon monde
Call Me Maybe (Carly Rae Jepsen)	:	Appelle-moi peut-être
I Just Called to Say I Love You (Stevie Wonder)	:	J'appelle juste pour dire je t'aime
We Found Love (Rihanna ft. Calvin Harris)	:	Nous avons trouvé l'amour
Can You Feel the Love Tonight (Elton John)	:	Est-ce que tu peux sentir l'amour ce soir ?
You Are Not Alone (Michael Jackson)	:	Tu n'es pas seule
(Everything I Do) I Do It for You (Bryan Adams)	:	Tout ce que je fais, je le fais pour toi

LEÇON 123

Tout ce que vous allez bientôt savoir dire avec le verbe *Look*

REGARDER

You are 31? You look about 59.

➥ Vous avez 31 ans ? Vous avez l'air d'en avoir environ 59.

What does my wife look like? She is small, fat, ugly and with a big nose.

➥ À quoi ressemble ma femme ? Elle est petite, grosse, moche et avec un gros nez.

I don't know where my inflatable dolphin is. I've looked everywhere.

➥ Je ne sais pas où est mon dauphin gonflable. J'ai regardé partout.

That new film looks good.

➥ Ce nouveau film a l'air bien.

Look! I'm sure that's not George Clooney! That's my mother.

➥ Regarde ! Je suis sûr que ce n'est pas George Clooney ! C'est ma mère.

Don't look now! His father is wanking.

➥ Ne regarde pas maintenant ! Son père est en train de se branler.

Bien utiliser l'adjectif *Simple*

SIMPLE

A simple solution

➥ Une solution simple

The answer is really simple.

➥ La réponse est très simple.

The melody of English pop music is always very simple.

➥ La mélodie de la pop anglaise est toujours très simple.

Le mot nouveau et rigolo

BED GRAVITY

La gravité qu'exerce votre lit lorsque vous êtes très fatigué et que vous vous sentez irrésistiblement attiré.

LEÇON 124

Les singles n° 1 en France depuis 1980, (partie 2)

I Can See Clearly Now (Jimmy Cliff) : Je vois clair maintenant
Beautiful Liar (Beyoncé et Shakira) : Joli menteur
It Wasn't Me (Shaggy) : C'était pas moi
Please Forgive Me (Bryan Adams) : S'il te plaît, pardonne-moi
It's Alright (East 17) : C'est OK
Nothing's Gonna Change My Love for You (Glenn Medeiros) : Rien ne va changer mon amour pour toi
Diamonds (Rihanna) : Diamants
I Will Always Love You (Whitney Houston) : Je t'aimerai toujours
Children (Robert Miles) : Enfants
Family Affair (Mary J. Blige) : Une affaire de famille
Winds of Change (Scorpions) : Le vent du changement
The Final Countdown (Europe) : Le décompte final
Freed from Desire (Gala) : Libéré du désir
Bad Romance (Lady Gaga) : Mauvaise idylle
Bleeding Love (Leona Lewis) : Amour saignant
Let a Boy Cry (Gala) : Laisser un garçon pleurer
Someone Like You (Adele) : Quelqu'un comme toi
Somebody That I Used to Know (Gotye & Kimbra) : Quelqu'un que je connaissais (avant)
My Heart Will Go On (Céline Dion) : Mon cœur va continuer

Bien utiliser l'adjectif *Great*

GRAND, GÉNIAL, SUPER

I feel great.

➥ Je me sens super bien.

Paul, you've been a great help.

➥ Paul, vous avez été d'une grande aide.

Are you a great admirer of my work?

➥ Êtes-vous un grand admirateur de mon travail ?

The Great Barrier Reef

➥ La grande barrière de corail

LEÇON 125

IDIOM: *Off the top of my head*

➥ Autant que je m'en souvienne.

JOHN WILLIAMS ET D'AUTRES VOUS MONTRENT COMMENT UTILISER CET IDIOME.

JOHN WILLIAMS (American composer)
There are occasionally eureka moments – ***off the top of my head***, maybe Darth Vader's theme, you know, the imperial march.

OCEAN'S ELEVEN (Movie)
Rusty: You'd need at least a dozen guys doing a combination of cons.
Danny: Like what, do you think?
Rusty: ***Off the top of my head***, I'd say you're looking at a Boeski, a Jim Brown, a Miss Daisy, two Jethros and a Leon Spinks, not to mention the biggest Ella Fitzgerald, ever.

9 mots de vocabulaire contenus dans les titres de films américains

Quantum of Solace : réconfort
Rain Man : pluie
Rasta Rocket : fusée
Requiem for a Dream : rêve
Reservoir Dogs : chiens
Scarface : le balafré
Scream : cri (perçant)
Cruel Intentions : intentions
Sin City : péché

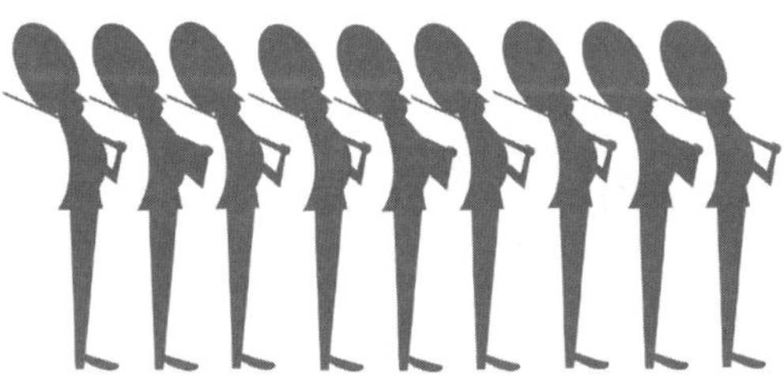

LEÇON 126

Les fruits

apple : la pomme
avocado : l'avocat
banana : la banane
cherry : la cerise
clementine : la clémentine
coconut : la noix de coco
date : la datte
fig : la figue
grape : le raisin
lemon : le citron
lime : le citron vert
lychee : le litchi
mandarin : la mandarine
mango : la mangue
melon : le melon
papaya : la papaye
peach : la pêche
pear : la poire
pineapple : l'ananas
plum : la prune
grapefruit : le pamplemousse
walnut : la noix
watermelon : la pastèque

Gabrielle Quote - Desperate Housewives

"Do you know how bored I was today? I came this close to actually cleaning the house."

➥ « Est-ce que tu sais à quel point je me suis ennuyée aujourd'hui ? J'étais tout près de faire le ménage. »

9 adjectifs franglais

long : long
stable : stable
absent : absent (travail, école...)
abstinent : abstinent
accessible : accessible (livre, personne, lieu)
adaptable : adaptable
adorable : adorable
agile : agile
bizarre : bizarre

LEÇON 127

Nathan Quote - Misfits

"There's only one thing young ladies should be inserting in themselves... and that's knowledge."

➥ « Il n'y a qu'une seule chose que vous les femmes devriez vous insérer à l'intérieur... et c'est le savoir. »

IDIOM: *An eye-opener*

➥ Une révélation

➥ Une surprise

JOHN GROGAN VOUS MONTRE COMMENT UTILISER CET IDIOME.

JOHN GROGAN (American journalist and non-fiction writer)

Dogs are a really amazing ***eye-opener*** for us humans because their lives are compressed into such a short period, so we can see them go from puppyhood to adolescence to strong adulthood and then into their sunset years in 10 to 12 years. It really drives home the point of how finite all our lives are.

puppyhood : au moment où ils sont des chiots

sunset : coucher de soleil

ON [SUR]

Your bag is on the table, on the left.

➥ Ton sac est sur la table, sur la gauche.

LEÇON 128

13 verbes irréguliers utiles pour larguer un(e) Anglais(e), lui signifier clairement ce qu'on lui reproche, le tout en manquant de tact et de courage…

INFINITIF	PRÉTÉRIT	PARTICIPE PASSÉ	
flee	*fled*	*fled*	s'enfuir
hide	*hid*	*hidden*	(se) cacher
forget	*forgot*	*forgotten*	oublier
write	*wrote*	*written*	écrire
quit	*quit*	*quit*	cesser (de)
stink	*stank*	*stunk*	puer
grow	*grew*	*grown*	grandir
overcome	*overcame*	*overcome*	surmonter, vaincre
understand	*understood*	*understood*	comprendre
upset	*upset*	*upset*	bouleverser
weep	*wept*	*wept*	pleurer
shed	*shed*	*shed*	verser (des larmes)
feel	*felt*	*felt*	sentir, éprouver

Phrasal verb: go through

Signification : passer, endurer, traverser

I know that Mario is going through a bad year since the death of his goldfish.

➥ Je sais que Mario traverse une mauvaise année depuis la mort de son poisson rouge.

Rapid buses won't go through Bristol's Harbour.

➥ Les bus rapides ne traverseront pas le port de Bristol.

Bien utiliser le mot *Horse*

UN CHEVAL

She rides a horse and that dick like crazy.

➥ Elle monte à cheval et cette bite comme une folle.

He could eat a horse.

➥ Il a une faim de loup (Litt : Il pourrait manger un cheval).

I spend all my money on the horses.

➥ Je dépense tout mon argent dans les chevaux.

LEÇON 129

Le sport

swimming : natation
a swimming-pool : une piscine
cycling : le cyclisme
surfing : le surf
a surfboard : une planche de surf
a snowboard : un snowboard
skateboarding : pratique du skate (planche à roulettes)
skiing : la pratique du ski
ice-skating : le patinage sur glace
scuba diving : plongée sous-marine
running : course à pied
a team : une équipe
a training : un entraînement
a player : un joueur
an opponent : un adversaire
a tournament : un tournoi
a championship : un championnat
the winner : le gagnant
the loser : le perdant
to win : gagner
to lose : perdre

Le mot tout nouveau et rigolo

OVERTHINK

You are overthinking about this project
→ Tu surpenses sur ce projet.

Désigne le fait de trop penser à quelque chose, ou d'y penser trop longtemps.

5 petites phrases à glisser dans vos conversations

Done! : Fait !
No so fast : Pas si vite
I'm ready : Je suis prêt
Go for it! : Fonce !
You got me : Tu m'as eu

Quiz

Testez votre anglais en répondant aux questions qui suivent.

Question n° 1 : Comment traduit-on l'expression *Château de cartes* ?

a) House of cards
b) Castle of cards
c) House of maps

Question n° 2 : Comment dit-on Klaxon ?

a) Klaxon
b) Horn
c) Horny

Question n° 3 : Que signifie l'expression *To get to the point* ?

a) Arriver à l'heure à un rendez-vous
b) Marquer un point
c) En venir aux faits

Question n° 4 : Comment se conjugue le verbe irrégulier *saw* ?

a) Saw	sawed	sawn
b) Saw	saw	saw
c) Saw	sawned	sawned

Question n° 5 : Comment dit-on *casser la glace* en anglais ?

a) To melt the snow
b) To get rid of the water
c) To break the ice

Question n° 6 : Comment dire en anglais que vous allez participer à l'activité qui est proposée ?

a) I'm in
b) I'm joking
c) Get up!

Question n° 7 : Qu'est-ce qu'une *bromance* ?

a) Une relation proche mais non sexuelle entre deux amis
b) Une aventure d'un soir
c) Une relation sexuelle tarifée

Réponses :

1a – 2b – 3c – 4a – 5c – 6a – 7a

LEÇON 130

IDIOM: *Beat around the bush*

➥ Éviter de parler de ce qui est important.

Mais d'où ça vient ?

L'expression trouve son origine chez les chasseurs. Les rabatteurs utilisaient des bâtons pour battre les sous-bois et les buissons. Ils devaient effrayer le gibier pour le ramener dans l'axe de tir des chasseurs.

DONALD TRUMP VOUS MONTRE COMMENT UTILISER VOTRE NOUVEL IDIOME.

DONALD TRUMP (American business magnate, investor)
I mean, there's no arguing. There is no anything. There is no ***beating around the bush***. "You're fired" is a very strong term.

Je parle fièrement franglais dans mon entreprise (partie 2), soit exactement la même langue que ton patron quand il parle anglais et utilise 95 % de franglais, enfin, à peu près...

a badge : un badge
a bonus : un bonus
a budget : un budget
a certification : une certification
a charlatan : un charlatan
a client : un client
a code : un code
a collaboration : une collaboration
a division : une division
a document : un document
a logo : un logo
a mission : une mission
a production : une production
a profession : une profession
a qualification : une qualification

LEÇON 131

Tout ce que vous allez bientôt savoir dire avec le verbe *Use*

UTILISER

The oven is easy to use.

→ Le four est facile à utiliser.

You are using me for your own ends.

→ Tu m'utilises pour arriver à tes fins.

Her father has used all the hot water again.

→ Son père a une nouvelle fois utilisé toute l'eau chaude.

He used his savings to buy an iPhone.

→ Il a utilisé ses économies pour acheter un iPhone.

Margaret, who used the last condom?

→ Margaret, qui a utilisé le dernier préservatif ?

Does your grandma still use drugs?

→ Est-ce que ta grand-mère utilise toujours de la drogue ?

9 mots de vocabulaire contenus dans les titres de films américains

Last Action Hero	héros
The Kid	le gosse
Limitless	sans limite
Little Miss Sunshine	soleil, ensoleillement
Little Miss Sunshine	petite
Little Miss Sunshine	mademoiselle
Lord of War	maître, seigneur
Lord of War	guerre
Lost Highway	perdu

LEÇON 132

11 verbes irréguliers qui montrent bien que les autres verbes irréguliers auraient pu être bien plus simples à apprendre et qu'on se fait bien arnaquer par les grammairiens anglais...

INFINITIF	PRÉTÉRIT	PARTICIPE PASSÉ	
cost	*cost*	*cost*	coûter
cut	*cut*	*cut*	couper
let	*let*	*let*	permettre, louer
put	*put*	*put*	mettre
rid	*rid*	*rid*	débarrasser
read	*read*	*read*	lire
set	*set*	*set*	fixer
shut	*shut*	*shut*	fermer
split	*split*	*split*	fendre
meet	*met*	*met*	(se) rencontrer
leave	*left*	*left*	laisser, quitter

18 adjectifs bien utiles pour décrire tous les défauts des Anglais même s'il en faudrait bien plus !

cowardly : lâche
lazy : fainéant
a two-faced bastard : faux-cul
aggressive : agressif
stingy : pingre
selfish : égoïste
nasty : méchant
bitchy : vache
stupid : stupide
vulgar : vulgaire, grossier
unkind : peu aimable
sneaky : sournois
silly : idiot
touchy : susceptible
nervous : nerveux
materialistic : matérialiste
impolite : impoli
boastfull : vantard

J'améliore mon vocabulaire avec les albums n° 1

History (Michael Jackson) : histoire
Evil Empire (Rage Against the Machine) : l'empire du mal
Load (Metallica) : chargement
The Score (The Fugees) : le score
From the Muddy Banks of the Wishkah (Nirvana) : boueux
Dance into the Light (Phil Collins) : dans la lumière
Blood on the Dance Floor (Michael Jackson) : sang

LEÇON 133

5 expressions idiomatiques à connaître

IDIOM: *At the crack of dawn*

➥ Très tôt dans la journée.

Tom Waits (American singer and actor)
I'm so horny the crack of dawn better watch out.
horny : excité (sexuellement) *to watch out* : prendre garde, faire attention

IDIOM: *Rule of thumb*

➥ Une façon approximative ou expérimentale de faire ou de mesurer quelque chose.

The Big Bang Theory (TV show)
Leonard: What, to you, is a large crowd?
Sheldon: Any group big enough to trample me to death. The general rule of thumb is 36 adults or 70 children.
to trample : piétiner

IDIOM: *To not have a clue*

➥ N'avoir aucune information ou aucune connaissance sur quelque chose.

True Blood (TV show)
Eggs: You know what this is about? Your history is so fucked up, you have no clue what family is.
Tara: That's not fair. I do have a clue.

IDIOM: *Just around the corner*

➥ Sur le point d'arriver.

Joe Paterno (American college football coach)
The minute you think you've got it made, disaster is just around the corner.

IDIOM: *To add insult to injury*

➥ Empirer la situation, blesser verbalement une personne qui est déjà blessée.

LEÇON 134

IDIOM: Elvis has left the building

➥ La messe est dite.

Mais d'où ça vient ?

Cette expression était utilisée par les organisateurs à la fin des concerts d'Elvis Presley dans le but de disperser le public. Les gens restaient dans l'espoir d'un rappel ou d'obtenir un autographe. On leur signalait alors qu'Elvis avait quitté le bâtiment et qu'il ne servait donc plus à rien d'attendre.

La traduction débile

➥ Elvis a quitté le bâtiment.

5 petites phrases à glisser dans vos conversations

What's the matter?

➥ C'est quoi le problème ?

I'm deadly serious

➥ Je suis hyper sérieux

What's wrong?

➥ Qu'est-ce qui ne va pas ?

You look amazing.

➥ Tu es super beau (belle).

I think so.

➥ Je pense que oui.

LEÇON 135

I love beaucoup ton anatomie (4)

MOUTH : BOUCHE

Mr. President, don't talk with your mouth full!

➥ Monsieur le Président, ne parlez pas la bouche pleine !

Her grandmother kissed her on the mouth.

➥ Sa grand-mère l'a embrassée sur la bouche.

Mr. President, you shouldn't put so much food in your mouth at once!

➥ Monsieur le Président, vous ne devriez pas en mettre autant dans votre bouche en une seule fois !

LIP : LÈVRE

He kissed me on the lips.

➥ Il m'a embrassé sur les lèvres.

Lip gloss

➥ Gloss à lèvres

FINGER : DOIGT

To give somebody the finger

➥ Faire un doigt à quelqu'un

My little finger

➥ Mon petit doigt

I'm keeping my fingers crossed

➥ Je croise les doigts

Bien utiliser l'adjectif *Economic*

ÉCONOMIQUE

an economic crisis : une crise économique
economic growth : la croissance économique

LEÇON 136

Le mot tout nouveau et rigolo

A MUFFIN TOP

Look at the muffin top on that girl!

→ Regarde ce haut de muffin sur cette fille !

Lorsqu'une femme porte un jean très serré et un haut court faisant apparaître des petits bourrelets au-dessus de la ceinture du jean comme sur un muffin.

Sheldon Quote - Big Bang Theory

"Howard, you know me to be a very smart man. Don't you think that if I were wrong, I'd know it?"

→ « Howard, tu sais que je suis un homme très intelligent. Tu ne penses pas que si j'avais tort, je le saurais ? »

IDIOM: *To make up your mind*

→ Décider

ABRAHAM LINCOLN ET MARGARET THATCHER VOUS MONTRENT COMMENT UTILISER CET IDIOME.

ABRAHAM LINCOLN (The 16th President of the United States)
Most folks are as happy as they ***make up their minds*** to be.

MARGARET THATCHER (Prime Minister of the United Kingdom)
I usually ***make up my mind about*** a man in ten seconds, and I very rarely change it.

LEÇON 137

J'améliore mon vocabulaire avec les albums n° 1

Be Here Now (Oasis) : sois là maintenant
Adore (The Smashing Pumpkins) : adore
Rainbow (Mariah Carey) : arc-en-ciel
Oops!... I Did It Again (Britney Spears) : oups, je l'ai refait
Play (Moby) : jouer
Music (Madonna) : la musique
No Angel (Dido) : ange
A Funk Odyssey (Jamiroquai) : odyssée

Et j'ajoute 9 mots de vocabulaire contenus dans les titres de films américains

Usual Suspects : suspects
Usual Suspects : habituel
Very Bad Trip : voyage
Virgin Suicides : vierge
Virgin Suicides : suicides
Wall-E : mur
West Side Story : côté
West Side Story : ouest
Will Hunting : chasse

5 petites phrases à glisser dans vos conversations

We gotta hurry : On doit se dépêcher
Listen : Écoute
Call me! : Appelle-moi !
Let me explain : Laisse-moi expliquer
It makes me nervous : Ça me rend nerveux

LEÇON 138

Présenter quelqu'un, attention à la grammaire, car, dans le passé, nombreux sont ceux qui ont dit s'introduire dans quelqu'un...

Let me introduce myself.
→ Laissez-moi me présenter.

Nice to meet you!
→ Heureux de vous rencontrer !

We haven't been introduced yet.
→ Nous n'avons pas encore été présentés.

I have heard so much about you.
→ J'ai beaucoup entendu parler de vous.

I have been looking forward to meeting you.
→ J'attendais avec impatience de vous rencontrer.

It's great to see you.
→ C'est super de vous voir.

Let me introduce you to the Queen.
→ Laissez-moi vous présenter à la reine.

Le franglais de la mode, soit du franglais pour vous améliorer encore plus sans trop vous fatiguer

a chignon : un chignon
a costume : un costume (déguisement)
a dandy : un dandy
kitsch : kitsch
lingerie : la lingerie
a moustache : une moustache
a figure : une silhouette
a textile : un textile

LEÇON 139

IDIOM: *By no means*

- Nullement
- En rien
- Pas du tout

KARL MARX ET ROLLO MAY VOUS MONTRENT COMMENT ON PEUT UTILISER CET IDIOME.

ROLLO MAY (American existential psychologist)

The relationship between commitment and doubt is ***by no means*** an antagonistic one. Commitment is healthiest when it's not without doubt but in spite of doubt.

commitment : engagement

KARL MARX

The writer must earn money in order to be able to live and to write, but he must **by no means** live and write for the purpose of making money.

Vous pouvez le dire aussi en anglais

En traduisant une expression idiomatique française mot à mot en anglais, on ne sait jamais si on va être compris. Pour les 4 expressions qui suivent, pas de problème, les Anglais utilisent exactement la même que nous.

Ne pas en croire ses yeux : *not believe one's eyes*
Faire des vagues : *to make waves*
Se reposer sur ses lauriers : *to rest on one's laurels*
Ça me donne la chair de poule : *It gives me goose bumps (goose :* oie*)*

LEÇON 140

9 mots de vocabulaire contenus dans les titres de films américains

Lost Highway : grande route, route nationale
Lost in Translation : traduction
Mansfield Park : parc
Mars Attacks : attaques
Match Point : balle de match
Matrix : matrice
Metropolis : métropole
Miami Vice : vice
Midnight Express : minuit

5 petites phrases à glisser dans vos conversations

What is wrong with you? : Qu'est-ce qui ne va pas ?
Are you fucking kidding me? : Putain, est-ce que tu plaisantes ?
Oh my God! : Oh, mon Dieu ! (très courant)
Nobody cares! : Tout le monde s'en fiche !
What is your problem? : C'est quoi ton problème ?

5 façons de bien montrer à un Anglais que vous en avez ras le bonnet (la casquette) !

That's too much!
➥ Ça dépasse les bornes !

Stop it!
➥ Arrête !

I am fed up with your wife!
➥ J'en ai ras le bol de ta femme !

That's enough!
➥ C'en est assez !

How boring!
➥ C'est barbant !

IDIOM: *It takes the biscuit*

➥ La situation atteint la limite du supportable.

La traduction débile

➥ Ça prend le biscuit.

LEÇON 141

J'améliore mon vocabulaire avec les albums n° 1

21st Century Breakdown (Green Day) :	XXIe siècle
Relapse (Eminem) :	rechute
Battle for the Sun (Placebo) :	bataille
The E.N.D. (Black Eyed Peas) :	la fin
The Collection (Michael Jackson) :	la collection
Soldier of Love (Sade) :	soldat
The Beginning (The Black Eyed Peas) :	le commencement
Born This Way (Lady Gaga) :	né
The 2nd Law (Muse) :	la loi

9 verbes irréguliers utilisés par les Anglais ayant des pratiques sexuelles très peu conventionnelles, c'est le moins qu'on puisse dire !

INFINITIF	PRÉTÉRIT	PARTICIPE PASSÉ	
leap	*leapt*	*leapt*	sauter
sing	*sang*	*sung*	chanter
stride	*strode*	*stridden*	marcher à grands pas
sweep	*swept*	*swept*	balayer
wind	*wound*	*wound*	enrouler
kneel	*knelt*	*knelt*	s'agenouiller
feed	*fed*	*fed*	nourrir
bind	*bound*	*bound*	lier, relier
blow	*blew*	*blown*	souffler

UNDER [SOUS]

The dog is under two and is under the table.

➥ Le chien a moins de deux ans et est sous la table.

LEÇON 142

Tout ce que vous allez bientôt savoir dire avec le verbe *Want*

VOULOIR

Do you want another cup of tea?

➥ Est-ce que tu veux une autre tasse de thé ?

You want a drink?

➥ Tu veux un verre ?

Don't worry, I'm wanted by the police.

➥ Ne vous inquiétez pas, je suis recherché par la police.

You want me more than ever (sex).

➥ Tu me veux plus que jamais.

All I want is the truth. Where is my inflatable crocodile?

➥ Tout ce que je veux c'est la vérité. Où est mon crocodile gonflable ?

I can do whatever I want.

➥ Je peux faire ce que je veux.

WANT dans une citation amusante

"At every party, there are two kinds of people. Those who want to go home and those who don't. The trouble is, they are usually married to each other."

Ann Landers

➥ « À chaque fête, il y a deux types de personnes. Ceux qui veulent rentrer chez eux et ceux qui ne veulent pas. L'ennui est qu'ils sont en général mariés l'un à l'autre. »

Le mot tout nouveau et rigolo

TO MOW THE LAUNDRY

You need to mow the laundry

➥ Tu dois « tondre » le linge sale.

Vous avez laissé s'accumuler des vêtements sales dans une pièce pendant plusieurs semaines et vous vous décidez à tout ramasser pour faire une machine.

LEÇON 143

Tout ce que vous allez bientôt savoir dire avec le verbe *Give*

DONNER

I am French. I don't give the waiter a tip.

→ Je suis français. Je ne donne pas de pourboire au serveur.

Give your father a condom!

→ Donne un préservatif à ton père !

Give me a beer!

→ Donne-moi une bière !

Give him a call today!

→ Passe-lui un appel aujourd'hui !

I'd give anything to see your mother naked.

→ Je donnerais tout pour voir ta mère toute nue.

En voyage : aller à l'hôtel

a single/double bed :	un lit simple/double
a single/double bedroom :	une chambre simple/double
a reservation :	une réservation
a towel :	une serviette
a key :	une clé
a room :	une chambre
for one night/two nights :	pour une nuit/deux nuits
a breakfast :	un petit-déjeuner
a youth hostel :	une auberge de jeunesse

Dr House Quote – Dr House

"Pretty much all the drugs I prescribe are addictive and dangerous."

→ « À peu près tous les médicaments que je prescris sont addictifs et dangereux. »

LEÇON 144

5 petites phrases à glisser dans vos conversations

This really sucks : Ça craint vraiment
I'm scared : J'ai peur
Never happened : C'est jamais arrivé
I don't know : Je ne sais pas
Let's see if... : Voyons si...

Nirvana et Guns & roses vous apprennent l'anglais rock'n roll !

Eagles : aigle
Smashing Pumpkins : citrouille
Scorpions : scorpion
Police : la police
Garbage : les poubelles
Nirvana : le nirvana
Guns & Roses : pistolets
Trust : confiance

IDIOM: *You are putting lipstick on a pig!*

→ Des petits changements cosmétiques et superficiels sur un produit en espérant le rendre plus attractif, mais cela n'empêche pas le produit de rester très mauvais.

La traduction débile

→ Tu mets du rouge à lèvres sur un cochon !

BARACK OBAMA VOUS MONTRE COMMENT UTILISER CET IDIOME.

BARACK OBAMA

That's not change. You know, you can ***put lipstick on a pig***, but it's still a pig.

LEÇON 145

9 façons de dire à un Anglais que vous n'êtes pas d'accord, des phrases que Hulk prononcerait probablement en étant tout vert !

I am sorry, but you are wrong about that!

➥ Je suis désolé mais vous avez tort sur ce point.

I totally disagree, his mother does not look like a baboon!

➥ Je ne suis pas du tout d'accord, sa mère ne ressemble pas à un babouin !

I don't see it that way!

➥ Je ne le vois pas de cette façon !

We will have to agree to differ!

➥ Nous allons devoir être d'accord sur le fait de ne pas être d'accord !

You are mistaken!

➥ Tu te trompes !

I am sorry to disagree with you!

➥ Je suis désolé de ne pas être d'accord avec vous !

I don't agree.

➥ Je ne suis pas d'accord.

No, I don't think so.

➥ Non, je pense pas.

I don't think that's a good idea!

➥ Je ne pense pas que ce soit une bonne idée.

Homer Quote - Simpsons

"Kids, you tried your best and you failed miserably. The lesson is: never try."

➥ « Les enfants, vous avez fait de votre mieux et échoué misérablement. La leçon est : ne jamais essayer. »

LEÇON 146

IDIOM: *To fall short*

→ Échouer

ANAKIN SKYWALKER, MOBBY ET JEFF BRIDGES VOUS MONTRENT COMMENT UTILISER CET IDIOME.

STAR WARS (Movie)

Anakin Skywalker: No. I've also found that we sometimes ***fall short*** of victory because of our methods.

JEFF BRIDGES (American actor, country musician, and producer)

Words ***fall short*** sometimes.

MOBY (American singer-songwriter, musician, DJ)

We do all, myself included, we tend to hold ourselves to pretty low standards. But when it comes to judging public figures or politicians or people we've never met, we tend to hold people to very high standards, and, if we held ourselves to those standards, we'd always ***fall short***.

public figures : des personnages publics

5 petites phrases à glisser dans vos conversations

I'm a little tired : Je suis un peu fatigué
I will see you tomorrow : Je vais te voir demain
I'm gonna kick your ass : Je vais te botter le cul
Don't change the subject : Ne change pas de sujet
It's good to see you : Cela fait du bien de te voir

LEÇON 147

8 mots de vocabulaire contenus dans les titres de films américains

Sister Act : sœur
Sister Act : acte
Sleepy Hollow : creux
Slumdog Millionaire : quartier pauvre
Slumdog Millionaire : millionnaire
Snake Eyes : serpent
Snatch : saisir
Speed : vitesse

Phrasal verb: get into

Signification : monter dans, s'attirer des ennuis

He got into trouble by stealing things...

➥ Il s'est attiré des ennuis en volant...

Get into the taxi (the car).

➥ Monte dans le taxi (la voiture).

He is getting into debt.

➥ Il s'endette.

***WITH* [AVEC]**

She was with a guy with short hair.

➥ Elle était avec un gars avec des cheveux courts.

8 nouveaux mots français qui ressemblent beaucoup à de l'anglais mais qui n'en sont pas : #grosse arnaque

un planning : *a schedule*
un rosbif : *a roast-beef*
un talkie-walkie : *a walkie-talkie*
(c'est) top ! : *(that's) brilliant!*
des tennis : *tennis shoes*
un trench : *a trench coat*
un tennisman : *a tennis player*
un rugbyman : *a rugby player*

LEÇON 148

IDIOM: *To not be a happy bunny!*

➥ Ne pas être plus ravi que ça. Cette expression ne signifie pas « chaud lapin » mais bien « il n'est pas plus ravi que ça ». Un idiome utile pour signifier qu'une bonne nouvelle n'a pas eu l'effet qu'on pouvait logiquement en attendre.

La traduction débile

➥ Il n'est pas un lapin heureux !

ELTON JOHN VOUS MONTRE COMMENT UTILISER CET IDIOME.

ELTON JOHN (English singer-songwriter, composer, pianist)

I've got that resilient thing inside me. But I ***wasn't a happy bunny***.

9 mots de vocabulaire contenus dans les titres de films américains

Spider Man :	araignée
Star Wars :	étoile
Starship Troopers :	vaisseau spatial
Starship Troopers :	gendarmes (US)
Super Size Me :	taille
Taxi Driver :	chauffeur
The Blues Brother :	frère
The Dictator :	le dictateur
The Hours :	les heures

Homer Quote - Simpsons

"You'll have to speak up, I'm wearing a towel."

➥ « Tu vas devoir parler plus fort, je porte une serviette. »

LEÇON 149

IDIOM: No matter what/how/how much/how many

➥ Peu importe...

BARNEY STINSON, TAYLOR SWIFT ET WALT VOUS MONTRENT COMMENT UTILISER CET IDIOME.

BREAKING BAD (TV show)

Walt: You are the love of my life, I hope you know that. Walter junior, you're my big man. There are... there are going to be some things, things that you'll come to learn about me in the next few days. I just want you to know that, ***no matter how*** it may look, I only had you in my heart. Goodbye.

HOW I MET YOUR MOTHER (TV show)

Barney Stinson: For the first time in my life, I don't want to find myself in three years with some random girl; ***no matter how many*** boobs she has. I want to be with Quinn. Guys, you're going to be seeing a lot more of Quinn.

random : choisi au hasard

TAYLOR SWIFT (American singer)

Boys who say "I hate Justin Bieber" are those ones who can't master his hair flip ***no matter how much*** they practice.

to master : maîtriser

LEÇON 150

J'améliore mon vocabulaire avec les albums n° 1

100th Window (Massive Attack) : fenêtre
American Life (Madonna) : la vie
Hail to the Thief (Radiohead) : voleur
Absolution (Muse) : absolution
Life for Rent (Dido) : à louer
In the Zone (Britney Spears) : dans la zone
Feels like Home (Norah Jones) : se sent comme à la maison
There Will Be a Light (Ben Harper) : il y aura une lumière
Songs About Jane (Maroon 5) : chansons à propos de Jane

IDIOM: *To steal someone's thunder*

→ S'approprier le travail de quelqu'un d'autre.

La traduction débile

→ Il m'a volé mon tonnerre.

Mais d'où ça vient ?

En 1709, pour sa pièce *Appius and Virginia*, le critique et dramaturge anglais John Dennis avait eu l'excellente idée de créer le bruit du tonnerre en raclant une grande feuille de tôle. L'effet sonore était très réussi, sa pièce l'était beaucoup moins et elle ne resta pas longtemps à l'affiche. Quelque temps après, en allant voir une représentation de *Macbeth*, il eut la surprise de découvrir que l'effet sonore qu'il avait inventé était utilisé dans la pièce. Il se leva et fou de rage, cria : « *See how the rascals use me! They will not let my play run, and yet they steal my thunder!* »

LEÇON 151

15 verbes irréguliers qui eux au moins servent vraiment, parce que tondre des moutons (shear) par exemple, enfin, on va se taire, ce sera mieux...

INFINITIF	PRÉTÉRIT	PARTICIPE PASSÉ	
bring	*brought*	*brought*	apporter
build	*built*	*built*	construire
buy	*bought*	*bought*	acheter
choose	*chose*	*chosen*	choisir
come	*came*	*come*	venir
do	*did*	*done*	faire
dream	*dreamt*	*dreamt*	rêver
drink	*drank*	*drunk*	boire
drive	*drove*	*driven*	conduire
find	*found*	*found*	trouver
give	*gave*	*given*	donner
go	*went*	*gone*	aller
have	*had*	*had*	avoir
know	*knew*	*known*	savoir, connaître
see	*saw*	*seen*	voir

FOR [POUR]

For the holidays, they left for Portugal.

➥ Pour les vacances, ils sont partis pour le Portugal.

LEÇON 152

Bien utiliser l'adjectif *Poor*

PAUVRE/MÉDIOCRE

Paul, why do you live in the poor side of town?

➥ Paul, pourquoi vivez-vous dans la partie pauvre de la ville ?

Your work is very poor.

➥ Votre travail est médiocre.

You are a poor swimmer.

➥ Vous êtes un nageur médiocre.

Are you too poor to buy clothes for your dog?

➥ Êtes-vous trop pauve pour acheter des vêtements à votre chien ?

Your French essay is poorly written.

➥ Votre essai en français est mal écrit.

5 petites phrases à glisser dans vos conversations

How are you doing? : Comment ça va ?
Make yourself at home : Fais comme chez toi
That's so kind of you : C'est si gentil de votre part
We really appreciate this : On apprécie vraiment
I'll call you back : Je vous rappelle (au téléphone)

Misfits : La série anglaise à ne pas louper !

Dans cette série désopilante, crue et poétique, cinq jeunes délinquants, qui n'ont rien en commun et qui ne se connaissaient pas, se retrouvent condamnés à des travaux d'intérêt général. Lors d'un violent orage, ils sont foudroyés et se voient du même coup affublés de superpouvoirs. Ils vont devoir rapidement apprendre à gérer ces superpouvoirs embarrassants... Regardez la saison 1 sur votre tablette aux w.-c. ou ailleurs en activant les sous-titres anglais. Vous apprendrez de l'anglais actuel et pourrez aussi tenter de comprendre l'accent à couper au couteau du personnage Kelly Bailey (à ne pas imiter). Pas besoin ici d'être un fan de science-fiction et de superhéros pour adorer rapidement cette série grâce à un délicieux humour anglais rafraîchissant par rapport à l'habituel humour américain.

LEÇON 153

IDIOM: *To take into account*

➥ Prendre en compte

ELLEN DE HIMYM VOUS MONTRE COMMENT UTILISER CET IDIOME.
How I Met Your Mother (TV show)
Ellen: You give me 3 days and I will find the woman you will marry.
Ted: No, thanks. I don't need an algorithm to meet women. It's New York, you know. Plenty of fish in the sea!
Ellen: Plenty of fish in the sea! There's 9 million people in New York. 4.5 million women. Of course, you want to meet someone roughly your own age – let's say plus, minus 5 years. So if you ***take into account*** the most recent census data that leaves us with 482,000 women. But wait! 48% of those are already in relationships and then you have to eliminate half for intelligence, sense of humor and compatibility. And then you have to take out the ex girlfriends and the relatives. And, oh, you can't forget those lesbians. And then that leaves us with 8 women.
census : recensement

Le mot tout nouveau et rigolo

A MAINTENANCE TEXT

Bob has sent me a maintenance text

➥ Bob m'a envoyé un texto d'entretien.

Le terme désigne les SMS envoyés de temps en temps aux personnes avec lesquelles vous aimeriez bien sortir un jour ou l'autre.

Bien utiliser le mot *Man*

HOMME (PLURIEL *MEN*)

I'm an ambitious young man.

➥ Je suis un jeune homme ambitieux.

A dirty old man

➥ Un vieux pervers

Nice shirt, man!

➥ Jolie chemise, mec !

LEÇON 154

Tout ce que vous allez bientôt savoir dire avec le verbe *Find*

TROUVER

I can't find my keys.

→ Je n'arrive pas à trouver mes clés.

He must find time to do it.

→ Il doit trouver le temps de le faire.

I don't find it funny.

→ Je ne trouve pas ça drôle.

I find it difficult.

→ Je trouve ça difficile.

I found his father sunbathing by the pool.

→ J'ai trouvé son père en train de bronzer près de la piscine.

Homer Quote – Simpsons

"Son, if you really want something in this life, you have to work for it. Now quiet! They're about to announce the lottery numbers."

→ « Fils, si tu veux vraiment quelque chose dans la vie, tu devras travailler pour l'avoir. Maintenant, tais-toi. Ils sont sur le point d'annoncer les numéros de la loterie. »

LEÇON 155

8 mots de vocabulaire contenus dans les titres de films américains

The Mask : le masque
The Patriot : le patriote
The Reader : le lecteur
The Social Network : le réseau social
The Truman Show : le spectacle
The Wrestler : le lutteur, le catcheur
There Will Be Blood : sang
Total Recall : mémoire

Top 3 des expressions pas toujours très sympas mais bien utiles avec *Keep* !

Keep cool!
➥ On reste calme !

Keep calm and carry on!
➥ Reste(z) calme et continue(z) !

Keep quiet!
➥ Silence !

8 adjectifs franglais

correct : correct
crucial : crucial
dense : dense
digital : digital
direct : direct
distinct : distinct
double : double
efficient : efficient

Hank Moody Quote – Californication

"It's not whether you win or you lose, it's how you play the game."
➥ Il ne s'agit pas de gagner ou de perdre, il s'agit de la façon dont vous jouez la partie.

ALL [TOUT]

All of us wanted to go on partying all night.
➥ Nous voulions tous continuer à faire la fête toute la nuit.

Quiz

Testez votre anglais en répondant aux questions qui suivent.

Question n° 1 : Comment conjugue-t-on le verbe irrégulier *cut* ?

a) Cut cut cut
b) Cut cot cot
c) Cut cuted cot

Question n° 2 : Comment dit-on *pingre* ?

a) Pinger
b) Selfish
c) Stingy

Question n° 3 : Que signifie l'expression *Elvis has left the building* ?

a) La messe est dite
b) Il a quitté son job
c) Ce ne sont pas tes oignons

Question n° 4 : Que signifie l'expression *To make up your mind* ?

a) Maquiller des faits
b) Se décider
c) Lire dans les pensées

Question n° 5 : Dans le titre *Very Bad Trip*, que signifie le mot *trip* ?

a) Saucisse
b) Caisse
c) Voyage

Question n° 6 : Comment dit-on *Laissez-moi me présenter* ?

a) Let me introduce myself
b) Let me introduce into you
c) Let me introduce in you

Question n° 7 : Comment conjugue-t-on le verbe irrégulier *sing* ?

a) Sing sung sung
b) Sing sans sang
c) Sing sang sung

Question n° 8 : Parmi ces mots, lequel n'appartient pas à la langue anglaise ?

a) Tennisman
b) Touchy
c) Lover

Question n° 9 : Que signifie l'expression *To not have a clue* ?

a) N'avoir aucune connaissance sur quelque chose
b) Ne pas avoir la pêche
c) Ne pas avoir de clou

Réponses :

1a – 2c – 3a – 4b – 5c – 6a – 7c – 8a - 9a

LEÇON 156

15 verbes irréguliers qui eux servent souvent, contrairement à d'autres, même si là encore, on ne vise personne

INFINITIF	PRÉTÉRIT	PARTICIPE PASSÉ	
get	*got*	*got*	obtenir
learn	*learnt*	*learnt*	apprendre
make	*made*	*made*	faire, fabriquer
say	*said*	*said*	dire
sell	*sold*	*sold*	vendre
send	*sent*	*sent*	envoyer
show	*showed*	*shown*	montrer
sit	*sat*	*sat*	être assis
sleep	*slept*	*slept*	dormir
speak	*spoke*	*spoken*	parler
spend	*spent*	*spent*	dépenser
teach	*taught*	*taught*	enseigner
take	*took*	*taken*	prendre
think	*thought*	*thought*	penser
tell	*told*	*told*	dire, raconter

Le mot tout nouveau et rigolo

MALL FEET

Honey, let's go home, I have had mall feet for two hours.

➥ Chérie, rentrons, j'ai des pieds de supermarché depuis deux heures.

Le terme désigne les douleurs qu'on ressent dans les pieds après avoir passé plusieurs heures à faire du shopping dans un centre commercial.

LEÇON 157

IDIOM: *To be on time*

➥ Être à l'heure

ELEANOR ROOSEVELT, ZACH GILFORD ET DIANE KRUGER VOUS MONTRENT COMMENT UTILISER CET IDIOME.

ELEANOR ROOSEVELT (First Lady of the United States)
Campaign behavior for wives: Always be ***on time***. Do as little talking as humanly possible. Lean back in the parade car so everybody can see the President.
behavior : comportement
to lean back : se pencher en arrière

ZACH GILFORD (American actor)
I'm compulsively ***on time***. It drives me insane when people are late.
it drives me insane : ça me rend fou

DIANE KRUGER (German actress)
I'm ***on time*** even when I try not to be.

IDIOM: *He's got egg on his face*

➥ Il s'est couvert de ridicule.

La traduction débile

➥ Il avait de l'œuf sur le visage.

Mais d'où ça vient ?

Lorsqu'un spectacle ou un acteur était mauvais, les spectateurs jetaient des fruits ou des œufs pourris sur la scène…

LEÇON 158

6 façons de vérifier que ce que vous venez de dire, c'était effectivement de l'anglais ! (+ 33 % gratuit)

Is it correct to say you look like a duck?!

→ Est-ce correct de dire que vous ressemblez à un canard ?

Is it right?

→ Est-ce correct ?

How do you spell "I launder the drug money"?

→ Comment épelez-vous « Je blanchis l'argent de la drogue » ?

May I say "I am a big bowl"?

→ Puis-je dire « Je suis un gros saladier » ?

How do you use the word dildo?

→ Quand utilisez-vous le mot gode ?

Should I say "You are an old owl" or "You are an old bowl"?

→ Devrais-je dire « Vous êtes une vieille chouette » ou « Vous êtes un vieux saladier » ?

Is it too colloquial to tell you "You are a two-faced bastard"?

→ Vous dire : « Vous êtes un gros faux-cul », est-ce trop familier ?

What is the opposite of bat?

→ Quel est le contraire d'une chauve-souris ?

I would like to correct your English. (phrase bonus pour les lecteurs de la catégorie « grosse confiance »)

→ Je voudrais corriger votre anglais.

LEÇON 159

6 mots de vocabulaire contenus dans les titres de films américains

Toy Story : histoire
Traffic : circulation, trafic (commerce)
Transformers : transformateurs
True Lies : vrai
True Lies : mensonges
Twilight : crépuscule

5 petites phrases à glisser dans vos conversations

I look forward to it : J'attends ça avec impatience
What can I do for you? : Qu'est-ce que je peux faire pour vous ?
Just kidding : Je plaisante
Will you be there at 6? : Tu seras là à 6 heures ?
I'm pissed off : J'en ai ras-le-bol

Le vocabulaire des singles n° 1 en France

Shut Up (The Black Eyed Peas) : ferme-la
Modern Times (J-Five et Charlie Chaplin) : les temps modernes
Four to the Floor (Starsailor) : le sol
Call on Me (Eric Prydz) : appeler
Living on Video (Pakito) : vidéo
Say it Right (Nelly Furtado) : dire
Relax, Take It Easy (Mika) : ne t'inquiète pas
Don't Stop the Music (Rihanna) : n'arrête pas la musique

LEÇON 160

IDIOM: A fair game

- Un jeu équitable
- Une proie idéale

GREAT GARBO ET BARNEY STINSON VOUS MONTRENT COMMENT VOUS POUVEZ UTILISER CET IDIOME.

GRETA GARBO (Swedish film actress)

Being a movie star, and this applies to all of them, means being looked at from every possible direction. You are never left at peace, you're just ***fair game***.

HOW I MET YOUR MOTHER (TV show)

Barney Stinson: The mom of a bro is off-limits but the stepmom of a bro is ***fair game*** if she initiates, and she is wearing one article of leopard print clothing.

a bro : un pote

off-limits : en dehors des limites autorisées, interdit

stepmom : abréviation de *stepmother*, belle-mère (la conjointe du père)

UNTIL [JUSQU'À]

We stayed until 3 a.m, until she came back.

- Nous sommes restés jusqu'à 3 heures du matin, jusqu'à ce qu'elle revienne.

LEÇON 161

Dire Straits et Rage against the Machine vous enseignent l'anglais rock'n roll !

Dire Straits : une situation désespérée
Rage against the Machine : rage
Rage against the Machine : contre
Rage against the Machine : la machine
System of a Down : le système
Black Eyes Peas : des pois
Linkin Park : un parc

IDIOM: *In no time (at all)*

➥ En un rien de temps

UN DESIGNER ISRAÉLIEN VOUS MONTRE COMMENT UTILISER CET IDIOME.

ALBER ELBAZ (Israeli fashion designer)

In fashion, the time is so short, and even with pre-collection, there are not only dresses, shoes, bags, and furs but now raincoats and T-shirts. It's just an endless amount of work that we have to produce ***in no time***.

fur : fourrure

raincoat : imperméable

Hank Moody Quote - Californication

"Wine is fine, but whiskey is quicker!"

➥ Le vin, c'est OK, mais le whisky est plus rapide !

LEÇON 162

IDIOM: *To keep/be/get in touch with*

- To keep in touch with : rester en contact avec.
- To be in touch with : être en contact avec.
- To get in touch with : entrer en contact avec.

SHELDON VOUS MONTRE COMMENT UTILISER CET IDIOME.

The Big Bang Theory (TV show)
Sheldon: I can't seem ***to get in touch with Amy.*** I tried e-mail, video chat, tweeting her, posting on her Facebook wall, texting her, nothing.
Leonard: Did you try calling her on the telephone?
Sheldon: The telephone. You know, Leonard, in your own simple way, you may be the wisest of us all.
wisest : le plus sage

Family Guy (TV show)
Glenn Quagmire: Oh yeah, ***I'm very in touch with*** my Asian roots. You notice I take my shoes off whenever I enter my house? I do five hours of math homework every night even though I'm no longer in school. Sometimes, I drink out of a wood box. I was a very cute baby and now I'm a joyless adult.
whenever : chaque fois
roots : racines
even though : bien que
to be no longer : ne plus être

LEÇON 163

IDIOM: *To keep/be/get in touch with #2*

Susan Orlean (American journalist)

I have no idea how to ***get in touch*** with anyone anymore. Everyone, it seems, has a home phone, a cell phone, a regular e-mail account, a Facebook account, a Twitter account, and a Web site. Some of them also have a Google Voice number. There are the sentimental few who still have fax machines.

Le vocabulaire des singles n° 1 en France

We Are the World (USA for Africa) : le monde
Square Rooms (Al Corley) : carré
Live is life (Opus) : la vie
Smells Like Teen Spirit (Nirvana) : adolescent
Rhythm Is a Dancer (Snap!) : rythme
Don't Let the Sun Go Down on Me (George Michael et Elton John) : descendre
When the Rain Begins to Fall (Pia Zadora et Jermaine Jackson) : tomber
No Limit (2 Unlimited) : pas de limite

5 petites phrases à glisser dans vos conversations

Honey, we need to talk : Chéri, il faut qu'on parle
Are you okay? : Est-ce que ça va ?
It makes sense : Ça a du sens
Don't even tell me! : Ne me dis même pas !
I'll be right back : Je reviens tout de suite

LEÇON 164

Se plaindre, du temps ou de plein d'autres choses, nous sommes les n° 1 mondiaux dans ce domaine, c'est le moment de montrer à votre interlocuteur anglais de quoi nous sommes capables !

I would like to make a complaint.

→ Je voudrais faire une réclamation.

I'am not happy with beans for breakfast, lunch and dinner for a whole week.

→ Je ne suis pas content avec des haricots pour le petit déjeuner, le déjeuner et le dîner pendant une semaine entière.

I don't understand why my accountant should wear this Batman costume.

→ Je ne comprends pas pourquoi mon comptable devrait porter ce costume de Batman.

I don't see why my mother will not be allowed to sing at your birthday.

→ Je ne vois pas pourquoi ma mère ne sera pas autorisée à chanter à ton anniversaire.

I am not satisfied with my new inflatable crocodile.

→ Je ne suis pas satisfait de mon nouveau crocodile gonflable.

EVERY [CHAQUE]

Every day, every hour, every minute, I love her.

→ Chaque jour, chaque heure, chaque minute, je l'aime.

LEÇON 165

Le franglais, vous aimez bien ça ? Comme on est sympa, on vous en remet une p'tite louche **avec le franglais de la politique et des médias (partie 2)**

a partisan : un partisan
a population : une population
a publication : une publication
a quota : un quota
a referendum : un référendum
a signature : une signature
a slogan : un slogan
a solution : une solution
a stagnation : une stagnation
a suppression : une suppression
a taxation : une taxation
a tension : une tension
a transition : une transition
a tribunal : un tribunal
a verdict : un verdict
a veto : un veto
a visa : un visa
a vision : une vision
a vote : un vote
abolition : l'abolition
abrogation : l'abrogation
abstention : l'abstention
administration : l'administration
agitation : l'agitation
agriculture : l'agriculture
international : international

LEÇON 166

IDIOM: *To be the best thing since sliced bread*

➥ Désigne une personne ou une chose formidable.

La traduction débile

➥ C'est la meilleure chose depuis le pain tranché.

DES ACTEURS VOUS MONTRENT COMMENT UTILISER CET IDIOME.

CANDICE BERGEN (American actress)

I guess I was a mom so late in life, my daughter was ***the greatest thing since sliced bread***.

DEXTER FLETCHER (English actor and director)

I left school with no qualifications, but I was doing theatre and film work and thought that was ***the best thing since sliced bread***.

Le mot tout nouveau et rigolo

MOOBS

Dude, look at that guy with moobs!

➥ Mec, regarde ce gars avec des seins d'homme !

Ce terme désigne les seins qui apparaissent chez les hommes souffrant de surpoids ou de problèmes hormonaux. Il s'agit de la contraction de *man boobs*, des seins d'homme.

LEÇON 167

6 façons de bien montrer à un Anglais que vous êtes en colère !

Rubbish!

- ➥ Conneries !

Get out of my way!

- ➥ Dégage !

Shame on you!

- ➥ Honte à vous (à toi) !

Don't be silly!

- ➥ Ne sois pas bête !

I'm not going to let you talk to me like this.

- ➥ Je ne vais pas vous laisser me parler comme ça.

Take back what you just said!

- ➥ Retire ce que tu as dit !

IDIOM: *Put a sock in it!*

- ➥ Taisez-vous !
- ➥ Baissez d'un ton !

La traduction débile

- ➥ Mets une chaussette dedans !

Mais d'où ça vient ?

Au début du XXe siècle, les gramophones n'étaient pas équipés d'un bouton volume. Pour baisser le son, une astuce très répandue consistait à placer une chaussette dans le pavillon.

UNE TORTUE NINJA VOUS MONTRE COMMENT UTILISER CET IDIOME.

TORTUES NINJA (Movie)

Michaelangelo: ***Put a sock in it!*** You're giving me a mondo migraine!

LEÇON 168

9 mots de vocabulaire contenus dans les titres de films américains

Midnight <u>Express</u> : express
<u>Million</u> Dollar Baby : million
Million Dollar <u>Baby</u> : bébé
<u>Minority</u> Report : minorité
Monty <u>Python</u> : python
<u>Moon</u> Walker : lune
Moon <u>Walker</u> : marcheur
<u>Mystic</u> River : mystique
<u>Ocean</u>'s Eleven : océan

9 adjectifs franglais

brave : brave
brutal : brutal
capable : capable
central : central
commercial : commercial
compact : compact
compatible : compatible
convalescent : convalescent
convivial : convivial

5 petites phrases à glisser dans vos conversations

It's killing me : C'est insupportable
I'm done : J'ai eu ma dose
Hold on a second : Attends une seconde (au téléphone)
It's not fair : Ce n'est pas juste
By the way : Au fait

LITTLE [PETIT]

When I was little, my little brother spent a little time in the UK.

→ Quand j'étais petit, mon petit frère a passé un peu de temps au Royaume-Uni.

LEÇON 169

IDIOM: *To take something for granted*

➥ Considérer quelque chose comme acquis.

SALMA HAYEK ET LE DALAÏ LAMA VOUS MONTRENT COMMENT UTILISER CET IDIOME.

SALMA HAYEK (Mexican and American film actress)
I think if I've learned anything about friendship, it's to hang in, stay connected, fight for them, and let them fight for you. Don't walk away, don't be distracted, don't be too busy or tired, don't ***take them for granted***.
to hang in : tenir bon
to walk away : s'en aller, partir

DALAÏ LAMA
I have always had this view about the modern education system: we pay attention to brain development, but the development of warmheartedness we ***take for granted***.

SALMA HAYEK (Mexican and American film actress)
And I highly recommend for all the women in the world, even if they're 71, you can never ***take for granted*** that he loves you. It's always good to flirt with him. It's a great sport.

LEÇON 170

Lt. Colombo Quote - Colombo

"I have an eyewitness, Dr. Collier. An eyewitness that will place you at the head of the Donner driveway at 5:30 Monday afternoon. But the eyewitness is not Mr. Morris. The eyewitness is you."

➥ « J'ai un témoin, docteur Collier. Un témoin qui vous a vu en haut de l'allée Donner à 5 h 30 lundi après-midi. Mais le témoin n'est pas Mr. Morris. Le témoin, c'est vous. »

13 verbes irréguliers compliqués et probablement inventés par les Anglais pour se venger du laborieux apprentissage de notre subjonctif passé et de notre plus-que-parfait

INFINITIF	PRÉTÉRIT	PARTICIPE PASSÉ	
burn	*burnt*	*burnt*	brûler
burst	*burst*	*burst*	éclater
deal	*dealt*	*dealt*	distribuer
draw	*drew*	*drawn*	dessiner
dwell	*dwelt*	*dwelt*	habiter
freeze	*froze*	*frozen*	geler
grind	*ground*	*ground*	moudre
hear	*heard*	*heard*	entendre
hold	*held*	*held*	tenir
keep	*kept*	*kept*	garder
lay	*laid*	*laid*	poser à plat
lead	*led*	*led*	mener
lean	*leant*	*leant*	s'appuyer

LEÇON 171

IDIOM: *To pop the question*

→ Faire une demande en mariage.

UN EXEMPLE DE LA FAÇON D'UTILISER CET IDIOME TIRÉ DU FILM *QUATRE MARIAGES ET UN ENTERREMENT* (Movie)
I always just hoped that, that I'd meet some nice friendly girl, like the look of her, hope the look of me didn't make her physically sick, then ***pop the question*** and, um, settle down and be happy. It worked for my parents. Well, apart from the divorce and all that.
to settle down : s'installer
apart from : à part

Le mot tout nouveau et rigolo

HOLIDAY POUNDS

Get rid of those Christmas holiday pounds

→ Débarrassez-vous des kilos pris lors des vacances de Noël !

L'expression désigne les kilos pris pendant les vacances (*a pound* = 0,45 kg).

OTHER [AUTRE]

The other day, I saw my other wife.

→ L'autre jour, j'ai vu mon autre femme.

IDIOM : *To pig out*

→ Manger comme un cochon et vite.

La traduction débile

→ Sortir le cochon.

LEÇON 172

IDIOM: *I don't give a shit*

➥ Je n'en ai rien à foutre.

JOHNNY DEPP ET GEORGE CARLIN VOUS MONTRENT COMMENT UTILISER CET IDIOME.

JOHNNY DEPP (American actor, film producer)
Just keep moving forward and ***don't give a shit*** about what anybody thinks. Do what you have to do, for you.

GEORGE CARLIN (American comedian, writer, social critic, and actor)
It's important in life if you ***don't give a shit***. It can help you a lot.

9 mots de vocabulaire contenus dans les titres de films américains

Payback : remboursement, revanche
Pearl Harbor : perle
Pearl Harbor : port
Platoon : peloton
Point Break : point
Predator : prédateur
Pretty Woman : jolie
Public Enemies : ennemis
Pulp Fiction : pulpe

J'améliore mon vocabulaire avec les albums n° 1

Mezmerize (System of a Down) : hypnotiser
Demon Days (Gorillaz) : démon, diable
Monkey Business (Black Eyed Peas) : magouilles
Stadium Arcadium (Red Hot Chili Peppers) : stade
Not Too Late (Norah Jones) : pas trop tard
Minutes to Midnight (Linkin Park) : les minutes avant minuit

LEÇON 173

IDIOM: All over again

→ Encore une fois

ANDRÉ GIDE VOUS MONTRE COMMENT UTILISER CET IDIOME.

ANDRÉ GIDE (French author)

Everything has been said before, but since nobody listens we have to keep going back and beginning ***all over again.***

5 façons de supporter et d'encourager une équipe française en Angleterre ou n'importe qui d'autre qui joue contre des Anglais !

Don't give up!

→ N'abandonne pas !

Try again!

→ Essaie encore !

Go on!

→ Continue !

Come on guys!

→ Allez les gars !

Well done, keep it up!

→ Continue !

SUCH **[TEL]**

Such a film is such a shame.

→ Un tel film est une telle honte.

LEÇON 174

IDIOM: *Once and for all*

→ Une fois pour toutes

LES SIMPSONS ET SOUTH PARK VOUS MONTRENT COMMENT UTILISER CET IDIOME.

LES SIMPSONS (TV show)

Bart Simpson: The Nineties? Never heard of it.

Homer Simpson: It was a wild decade. The Gulf War was over ***once and for all***, a struggling artist named Matt Groening hit it big with Futurama, and young people had faith in their dreams thanks to a little show called *Melrose Place*.

struggling : qui a du mal à joindre les deux bouts

to hit it big : connaître un grand succès

faith : foi

SOUTH PARK (TV show)

Evergreen Villager: The homeless first started arriving in Evergreen about 3 months ago. At first there were only a few of them, asking for change, sleeping in the parks. But then more showed up. And we realized there was something different about them. They fed off of our change to the point that they could actually start renting apartments. We knew it wouldn't be long before the homeless actually started buying homes. And then we'd have no idea who is homeless and who wasn't. People living in the house right next door to you could be homeless and you wouldn't even know. Nobody could trust anybody. Fights broke out, war! That's when I starting suspecting my own wife, who I'd been living with for 20 years, was actually homeless. So I had to burn her, in her bed, while she slept. After she died, I vowed I wouldn't let the homeless destroy our town. So we came up with a plan to get rid of them ***once and for all***.

LEÇON 175

Donner la permission à un anglais de faire quelque chose

You may play the saxophone in the ladies' room, but not too loud.

➥ Tu peux jouer du saxophone dans les toilettes des dames, mais pas trop fort.

You can go out now, Paul.

➥ Tu peux sortir maintenant, Paul.

You're allowed to speak French.

➥ Tu es autorisé à parler français.

He'll let you see his big gnu.

➥ Il te laissera voir son gros gnou.

Dire que vous refusez catégoriquement de revenir en Angleterre.

I flatly refuse to go there again.

➥ Je refuse catégoriquement d'y retourner.

I won't go there again.

➥ Je n'y retournerai plus.

I am quite reluctant to go there again.

➥ Je suis réticent à y retourner.

I have no intention of going there again.

➥ Je n'ai pas l'intention d'y retourner.

I wouldn't dream of going there again.

➥ Je ne rêverais pas d'y retourner.

J'AMÉLIORE MON ANGLAIS AVEC LES MEILLEURS TWEETS 2015

Pour la nouvelle édition d'*Une année d'anglais aux toilettes*, je suis parti en quête des tweets les plus amusants publiés jusqu'à aujourd'hui. Dans chacun de ces tweets, j'ai relevé une structure anglaise intéressante. Juste en dessous du tweet, vous trouverez des exemples pour découvrir comment on peut employer cette structure anglaise, de quoi très bientôt utiliser de nouvelles expressions anglaises à l'oral.

See dans un tweet

When someone says, "I haven't seen you in forever", a fun response is, "I know, we're really not that good of friends" *@bridger_w*

➥ Quand quelqu'un dit, « Je ne vous ai pas vu depuis une éternité », une réponse amusante est « Je sais, nous ne sommes pas de si bons amis que ça »

À savoir : Au moment où ils se retrouvent ou lorsqu'ils se quittent, les Anglais et les Américains sont plus enjoués que nous, les francophones. Ils ont toujours quelque chose de sympa et d'agréable à se dire, même si en vérité ils ne vous apprécient pas plus que ça.

Nice to <u>see</u> you! Content de vous voir !
Good to <u>see</u> you! C'est bon de te voir !
Great to <u>see</u> you again! Ça me fait plaisir de te revoir !
I haven't <u>seen</u> you in forever. Je ne vous ai pas vu depuis une éternité.
It's been a while! Ça fait un bail !
Long time no <u>see</u>! Ça fait longtemps qu'on ne s'est pas vus !

Make sure dans un tweet

Someone told me to "have a great weekend" so I said "have a good weekend" to make sure I have a better weekend. *@alexjmann*

➥ Quelqu'un m'a dit de « passer un super week-end » donc j'ai dit « passe un bon week-end » pour m'assurer de passer un meilleur week-end.

<u>Make sure</u> you locked the door! Assure-toi d'avoir fermé la porte !

Let's <u>make sure</u> we understand one another! Assurons nous que nous nous comprenons bien !

<u>Make sure</u> her father doesn't come to the party with his Fuego! Assure toi que son père ne vienne pas à la fête avec sa Fuego !

Make sure you don't get found out! Veille à ne pas te faire prendre !

Guess dans un tweet

I guess I prefer Subway because they make me feel like I'm making the healthy decision when I order a loaf of bread with 18 meatballs on it. *@JustinFurano*

➥ Je suppose que je préfère Subway car ils me font me sentir comme si je prenais une décision saine quand je commande un morceau de pain avec 18 boulettes de viande dedans.

I am in England. I guess that it will rain today. Je suis en Angleterre. Je suppose qu'il va pleuvoir aujourd'hui.

Guess who! Devine qui c'est !

I guess so. Je pense que oui.

I guess not. Je ne crois pas.

He is guessing that her father won't come with two wild boars. Il pense que son père ne viendra pas avec deux sangliers.

I guess he's right. Je suppose qu'il a raison.

Guess what! Her father bought a new inflatable crocodile. Devine quoi ! Son père a acheté un nouveau crocodile gonflable.

Margaret guessed his penis size on her first try! Margaret a deviné la taille de son pénis du premier coup !

I would say you probably work in the porn industry or in a bank, but I'm just guessing. Je dirais que vous travaillez dans l'industrie du porno ou dans une banque, mais ce n'est qu'une supposition.

I've been bonking Margaret for about 18 years, I guess. Je m'envoie en l'air avec Margaret depuis 18 ans, je suppose.

Guess what! I'm pregnant. Devine quoi ! Je suis enceinte.

Tell dans un tweet

My girlfriend told me to take a spider out instead of killing it. We went and had some drinks. Cool guy. Wants to be a lawyer. *@FattMernandez*

➥ Ma petite amie m'a dit de sortir une araignée plutôt que la tuer. Nous sommes partis et avons bu quelques verres. Un mec cool. Veut être avocat.

His mother promised not to tell anyone my secret. Sa mère a promis de ne dire mon secret à personne.

If you see his father, tell him we miss him. Si tu vois son père, dis-lui qu'il nous manque.

He keeps telling himself that everything will be OK. Il n'arrête pas de se dire que tout va bien se passer.

She told him what happened. Elle lui a dit ce qui s'était passé.

I can't tell you how pleased we are that you couldn't join us. Je ne peux pas vous dire à quel point nous sommes contents que vous n'ayez pas pu vous joindre à nous.

If you see his father, tell him hello for me. Si tu vois son père, dis-lui bonjour de ma part.

What is the name of his inflatable crocodile? - I don't know. His father didn't tell me. Quel est le nom de son crocodile gonflable ? Je ne sais pas. Son père ne me l'a pas dit.

His mother loves telling dirty jokes. Sa mère aime raconter des blagues salaces.

Stop dans un tweet

I wish babies would stop saying hi to me while in the checkout line. I don't fucking know you. Don't talk to me ! *@yuckybot*

➥ J'aimerais que les bébés arrêtent de me dire salut dans la queue pour la caisse. Je vous connais pas, putain. Ne me parlez pas !

Stop + verbe + ing : Arrête de ...

Stop laughing. It's not funny. Arrête de rire. Ce n'est pas drôle.

Stop being an ass! Arrête de faire le con !

I couldn't stop laughing because of your grandma. Je ne pouvais pas arrêter de rire à cause de ta grand-mère

Would rather dans un tweet

I would rather get hit by a car than jog in place at an intersection. *@NikkiGlaser*

➥ Je préfèrerais être heurté par une voiture que de courir sur place à une intersection.

I would rather go than stay : Je préfèrerais partir plutôt que de rester.

He would rather take the train than drive. Il préfèrerait prendre le train que de conduire.

I would rather go somewhere warm, not in England. Je préfèrerais aller quelque part où il fait chaud, pas en Angleterre.

I would rather you didn't tell them I wanked in the bathroom at Buckingham Palace. Je préfèrerais que tu ne leur dises pas que je me suis branlé dans les toilettes de Buckingham Palace.

So much dans un tweet

My mom would wake up early just to cut the crust off my sandwiches for lunch. She knew the crust was my favorite part. She hated me so much. *@Shanehasabeard*

➥ Ma mère aimait se lever tôt juste pour enlever la croûte de mes sandwichs du déjeuner. Elle savait que la croûte était mon morceau préféré. Elle me détestait tant.

I can't believe that his father spent so much money for an inflatable crocodile. Je n'arrive pas à croire que son père ait dépensé autant d'argent pour un crocodile gonflable.

Thank you so much. Merci mille fois.

I like it so much. J'aime tellement ça.

We had so much fun that day. On s'était tellement amusé ce jour là.

The best thing dans un tweet

The best thing about trying to name a baby is realizing how many people you hate. *@briangaar*

➥ La meilleure chose en essayant de nommer un bébé est de réaliser combien de personnes vous détestez.

The best thing : La meilleure chose

The best thing to do is to go to bed. La meilleure chose à faire est d'aller au lit.

Meeting Fantômas was the best thing that's ever happened to me. Rencontrer Fantômas a été la meilleure chose qui me soit jamais arrivée.

Because of dans un tweet

Opinions are like birthdays. Everybody has one & I only know yours because of Facebook. *@RandiLawson*

➥ Les opinions sont comme les anniversaires. Tout le monde en a une et je connais uniquement la vôtre à cause de Facebook.

Because of something/somebody : À cause de quelque chose/quelqu'un

The BBQ has been cancelled because of bad weather. Le barbecue a été annulé en raison du mauvais temps.

Because of you, we missed the plane. À cause de toi, on a loupé l'avion.

The accident happened because of the heat. L'accident est arrivé à cause de la chaleur.

His father got into all this trouble because of you. Son père a eu tous ces ennuis à cause de toi.

In Brighton, we couldn't bathe <u>because of</u> the snow. À Brighton, on ne pouvait pas se baigner à cause de la neige.

Make fun **dans un tweet**

Oh sure, make fun of Columbus. Like you've never gone to the grocery store for spices, gotten lost, then murdered several million people. *@KevinFarzad*

➡ Oh bien sûr, moquez-vous de Christophe Colomb. Comme si vous n'aviez jamais été chez l'épicier pour des épices, que vous ne vous étiez jamais perdu, et que vous n'aviez jamais ensuite tué plusieurs millions de personnes.

<u>To make fun of</u> : Se moquer de

The kids <u>make fun of</u> me. Les enfants se moquent de moi.

Her parents <u>make fun of</u> my English accent. Ses parents se moquent de mon accent anglais.

Bart, <u>don't make fun of</u> grad students. They've just made a terrible life choice. (Homer Simpson) Bart, ne te moque pas des étudiants diplômés. Ils ont juste fait un terrible choix de vie.

My colleagues used to <u>make fun of</u> my hair. Mes collègues avaient l'habitude de se moquer de mes cheveux.

It's unkind <u>to make fun of</u> people. Ce n'est pas très gentil de se moquer des gens.

<u>Make fun of</u> the Great White North all you want, but Canada is the greatest country in the world. (*How I Met Your Mother*) Moque-toi du grand nord blanc autant que tu veux, mais le Canada est le meilleur pays du monde.

So. You like <u>making fun of</u> girls with big boobs. (*Mon oncle Charlie*) Alors, tu aimes te moquer des filles avec des gros nichons.

Have a crush **dans un tweet**

When i was 7 I had a crush on a girl in my class and I didn't know how to deal with it so I wrote her a letter that just said "get out of my school" *@Lindzeta*

➡ Quand j'avais sept ans, j'avais le béguin pour une fille de ma classe et je ne savais pas comme le gérer donc je lui ai écrit une lettre qui disait juste « Va-t'en de mon école ! »

I <u>have a crush on</u> him. J'en pince pour lui.

I <u>had a crush on</u> a cute girl. J'avais le béguin pour une fille mignonne.

I don't know what to say when I <u>have a crush</u> on somebody. Je ne sais pas quoi dire quand j'ai le béguin pour quelqu'un.

Get into dans un tweet

Wear only a towel around your waist and you can get into just about anywhere if you just repeat "so sorry so sorry" and keep moving forward. *@trumpetcake*

➥ Portez seulement une serviette autour de votre taille et vous pouvez entrer vraiment partout si vous répétez « vraiment désolé, vraiment désolé » et continuez à avancer.

She wants <u>to get into</u> politics. Elle veut se lancer dans la politique.

We <u>got into</u> a fight about who has to inflate the crocodile. Nous nous sommes disputés pour savoir qui devait gonfler le crocodile.

The train <u>got into</u> the station late. Le train est arrivé tard en gare.

It's only recently that I've really <u>gotten into</u> porn. Ce n'est que très récemment que j'ai commencé à vraiment m'intéresser au porno.

Her father <u>got them into a lot of troubles</u>. Son père leur a attiré de gros ennuis.

I'll tell you who punctured the inflatable crocodile, but I don't want to <u>get into</u> all the reasons for why it happened. Je vais te dire qui a crevé le crocodile gonflable mais je n'ai pas envie de rentrer dans toutes les raisons pour lesquelles c'est arrivé.

In case dans un tweet

Leaving my browser history open in case anyone in this coffee shop tries to steal my laptop when I'm in the bathroom. *@Chelsea_Elle*

➥ Je laisse mon historique internet ouvert au cas où quelqu'un dans ce café essaie de voler mon portable quand je suis aux toilettes.

I don't think that I'm going to bonk tonight, but I'll bring a condom just <u>in case</u>. Je ne pense pas que je vais m'envoyer en l'air ce soir mais je vais apporter un préservatif au cas où.

Bring an umbrella <u>in case</u> it rains. Prends un parapluie au cas où il pleuvrait.

Margaret, today is our orgy, <u>in case</u> you've forgotten. Margaret, notre partouze a lieu aujourd'hui au cas où tu aurais oublié.

You know what dans un tweet

If two people are arguing and one person says "You know what...", that argument is about to get awesome. *@briangaar*

➥ Si deux personnes se disputent et qu'une personne dit "Tu sais quoi...", cette dispute est sur le point de devenir géniale.

<u>You know what</u> + phrase : Tu sais quoi...

You know what I hate you. Tu sais quoi, je te déteste.

You know what I don't like your boobs. Tu sais quoi, je n'aime pas tes nichons.

You know what I bonked your boss and your father on the beach. Tu sais quoi, je me suis envoyé en l'air avec ton patron et ton père sur la plage.

And you know what I punctured your inflatable dolphin. Et tu sais quoi, j'ai crevé ton dauphin gonflable.

You know what I am not 98. Tu sais quoi, je n'ai pas 98 ans.

Fancy dans un tweet

Wife: Do you fancy coming home at lunchtime for a quickie?

Me: It's pronounced Quiche. @JCautomatic

➥ Femme : Est-ce ça te dit de venir à la maison pour le déjeuner pour un « quickie » (baiser en vitesse) ?
Moi : Ça se prononce Quiche.

I don't fancy bonking. Cela ne me dit rien de m'envoyer en l'air.

Do you fancy another beer? Est-ce que tu as envie d'une autre bière ?

Margaret fancies herself as a pornstar. Margaret se voit comme une pornstar.

Your father is all right but I can't say I fancy him. Ton père est pas mal mais je ne peux pas dire que je sois attiré par lui.

Do not dans un tweet

Life tip: if someone comes out of a bathroom sweating, do not go in that bathroom. *@thegynomite*

➥ Astuce de vie : Si quelqu'un sort des toilettes en suant, n'allez pas dans ces toilettes.

Don't bark, if you can't bite. Ne montrez pas les dents (n'aboyez pas), si vous ne pouvez pas mordre.

Do not lie to me! Ne me mens pas !

Don't touch me! Ne me touche pas !

Do not disturb. Ne pas déranger.

Can tell dans un tweet

I can tell people are judgmental just by looking at them. *@10InchesPlus*

➥ Je peux dire si les gens sont catégoriques dans leurs jugements juste en les regardant.

As far as I can tell, his father is not a giraffe. Autant que je sache, son père n'est pas une girafe.

He can't tell the difference between them. Il n'arrive pas à les différencier.

You could have told that it was your inflatable crocodile. Tu aurais pu dire que c'était ton crocodile gonflable.

Like dans un tweet

Febreeze just makes my bathroom smell like I took a shit in Hawaii. *@CYComedy*

➥ Febreeze fait juste sentir mes toilettes comme si j'avais chié à Hawaii.

I feel like shit. Je me sens très mal.

It costs something like six pounds. Ça coûte environ six livres.

He is not very much like her brother. Il ne ressemble pas beaucoup à son frère.

Her grandfather and her grandmother are acting like children. Son grand-père et sa grand-mère se comportent comme des enfants.

It's not like Amy to be late. Ce n'est pas du genre d'Amy d'être en retard.

Find out dans un tweet

To find out who views your Facebook profile the most, look in the miror. *@MiloAndOtis*

➥ Pour découvrir qui regarde le plus votre profil Facebook, regardez dans le miroir.

His father found out about her smoking habit. Son père a découvert qu'elle fumait régulièrement.

Fantômas, I'm determined to find out the truth. Fantômas, je suis déterminé à découvrir la vérité.

Try to find out who's responsible. Essayez de trouver qui est responsable.

Her father was shocked when he found out what we had done to his microwave. Son père était choqué quand il a découvert ce que nous avions fait à son four à micro-ondes.

He found out about their affair. Il a découvert leur liaison.

LEÇON 176

11 autres verbes irréguliers qui ne vous seront pas utiles pour aller faire un footing dans Hyde Park

INFINITIF	PRÉTÉRIT	PARTICIPE PASSÉ	
lend	*lent*	*lent*	prêter
light	*lit*	*lit*	allumer
mean	*meant*	*meant*	signifier
ring	*rang*	*rung*	sonner
rise	*rose*	*risen*	s'élever, se lever
seek	*sought*	*sought*	chercher
sew	*sewed*	*sewn*	coudre
shoe	*shod*	*shod*	ferrer, chausser
shoot	*shot*	*shot*	tirer
shrink	*shrank*	*shrunk*	rétrécir
sink	*sank*	*sunk*	couler

5 petites phrases à glisser dans vos conversations

Really, it's my fault! : Vraiment, c'est ma faute !
Get ready! : Prépare-toi !
I don't care! : Je m'en fous !
Come on! : Allez !
Just one more question : Une dernière question

Le mot tout nouveau et rigolo

HANGRY

Have you ever felt "hangry"?

➥ Vous êtes-vous déjà senti affamé et énervé ?

L'expression désigne la tendance de certaines personnes à devenir énervées lorsqu'elles ont très faim. Ce mot fusionne *angry* qui signifie « en colère » et *hungry* qui signifie « affamé ».

LEÇON 177

Le mot nouveau et rigolo

GOOGLEHEIMER

On mélange ici Google et Alzheimer. Ce terme désigne un mal dont nous sommes beaucoup à souffrir : l'oubli de ce que nous étions venus chercher sur Google ou de ce que nous faisions juste avant sur Internet.

Bien utiliser le mot *Group*

GROUPE

There was a group of beautiful young girls following me.

➥ Il y avait un groupe de jolies jeunes filles qui me suivait.

I am very nice. I am the leader of a paramilitary group.

➥ Je suis très sympa. Je suis le leader d'un groupe paramilitaire.

A group discussion

➥ Une discussion de groupe

They are working in groups.

➥ Ils travaillent en groupe.

Bien utiliser l'adjectif *Only*

SEUL

He is a real pain in the ass. He is an only child.

➥ C'est un vrai casse-couilles. Il est fils unique.

It rained the whole weekend. The only thing we could do in England was drink beer.

➥ Il a plu tout le week-end. La seule chose que nous pouvions faire en Angleterre était de boire de la bière.

It was 4 degrees in Brighton in August. We were the only people on the beach.

➥ En août, à Brighton, il faisait 4 degrés. Nous étions les seuls sur la plage.

My only reason for coming to see you is to get my gift.

➥ La seule raison pour laquelle je suis venu te voir est de récupérer mon cadeau.

LEÇON 178

10 mots de vocabulaire contenus dans le titre de séries télé

Lost : perdu
Misfits : inadaptés, marginaux
Weeds : mauvaises herbes ou herbes (drogue)
Charmed : enchanté, charmé (magie)
Stargate : porte (jardin, aéroport)
Lie to me : mentir
Mad Men : fou
Desperate housewives : femmes au foyer
Entourage : l'entourage
True blood : sang

Tout ce que vous allez bientôt savoir dire avec le verbe *Tell*

DIRE

He is always telling lies.

➥ Il raconte constamment des mensonges.

What did I tell you?

➥ Qu'est ce que je t'avais dit ?

Are you sure you're telling the truth?

➥ Es-tu bien sûr de dire la vérité ?

I haven't been told anything about it.

➥ On ne m'a rien dit à ce sujet.

TELL dans une citation amusante

"I told my wife the truth. I told her I was seeing a psychiatrist. Then she told me the truth: that she was seeing a psychiatrist, two plumbers, and a bartender."

Rodney Dangerfield

➥ « J'ai dit à ma femme la vérité. Je lui ai dit que je voyais un psychiatre. Ensuite, elle m'a dit la vérité : qu'elle voyait un psychiatre, deux plombiers et un barman. »

LEÇON 179

6 façons d'envoyer chier un Anglais, même si au fond, on les aime bien (allez, avouez-le enfin, ça vous fera du bien, vous verrez) !

Forget it!

➥ Laisse tomber (oublie !) !

Leave me alone!

➥ Laisse-moi tranquille !

It's none of your business!

➥ Ce n'est pas tes oignons !

Let me go!

➥ Lâche-moi la grappe (les baskets) !

Just get out of my face!

➥ Dégage !

Don't piss me off!

➥ Ne m'énerve pas !

5 petites phrases à glisser dans vos conversations

What's the rush? : Pourquoi se précipiter ?
That's funny because... : C'est amusant car...
So, what do you say? : Et donc, tu dis quoi ?
It's not that bad : Ce n'est pas si horrible
Let me see! : Laisse-moi voir !

Dexter Quote - Dexter

"Tonight is the night. And it's going to happen again and again. It has to happen."

➥ « Ce soir est le soir. Et cela va se produire encore et encore. Cela doit se produire."

LEÇON 180

IDIOM: *To be up to somebody/something*

- Être responsable de quelque chose.

ROSA PARKS, SETH GODIN ET COCO CHANEL VOUS MONTRENT COMMENT UTILISER CET IDIOME.

ROSA PARKS (African-American civil rights activist)
Racism is still with us. But it ***is up to us*** to prepare our children for what they have to meet, and, hopefully, we shall overcome.

COCO CHANEL (French fashion designer)
Nature gives you the face you have at twenty; it ***is up to you*** to merit the face you have at fifty.

SETH GODIN (American author, entrepreneur, marketer, public speaker)
This notion that it ***is up to each person*** to innovate in some way flies in the face of the industrial age, but you know what, the industrial age is over.
to fly in the face of : défier

IDIOM: *To give up the ghost*

- Arrêter de faire quelque chose car vous savez que ça ne va pas fonctionner.
- Mourir
- Arrêter de fonctionner (machine).

La traduction débile

- J'abandonne le fantôme.

LEÇON 181

En voyage : rouler à gauche

to rent a car : louer une voiture
an insurance : une assurance
a safety belt / a seat belt : une ceinture de sécurité
a motorway : une autoroute
a toll : un péage
a crossroads : un croisement
the speed limits : les limitations de vitesse
a fine : une amende
a car crash : un accident

Bien utiliser l'adjectif *Main*

PRINCIPAL

the main entrance : l'entrée principale
the main course : le plat principal

The main thing is not to worry.

➥ La chose la plus importante est de ne pas s'inquiéter.

LEÇON 182

Nuancez vos propos !

actually : en réalité, en fait
apparently : apparemment
currently : actuellement
eventually : finalement
indeed : en effet
in short : en bref
in principle : en principe
lately : récemment
maybe : peut-être
normally : normalement
obviously : de toute évidence
of course : bien sûr
perhaps : peut-être
personally : pour ma part
really : vraiment
shortly : prochainement
unfortunately : malheureusement

9 verbes irréguliers qui ne vous serviront à rien pour prendre un taxi à Londres

INFINITIF	PRÉTÉRIT	PARTICIPE PASSÉ	
slide	*slid*	*slid*	glisser
slit	*slit*	*slit*	fendre, inciser
sow	*sowed*	*sown*	semer
spell	*spelt*	*spelt*	épeler
spill	*spilt*	*spilt*	renverser (un liquide)
spoil	*spoilt*	*spoilt*	gâcher, gâter
spread	*spread*	*spread*	répandre
withdraw	*withdrew*	*withdrawn*	(se) retirer
wring	*wrung*	*wrung*	tordre

Dexter Quote - Dexter

"Human bonds always lead to messy complications. Commitment. Sharing. Driving people to the airport."

➥ « Les liens humains amènent toujours des complications et du désordre. Engagement. Partage. Conduire les gens à l'aéroport. »

LEÇON 183

Le franglais de la politique et des médias (partie 3),

le franglais, c'est aussi l'anglais parlé par ta maman quand elle va en Angleterre et qu'elle explique à un Anglais les problèmes qu'on a en France

anticipation : l'anticipation
apartheid : l'apartheid
article : un article
ascension : l'ascension
constitution : la constitution
corruption : la corruption
destruction : la destruction
dilution : la dilution
discrimination : la discrimination
dissolution : la dissolution
domination : la domination
exclusion : l'exclusion
exportation : l'exportation
imitation : l'imitation
immigrant : un immigrant
immigration : l'immigration
import : l'import
inaction : l'inaction
inflation : l'inflation
influence : l'influence
occidental : occidental
situation : la situation
taxable : taxable
an invasion : une invasion

LEÇON 184

IDIOM: *To be at loggerheads*

→ Être en profond désaccord sur quelque chose.

DES EXEMPLES D'UTILISATION DE CET IDIOME DANS LA PRESSE

DANS LA PRESSE

Egypt and Ethiopia ***are at loggerheads*** over the Nile.
the Nile : le Nil

Small filmmakers often find themselves ***at loggerheads*** with the big ticket ventures when it comes to finding enough theatres to release their movies.
theatres : salles de cinéma

IDIOM: *To flog a dead horse*

→ Continuer à travailler dans une direction alors que les chances de succès sont nulles. Cette expression s'utilise notamment pour répondre à une personne qui tente de renégocier une question déjà définitivement réglée, dont l'issue ne changera pas, comme un enfant qui demanderait pour la quinzième fois à ses parents s'il peut avoir le nouvel iPhone.

La traduction débile

→ Tu fouettes un cheval mort.

LEÇON 185

Bien utiliser l'adjectif *Good*

BON/BIEN

That's very good news.

➥ C'est une très bonne nouvelle.

I don't feel too good.

➥ Je ne me sens pas trop bien.

The coffee is good.

➥ Le café est bon.

I am reading a good book on the toilet.

➥ Je lis un bon livre aux toilettes.

I am French. I'm a very good cook.

➥ Je suis français. Je suis un très bon cuisinier.

My English is very good.

➥ Mon anglais est très bon.

I'm very good at geography/my job.

➥ Je suis très bon en géographie/dans mon travail.

GOOD dans une citation amusante

"First the doctor told me the good news: I was going to have a disease named after me." Steve Martin

➥ « En premier, le docteur m'a dit la bonne nouvelle : on allait donner mon nom à une maladie. »

LEÇON 186

Le mot tout nouveau et rigolo

a portmanteau word

Hangry is a portmanteau word.

➥ *Hangry* est un mot-valise.

OK, OK, il n'est pas nouveau. Ce mot est apparu en 1871. Il est tout droit inspiré du mot français « portemanteau » et désigne la création d'un nouveau mot qui fusionne deux mots existants ou plus.

5 petites phrases à glisser dans vos conversations

Better go : On ferait mieux d'y aller
It's none of your business : Ça ne te regarde pas
I'm so bored : Je m'ennuie à mourir
Forget about it! : Oublie ça !
She can't help herself : C'est plus fort qu'elle

At night, in night, during the night, ou lorsque la grammaire anglaise peut vous permettre de bien mieux raconter vos soirées très (trop ?) alcoolisées au pub

During the night

➥ Pendant la nuit

All night long

➥ Toute la nuit

On Saturday nights

➥ Le samedi soir (en général)

Si on enlève le *s* de *nights*, on désigne alors le samedi soir de cette semaine.

Tonight

➥ Ce soir

On ne dit jamais *this night*. De même, on dit *today*.

Last night

➥ La nuit dernière, hier soir

LEÇON 187

2 façons de dire que vous êtes SORRY,

même si au fond, on sait tous ici que vous ne l'êtes pas vraiment

I am (so) sorry! Je suis désolé(e) – Cette phrase marche dans toutes les situations. Vous devez juste varier l'intonation selon la gravité de la faute commise.

Forgive me! Pardonnez-moi – Là, vous avez fait quelque chose de grave.

5 petites phrases à glisser dans vos conversations

You're wrong : Tu as tort
Spare me : Épargne-moi ça
You know what : Tu sais quoi
You don't get it : Tu n'as pas pigé
Please tell me you are joking : S'il te plaît, dis-moi que tu plaisantes

Carrie Quote – Sex & the City

"Maybe some women aren't meant to be tamed. Maybe they just need to run free until they find someone just as wild to run with."

➥ « Peut-être que certaines femmes ne sont pas destinées à être apprivoisées. Peut-être qu'elles ont juste besoin de courir librement jusqu'à ce qu'elles trouvent quelqu'un d'aussi sauvage pour courir avec elles. »

LEÇON 188

I love beaucoup ton anatomie (5)

HEART : CŒUR

He lives in the heart of Paris.

➥ Il vit au cœur de Paris.

Thank you with all my heart.

➥ Merci de tout mon cœur.

FOOT : PIED *(PLURIEL : FEET)*

on foot

➥ à pied

LEG : JAMBE

You're pulling my leg!

➥ Tu me fais marcher ! (Litt. Tu me tires sur la jambe !)

She broke a leg skiing.

➥ Elle s'est cassé la jambe en skiant.

Bien utiliser l'adjectif *Low*

BAS

low clouds : des nuages bas
a low table : une table basse
low prices : des prix bas

Le mot nouveau et rigolo

NOMOPHOBIA

La peur panique de se retrouver sans son téléphone portable ou d'en être éloigné (perte du mobile, plus de batterie ou plus de réseau par exemple). Il s'agit de l'abréviation de « no-mobile-phone phobia ».

LEÇON 189

12 termes et 3 insultes essentiels pour argumenter avec un policier anglais qui vous a arrêté sans raison valable (enfin, sans raison valable, c'est ce que vous dites, nous, on ne sait pas…)

a police officer :	un officier de police
a police station :	un commissariat
an investigation :	une enquête
a clue :	un indice
evidence :	une preuve
a suspect :	un suspect
to arrest :	arrêter
an arrest :	une arrestation
an interrogation :	un interrogatoire
to confess :	avouer
custody :	garde à vue
to release :	relâcher
Douchebag!	Idiot !
I don't give a shit!	Je m'en fiche !
Bullshit!	C'est des conneries ! *ou* Foutaises !

Barney Stinson Quote - How I Met Your Mother

"There are only two reasons to date a girl you've already dated: breast implants."

➥ « Il n'y a que deux raisons de sortir avec une fille avec laquelle vous êtes déjà sorti : des implants mammaires. »

LEÇON 190

IDIOM: *To be barking up the wrong tree*

- Avancer une fausse raison pour expliquer quelque chose.
- Adopter une mauvaise façon de réaliser quelque chose.

La traduction débile

- Tu aboies devant le mauvais arbre.

Mais d'où ça vient ?

to bark : aboyer

L'expression vient d'Amérique du Nord et de la chasse au raton laveur, un animal nocturne. La nuit, pour les repérer, les chasseurs utilisaient leurs chiens. Grâce à son flair, le chien trouvait et suivait la piste d'un raton laveur. Apeuré, le raton laveur finissait par se réfugier dans les branches d'un arbre. Le chien restait à aboyer en bas de l'arbre pour éviter que le raton laveur ne redescende et le chasseur montait dans l'arbre pour capturer l'animal. Cependant, il arrivait que le chien aboie en bas du mauvais arbre et que le raton laveur soit introuvable.

LE GUITARISTE DE ZZ TOP VOUS MONTRE COMMENT UTILISER CET IDIOME.

Billy Gibbons (Guitarist of the American rock band ZZ Top)

Until you learn to play what you want to hear, you're ***barking up the wrong tree***.

LEÇON 191

5 verbes irréguliers à emmener à la plage en plus de sa serviette et de sa crème solaire !

INFINITIF	PRÉTÉRIT	PARTICIPE PASSÉ	
lie	*lay*	*lain*	être étendu
run	*ran*	*run*	courir
shine	*shone*	*shone*	briller
swell	*swelled*	*swollen*	enfler
swim	*swam*	*swum*	nager

IDIOM: *At all*

➥ Du tout

DEXTER VOUS MONTRE COMMENT UTILISER CET IDIOME.

The Office (TV show)

Andy: This is not the first time rumors about me being gay have come up. Twice before actually. Just a weird coincidence. A little too weird. Almost makes you wonder if it's not a coincidence ***at all***! Whoa! Which it is, of course. But it makes you wonder.

twice : deux fois

weird : étrange

to wonder : se demander

Dexter (TV show)

Dexter: [voiceover] Life is good. I'm not ***at all*** unhappy – I'm quite content to go about my life believing in nothing, with no fear that there might be something more out there...

LEÇON 192

5 petites phrases à glisser dans vos conversations

I gotta go : Je dois y aller
I'm running a little late : J'ai un peu de retard
Does that sound smart to you? : Est-ce que ça te paraît intelligent ?
That's it! : C'est ça !
What's the big deal? : C'est quoi le problème ?

Samantha Quote – Sex & The city

"You men have no idea what we're dealing with down there. Teeth placement, and jaw stress, and suction, and gag reflex, and all the while bobbing up and down, moaning and trying to breathe through our noses. Easy? Honey, they don't call it a job for nothin'."

➥ « Vous, les hommes, n'avez aucune idée de ce à quoi nous avons à faire face en bas. Placement des dents, et crispation de la mâchoire, et aspiration, et réflexe nauséeux, tout en pompant de haut et en bas, en gémissant et en essayant de respirer par le nez. Facile ? Chéri, ils n'appellent pas ça un travail (*blow job*) pour rien. »

LEÇON 193

9 mots français qui ressemblent beaucoup à de l'anglais, qui sonnent anglais mais qui n'en sont pas ! #remboursez nous

Des mots anglais que nos grands-pères ont visiblement mal entendus, car si aujourd'hui nous les connaissons, les Anglais ne savent pas ce qu'ils veulent dire. Un conseil, ne dites pas de plus en plus fort, en articulant du mieux que vous pouvez, à un Anglais qui semble décidément ne rien comprendre : *I am looking for a « parking » to « put my baskets » and to « do a footing »...*

un footing : *a jog*
un smoking : *a dinner jacket*
un relooking : *a makeover*
un parking : *a car park*
un people : *a celebrity*
un flipper : *a pinball machine*
des baskets : *sneakers or trainers*
un baby-foot : *a table football*
un brushing : *a blow-dry*

Phrasal verb: cheat on

Signification : tromper

She cheated on me.

➥ Elle m'a trompé.

IDIOM: *To hit the roof*

➥ Péter les plombs

La traduction débile

➥ Je percute le toit.

LEÇON 194

Bien utiliser l'adjectif *Past*

PASSÉ

the past year : l'année passée
in past time : autrefois
past events : événements passés

George, let's forget about who punctured your inflatable dolphin. It's all in the past.

➥ George, oublions qui a crevé votre dauphin gonflable. C'est de l'histoire ancienne.

FUCK! FUCK! FUCK!

Le verbe anglais *to fuck* signifie *baiser*. Il fait partie des mots les plus employés en anglais à l'oral et on le retrouve dans un nombre gigantesque de *fucking* expressions. Voici quelques-unes des plus courantes.

Fuck you!

➥ Va te faire foutre !

What the fuck are you doing?

➥ Qu'est ce que tu fous ?

Fuck you all!

➥ Allez tous vous faire foutre !

What the fuck?

➥ C'est quoi ce délire ? (abréviation : WTF)

I don't give a fuck!

➥ J'en ai rien à branler !

Don't fuck up this time!

➥ Ne merde pas cette fois-ci !

I'm a fucking good player!

➥ Je suis un putain de bon joueur !

He is a fucking idiot!

➥ C'est un putain d'idiot !

Don't fuck with me!

➥ Ne me faites pas chier !

What a fucking waste of time!

➥ Quelle putain de perte de temps !

Oh, fuck! We've missed the plane!

➥ Oh, merde ! Nous avons loupé l'avion !

LEÇON 195

13 verbes irréguliers qui vont tomber à l'interro surprise de demain

INFINITIF	PRÉTÉRIT	PARTICIPE PASSÉ	
steal	*stole*	*stolen*	voler, dérober
stick	*stuck*	*stuck*	coller
sting	*stung*	*stung*	piquer
strive	*strove*	*striven*	s'efforcer
tear	*tore*	*torn*	déchirer
throw	*threw*	*thrown*	jeter
smell	*smelt*	*smelt*	sentir (odorat)
slink	*slunk*	*slunk*	aller furtivement
thrust	*thrust*	*thrust*	enfoncer
undergo	*underwent*	*undergone*	subir
wake	*woke*	*woken*	(se) réveiller
wear	*wore*	*worn*	porter (des vêtements)
weave	*wove*	*woven*	tisser

5 petites phrases à glisser dans vos conversations

Really? : Vraiment ? (usage très fréquent)
I would love to do it : J'adorerais le faire
It's all gonna be fine : Tout va bien se passer
Don't ask : Évite de poser la question
Let's face it! : Admettons-le !

Samantha Quote - Sex & The city

"The only place you can control a man is in bed."

➥ « Le seul endroit où vous pouvez contrôler un homme est dans un lit. »

Le mot nouveau et rigolo

SHEXTING

Le *sexting* consiste à s'envoyer des messages coquins par SMS. Le *shexting* consiste à le faire lorsque « *you have a shit* », donc dans vos toilettes, lorsque vous faites caca.

LEÇON 196

Demander une opinion pour ne pas vraiment écouter la réponse et faire ce que vous pensiez depuis le tout début !

What do you think of my wife?

➥ Qu'est-ce que tu penses de ma femme ?

What is your opinion on French people?

➥ Quelle est ton opinion sur les Français ?

In your opinion, is it worth trying?

➥ À ton avis, est-ce que ça vaut le coup d'essayer ?

Do you think it is a good idea to put this massive crocodile into the boot of the Twingo?

➥ Est-ce que tu penses que c'est une bonne idée de mettre cet énorme crocodile dans le coffre de la Twingo ?

10 mots français qui ressemblent beaucoup à de l'anglais mais qui n'en sont pas ! #rembourseznous

un surbooking : *an overbooking*
un slip : *a pair of underpants*
un shampoing : *a shampoo*
un recordman : *a record holder*
un lifting : *a face lift*
faire le forcing : *to put the pressure on*
un camping-car : *a camping van*
un Caddie® : *a trolley*
le catch : *wrestling*
un strip-teaseur : *a stripper*

LEÇON 197

IDIOM: *Regardless of*

- Sans se soucier de...
- Indépendamment de...

PADME AMIDALA ET CLAY SHAW VOUS MONTRENT COMMENT UTILISER CET IDIOME.
JFK (Movie)
Clay Shaw: ***Regardless of*** what you may think of me, I am a patriot first and foremost. I've spent half my life in the military defending my country.
Jim Garrison: You're the first person I've met who considers it an act of patriotism to kill his own President.

STAR WARS : ***L'ATTAQUE DES CLONES*** (Movie)
Anakin Skywalker: Anything is possible, Padme, listen to me.
Padme Amidala: No, you listen! We live in a real world, come back to it. You're studying to become a Jedi, I'm... I'm a senator. If you follow your thoughts through to a conclusion, it will take us to a place we cannot go, ***regardless of*** the way we feel about each other.

IDIOM: *Under way*

- En route
- En cours

BARBOSSA VOUS MONTRE COMMENT UTILISER CET IDIOME.
PIRATES DES CARAÏBES (Movie)
Barbossa: I've a venture ***under way*** and I find myself in need of a ship and a crew.
a venture : un projet, une entreprise

Le mot nouveau et rigolo

PREXHAUSTED

Exhausted signifie épuisé et *prexhausted* désigne le fait d'être épuisé rien qu'à l'idée de devoir faire quelque chose.

LEÇON 198

Phrasal verb: go on

Signification : continuer

The show must go on!

→ Le spectacle doit continuer !

Go on with your story!

→ Continue avec ton histoire !

5 petites phrases à glisser dans vos conversations

It happens, I made a mistake :	Ça arrive, j'ai fait une erreur
It will take a while :	Ça va prendre un moment
Stop bothering me! :	Arrête de m'embêter !
I'll do it :	Je vais le faire
Come by the house! :	Viens à la maison !

Vous pouvez le dire aussi en anglais

En traduisant une expression idiomatique française mot à mot en anglais, on ne sait jamais si on va être compris. Pour les 4 expressions qui suivent, pas de problème, les Anglais utilisent exactement la même que nous.

Des mesures draconiennes :	*Draconian measures*
Ne mets pas tous tes œufs dans le même panier :	*Don't put all your eggs in one basket*
Au premier regard :	*At first sight*
Dans le rouge :	*In the red*

Quiz

Testez votre anglais en répondant aux questions qui suivent.

Question n° 1 : Quelle phrase allez-vous prononcer juste avant de larguer un(e) anglais(e) ?
a) I'll be right back
b) Honey, we need to talk
c) Are you okay?

Question n° 2 : Comment se traduit le mot abrogation en anglais ?
a) Abrogation
b) Laundry
c) Pizza

Question n° 3 : Que signifie l'expression *To be the best thing since sliced bread* ?
a) Être une personne ou une chose formidable
b) Le pain tranché, c'est génial !
c) Gagner de l'argent facilement

Question n° 4 : Si vous êtes un homme et qu'un anglais vous dit qu'il aime bien vos *moobs*, c'est :
a) Un compliment sympa sur votre anatomie
b) Un compliment pas très sympa
c) Une source d'incompréhension car vous ne circulez pas à mobylette

Question n° 5 : Que signifie l'expression *To take something for granted* ?
a) La mayonnaise est en train de prendre
b) Mieux vaut un tiens que deux ou trois tu l'auras
c) Considérer quelque chose comme acquis

Question n° 6 : Comment conjugue-t-on le verbe irrégulier *burn* ?
a) Burn burnt burnt
b) Burn burnes burnes
c) Burn burned burnt

Question n° 7 : Que signifie l'expression *I don't give a shit* ?
a) Je ne te donnerai pas mes toilettes
b) J'en n'ai rien à foutre de cette question 7. J'ai déjà répondu aux 6 premières questions. Je répondrai pas à celle-là.
c) Je ne donne pas une barrette de shit gratos comme ça

Question n° 8 : Comment dit-on pendant la nuit ?
a) During the night
b) All night long
c) Because the night

Réponses :

1b – 2a – 3a – 4b – 5c – 6a – 7b – 8a

Niveau 3
"You talking to me?"
Devenez MENAÇANT !

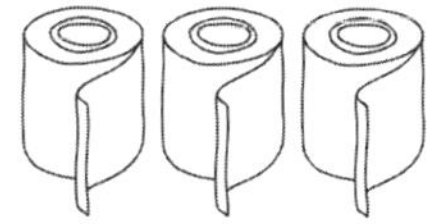

Bravo pour cette deuxième balayette qui vous permet d'accéder à ce troisième chapitre. On continue sur les *phrasal verbs*, les citations à apprendre par cœur et le vocabulaire. Vous découvrirez une série « *I'm sexy and I know it* » avec le vocabulaire utilisé en 2013 par les Anglais en sortie nocturne et vous terminerez en beauté en chantant bien fort dans les toilettes l'hymne national anglais. Bref, à la fin de ce chapitre, vous aurez un niveau largement suffisant pour ne plus vous laisser marcher sur les pieds !

LEÇON 199

5 façons d'interrompre un Anglais qui parle beaucoup trop et qui vous raconte vraiment de « la merde de taureau » (Bullshit) !

Excuse me but my mother is an amazing singer!

➥ Excusez-moi, mais ma mère est une excellente chanteuse !

I'd like to add that there were twenty people in the room.

➥ J'aimerais ajouter qu'il y avait vingt personnes dans la pièce.

Forgive me for interrupting you but your zip has been open for a couple of hours.

➥ Excusez-moi de vous interrompre, mais votre braguette est ouverte depuis deux ou trois heures.

Sorry to interrupt you.

➥ Excusez-moi de vous interrompre.

Sorry, can I just ask why you think that this naked Friday is a good idea, I mean better than our former casual Friday?

➥ Désolé, est-ce que je peux juste demander pourquoi vous pensez que ce vendredi tout nu est une bonne idée, je veux dire meilleure que notre ancien « *casual Friday* » ?

Bien utiliser le mot *Job*

JOB/TRAVAIL

I'm trying to get a job.

➥ J'essaie de trouver du boulot.

It's not my job to do that.

➥ Ce n'est pas mon boulot de faire ça.

Let's finish this job!

➥ Finissons ce travail !

I got a job as a fireman.

➥ J'ai obtenu un emploi de pompier.

I have done a good job.

➥ J'ai fait du bon boulot.

To give a handjob

➥ Faire une branlette

To give a blowjob

➥ Faire une pipe

LEÇON 200

Le mot tout nouveau et rigolo

GAYDAR

Scientific proof has been found for the existence of a gaydar mechanism amongst homosexuals : Une preuve scientifique de l'existence d'un mécanisme de radar gay entre homosexuels a été trouvée.

Gaydar fusionne les mots anglais *gay* et *radar*. Cette expression familière désigne la capacité intuitive d'une personne à évaluer l'orientation sexuelle d'une autre personne : homosexuelle, bisexuelle ou hétérosexuelle, à partir du ton de voix, du langage corporel ou de tout autre élément qui peut donner un indice.

Franglais en vrac

prospectus : un prospectus
prostitution : la prostitution
punk : un punk
quintessence : la quintessence
respect : le respect
respectable : respectable
royalties : les royalties
silence : silence
sophistication : la sophistication
stop : stop
suspense : le suspense
the date : la date
triple : triple
W.C. : les WC

LEÇON 201

Charlotte Quote - Sex & the City

"I suggested he have a tomato salad, then I suggested we get married."

- « Je lui ai suggéré de prendre une salade à la tomate, ensuite, je lui ai suggéré de se marier. »

IDIOM: So far

- Jusqu'à maintenant
- Jusque-là
- Jusqu'ici

BRASSEL DE *MISSION IMPOSSIBLE III* NE SERA PAS LE SEUL À VOUS MONTRER COMMENT UTILISER CET IDIOME.

MISSION IMPOSSIBLE III (Movie)

Musgrave: Mr Brassel, as the Operation Manager of this office, I have the authority to...

Brassel: Excuse me, did you just throw a title at me, Mr Musgrave? I don't care if your daddy plays golf with the President. This is Intelligence, ***so far*** I haven't seen any.

NCIS (TV show)

Tony: Boss, I've been running bank records on each Marine in Ellis' unit. ***So far*** only two Marines, including First Sergeant Tibbins, accepted a bribe.

Gibbs: Ho, ho, ho. Merry Christmas.

Ziva: All the money was drawn from the same overseas account and deposited around the same time.

a bribe : un pot-de-vin

LEÇON 202

Menacer un Anglais plus petit que vous de préférence, beaucoup plus petit si possible...

Stop talking like that!

→ Arrête de parler comme ça !

One more word and I will...

→ Un mot de plus et je vais...

If I were you, I would be quiet.

→ Si j'étais toi, je resterais silencieux.

Change the subject!

→ Change de sujet !

I don't like where this is going.

→ Je n'aime pas la direction que cela prend.

Gastronomie : 9 mots français souvent utilisés en anglais par les Anglais et à prononcer lentement avec un accent imitant un Anglais parlant français, parce que ça se dit comme ça, et aussi pour se faire un peu plaisir...

À l'époque où nous étions les champions incontestés de la mode, de la gastronomie et aussi un pays très romantique, les Anglais nous ont volé de nombreux mots. N'hésitez pas à les utiliser, ils raviront vos interlocuteurs qui connaissent parfaitement leur signification.

À la carte
Apéritif
Café au lait
Chaise longue
Crème brûlée
Haute cuisine
Petit-four
Table d'hôte
Tête-à-tête

LEÇON 203

I love beaucoup ton anatomie (6)

EAR : OREILLE

Her boyfriend was whispering something in her ear.

➥ Son copain lui murmurait quelque chose à l'oreille.

Her cat has had its ears pierced.

➥ Son chat s'est fait percer les oreilles.

CHEEK : JOUE

This Frenchman kissed her on both cheeks!

➥ Ce Français l'a embrassée sur les deux joues !

SKIN : PEAU

a banana skin : une peau de banane
a sensitive skin : une peau sensible

EYEBROW : SOURCIL

to raise an eyebrow : lever un sourcil

Bien utiliser l'adjectif *Single*

UNIQUE, CÉLIBATAIRE

Sir, I can't think of one single reason why I should eat this pink jelly.

➥ Monsieur, je n'arrive pas à trouver une seule raison pour laquelle je devrais manger cette gelée rose.

Is your grandmother still single?

➥ Est-ce que ta grand-mère est toujours célibataire ?

Carrie Quote - Sex & the City

"They say nothing lasts forever; dreams change, trends come and go, but friendships never go out of style."

➥ « Ils disent que rien ne dure éternellement ; les rêves changent, les tendances vont et viennent, mais l'amitié n'est jamais démodée. »

LEÇON 204

IDIOM: *At stake*

→ En jeu

DR HOUSE ET LES AUTRES VOUS MONTRENT COMMENT UTILISER CET IDIOME.

Dr House (TV show)

Gregory House: What? You can't think and poop at the same time? There's a life ***at stake*** here.

to poop : faire caca

Suits (TV show)

Ella Fullman: I'll simply return the money.

Jessica Pearson: That is certainly your prerogative. But it could look like you took money for favors and then got scared. No one forced liquor down your throat, Ella. You got drunk, we played a bad joke, but that was a long time ago. You know a man's reputation is ***at stake***, and I'm not joking with you now.

throat : gorge

NCIS (TV show)

Special agent Jethro Gibbs: You're about to be accused of murdering an American officer. Do you understand what's ***at stake*** here?

to murder : assassiner

LEÇON 205

Clever quote

"Be who you are and say what you feel. Because those who mind don't matter, and those who matter don't mind." ***Bernard M. Baruch***

➥ « Soyez vous-même et dites ce que vous pensez. Car ceux que ça dérange ne comptent pas, et ceux qui comptent, ça ne les dérange pas. »

Franglais en vrac

hiatus : un hiatus
idiot : un idiot
illustration : une illustration
image : une image
importance : l'importance
important : important
improvisation : improvisation
impulsion : une impulsion
indestructible : indestructible
introduction : une introduction
musical : musical
nominal : nominal
Nylon® : le Nylon®
one million : 1 million
optimum : optimum
paranormal : paranormal
programme : un programme
progression : la progression
prohibition : la prohibition
prose : la prose

Le mot nouveau et rigolo

PLATONIC JEALOUSY

Lorsqu'un de vos plus proches amis fait une activité avec quelqu'un d'autre et que vous êtes jaloux qu'il ne vous ait pas invité.

LEÇON 206

IDIOM: *Jump/climb/get on the bandwagon*

➥ Prendre le train en marche.

Mais d'où ça vient ?

Dans le Sud des États-Unis, les orchestres présentaient souvent leur show sur leur carriole. Leur spectacle était très souvent le point d'orgue d'un événement. De nombreux spectateurs s'attroupaient pour les voir et les écouter. Avec l'accord des artistes, il était courant que les politiciens grimpent sur la carriole à la fin du spectacle ou l'interrompent temporairement. Ils pouvaient ainsi parler à la foule qu'avait réunie l'orchestre et qu'ils n'auraient probablement pas réussi à réunir seuls.

La traduction débile

➥ Je grimpe dans le wagon de la fanfare.

XANDER VOUS MONTRE COMMENT UTILISER CET IDIOME.

BUFFY CONTRE LES VAMPIRES

Xander: I'm sorry, but let's not forget that I hated Angel long before you guys ***jumped on the bandwagon***. So I think I deserve a little something for not saying "I told you so" long before now.

LEÇON 207

Nathan Quote - Misfits

"We are a bunch of young offenders and not one of us knows how to steal a car? that is pathetic!"

➥ « Nous sommes une brochette de jeunes délinquants et aucun de nous ne sait comment voler une voiture ? C'est pathétique. »

6 insultes

Idiot : Idiot !
Asshole : Trou du cul !
Bastards : Bâtards !
Bitch : Salope !
What a cow : Quelle vache !
Fuck off : Va te faire voir !

Clever quote

"Be yourself; everyone else is already taken." Oscar Wilde

➥ « Soyez vous-même, tous les autres sont pris. »

IDIOM: A leopard can't change his spots

➥ Chassez le naturel, il revient au galop.

La traduction débile

➥ Un léopard ne peut pas changer ses taches.

Nathan Quote - Misfits

"It breaks my heart! You, wearing cardigans!"

➥ « Cela me brise le cœur. Toi, porter des cardigans ! »

LEÇON 208

IDIOM: *To keep/be on track*

- Rester sur la bonne voie.
- Rester sur les rails.
- Continuer à aller dans la même direction.

CATE BLANCHETT, JIMMY CONNORS ET HILLARY CLINTON VOUS MONTRENT COMMENT UTILISER CE NOUVEL IDIOME.

Cate Blanchett (Australian actress)
I think Pilates is great, especially when you can do it with a trainer who ***keeps you on track***.
a trainer : un entraîneur

Hillary Clinton (United States Secretary of State, U.S. Senator, First Lady of the United States)
Many of you are well enough off that the tax cuts may have helped you. We're saying that for America ***to get back on track***, we're probably going to cut that short and not give it to you. We're going to take things away from you on behalf of the common good.
to be well off : être aisé
to cut short : abréger
the common good : le bien commun

Jimmy Connors (American tennis player)
Rather than viewing a brief relapse back to inactivity as a failure, treat it as a challenge and try ***to get back on track*** as soon as possible.

LEÇON 209

3 façons de féliciter un Anglais même si on ne voit pas trop quand vous allez en avoir besoin !

Congratulations!

➥ Félicitations !

Well done!

➥ Bien joué !

Let me congratulate you on your sandcastle!

➥ Laissez-moi vous féliciter pour votre château de sable !

IDIOM: *Above all*

➥ Avant tout

➥ Surtout

RONALD REAGAN VOUS MONTRE COMMENT UTILISER CET IDIOME.

RONALD REAGAN (The 40th President of the United States)

Above all, we must realize that no arsenal, or no weapon in the arsenals of the world, is so formidable as the will and moral courage of free men and women. It is a weapon our adversaries in today's world do not have.

a weapon : une arme

the will : la volonté

Le mot tout nouveau et rigolo

HIBERDATING

Hiberdating has its benefits in the short run, but it should not last more than one month

➥ Hiberner en couple a des avantages à court terme mais ne devrait pas durer plus d'un mois.

Attitude consistant à ignorer tous ses amis lorsqu'on est avec un nouveau petit ami ou une nouvelle petite amie.

LEÇON 210

Franglais en vrac

an initiation : une initiation
an installation : une installation
an institution : une institution
an instruction : une instruction
an insurrection : une insurrection
an intervention : une intervention
an invention : une invention
an investigation : une investigation
an obstacle : un obstacle
an occupant : un occupant
an occupation : une occupation
apocalypse : l'apocalypse
application : l'application
arrogance : l'arrogance
arrogant : arrogant
attention : l'attention
beige : beige
bravo : bravo
communion : une communion
composition : la composition
concentration : la concentration
diction : la diction
diffusion : la diffusion
dimension : la dimension
discipline : la discipline
distance : la distance
distinction : la distinction
existence : l'existence
fable : une fable
face : une face
facial : facial

LEÇON 211

4 idioms à connaître

IDIOM: *Up for grabs*

- Être disponible

IDIOM: *In due course*

- En temps utile
- En temps voulu
- À un certain moment

Jóhanna Sigurdardóttir (Former Prime Minister of Iceland)

*I would like to remember all and be able to forgive everything – **in due course!***

IDIOM: *All along*

- Depuis le début

24 heures chrono (TV show)

Amador: You betrayed me, Jack. You were with CTU all along.
Jack: That's right, Amador. You betrayed me, too. I'm just better at it than you.
CTU : abréviation de Counter Terrorist Unit
to betray : trahir

IDIOM: *On behalf of*

- Au nom de

On behalf of Babar, I declare that green suits are fashionable!

LEÇON 212

Franglais en vrac

a Velcro® : un Velcro®
a vestige : un vestige
a vibration : une vibration
a vocation : une vocation
a zigzag : un zigzag
a zombie : un zombie
a zone : une zone
a zoom : un zoom
abstinence : l'abstinence
acquisition : l'acquisition (apprentissage)
adage : un adage
addition : une addition (maths)
affirmation : l'affirmation
the Bible : la Bible
an accent : un accent
an accolade : une accolade
an accumulation : une accumulation
an action : une action
an adoption : une adoption
an aficionado : un aficionado
an alphabet : un alphabet
an anecdote : une anecdote
an angle : un angle
an effort : un effort
an exception : une exception
an expression : une expression
an impact : un impact

Montrez votre surprise !

No way!
➥ C'est pas vrai !

You're kidding!
➥ Tu plaisantes !

Really!
➥ Vraiment !

Nathan Quote - Misfits

"I have feelings... and so does my cock!"
➥ « J'ai des sentiments... et ma bite aussi ! »

LEÇON 213

IDIOM: *Up front*

- Franc
- Payé en avance

CHACUN LEUR TOUR, CHRISTINA AGUILERA, DONALD PLEASENCE ET PEYTON MANNING VOUS MONTRENT COMMENT UTILISER CET IDIOME.

CHRISTINA AGUILERA (American singer)
Basically, what I'm saying is there is nothing fake about what I do. I'm ***upfront***, I'm real, I'm honest and I'm open with my feelings.

DONALD PLEASENCE (English film, television, and stage actor)
I was offered a choice of a flat salary ***up front*** or a percentage of the film's future earnings. I took the ***up front*** money. Nobody could have figured what *Halloween* would ultimately become.
earnings : profits, bénéfices
Halloween : film d'horreur paru en 1978

PEYTON MANNING (American football quarterback)
My dad told us ***up front***, "Guys, if you want to play sports, go ahead, but it's your decision".
to go ahead : aller de l'avant

Clever quote

"Be the change that you wish to see in the world." ***Gandhi***

- « Soyez le changement que vous voulez voir dans le monde. »

LEÇON 214

23 mots anglais compliqués qui sont exactement les mêmes en français, à utiliser pour faire croire à votre interlocuteur anglais que vous en connaissez beaucoup d'autres

a symposium : un symposium (une réunion de spécialistes)
a subdivision : une subdivision
a stalactite : une stalactite
spectral : spectral
a soprano : un soprano
servitude : la servitude
sanctification : la sanctification
a ramification : une ramification
a ratification : une ratification
pigmentation : pigmentation
pestilence : une pestilence (odeur infecte)
an oxymoron : un oxymoron (oxymore)
ossification : l'ossification
omnivore : omnivore
a nomenclature : la nomenclature
a misanthrope : un misanthrope
jurisprudence : la jurisprudence
introspection : l'introspection
an interjection : une interjection
intangible : intangible
fortification : une fortification
a synopsis : un synopsis
a palindrome : un palindrome

LEÇON 215

IDIOM: Hang in there

- Tenir le coup
- Tenir bon

LARRY FLINT, JERRY STILLER ET STEVE NASH VOUS MONTRENT COMMENT UTILISER CET IDIOME.

LARRY FLINT (American publisher)
You will encounter many distractions and many temptations to put your goal aside: the security of a job, a wife who wants kids, whatever. But if you ***hang in there***, always following your vision, I have no doubt you will succeed.
aside : de côté

STEVE NASH (Canadian professional basketball player)
Once you have been through a certain amount of things in life, you definitely grow more comfortable with yourself. To persevere and ***hang in there*** and believe in yourself.

JERRY STILLER (American actor)
We managed to ***hang in there***. Today when people get married there's a tendency to run away when things get tough. There is a lot of strength ***in hanging together***.
to run away : s'enfuir
tough : dur, pénible
strength : force

Le mot tout nouveau et rigolo

I'M NOT GAY SEAT

Le siège que deux amis laissent entre eux quand ils vont au cinéma afin de signifier aux autres spectateurs qu'ils ne sont pas gays.

LEÇON 216

Dr House Quote - Dr House

"If he gets better, I'm right, if he dies, you're right."

➥ « S'il va mieux, j'ai raison, s'il meurt, vous avez raison. »

Avertir d'un danger !

Watch out!

➥ Fais attention !

Be careful!

➥ Sois prudent !

Take care!

➥ Prends soin de toi !

Make sure you don't...

➥ Fais attention de ne pas...

Clever quote

"You only live once, but if you do it right, once is enough." *Mae West*

➥ « Vous ne vivrez qu'une fois, mais si vous le faites bien, une fois c'est assez. »

Phrasal verb: go with

Signification : aller avec (vêtements)

Your trousers don't go with your socks.

➥ Ton pantalon ne va pas avec tes chaussettes.

Quiz

Testez votre anglais en répondant aux questions qui suivent.

Question n° 1 : D'où vient l'expression *To be barking up the wrong tree* ?

a) D'un truc avec des ratons laveurs en Amérique

b) D'une histoire avec des gros gnous poursuivis par des chasseurs suédois

c) D'une fable, *La Panthère et le Renard*, enfin je crois

Question n° 2 : Comment conjugue-t-on le verbe irrégulier run ?

a) Run ran run

b) Run run run

c) Run runed run

Question n° 3 : Parmi les 3 mots qui suivent lequel est anglais ?

a) Footing

b) Flipper

c) Casting

Question n° 4 : Comment conjugue-t-on le verbe irrégulier *throw* ?

a) Throw threw thrown

b) Throw threw threw

c) Throw thraw thrawn

Question n° 5 : Que signifie l'expression *Hit the roof* ?

a) Être bloqué dans son ascension en entreprise

b) Être au ciel

c) Péter les plombs

Question n° 6 : Comment dit-on *des mesures draconiennes* en anglais ?

a) Draconian measures

b) Egyptian measures

c) Froggy measures

Question n° 7 : Quelle expression française pouvez-vous utiliser en anglais ?

a) Ne pas être sorti de l'auberge

b) Bonne poire

c) Tête-à-tête

Réponses :

1a – 2a - 3c – 4a – 5c – 6a – 7c

LEÇON 217

Débloquez le replay des chaînes anglaises et américaines !

Les chaînes anglaises et américaines ont elles aussi leurs sites qui permettent de revoir leurs programmes pendant une semaine. Cependant, en vous connectant sur ces sites à partir de la France, vous ne pourrez pas les regarder car ils sont bloqués pour certaines zones géographiques. Téléchargez le plug-in Hola. Très simple à utiliser, il vous permettra de vous connecter sur ces sites comme si vous habitiez au Royaume-Uni ou aux États-Unis. Ces sites vous permettront de regarder de nouvelles émissions et de les regarder en langue anglaise pour progresser plus rapidement.

Les principales chaînes anglaises sont : BBC One – ITV – BBC Two – Channel 4 – Channel 5

Clever quote

"In three words I can sum up everything I've learned about life: it goes on."
Robert Frost

➥ « En trois mots, je peux résumer tout ce que j'ai appris sur la vie : elle continue. »

Bien utiliser l'adjectif *New*

NOUVEAU, NEUF

I'm looking for a new job.

➥ Je cherche un nouveau travail.

I have a new phone number.

➥ J'ai un nouveau numéro de téléphone.

I don't like your new hairstyle.

➥ Je n'aime pas ta nouvelle coupe de cheveux.

I can afford to buy a brand new Land Rover.

➥ Je peux me permettre de m'acheter un Land Rover tout neuf.

LEÇON 218

Franglais en vrac

a synagogue : une synagogue
a tandem : un tandem
a tempo : le tempo
a tic : un tic
a trace : une trace
a tradition : une tradition
a transaction : une transaction
a transcription : une transcription
a transformation : une transformation
a transgression : une transgression
a transmission : une transmission
a triangle : un triangle
a trio : un trio
a troll : un troll
turbulence : une turbulence
a validation : une validation
a vampire : un vampire
a variation : une variation
a vaudeville : un vaudeville

Vous buvez de l'alcool avec des Anglais ? ah bon ?

Bottoms up!

➥ Cul sec !

Cheers!

➥ À la vôtre !

Here's to your success/your new job/a fantastic new year!

➥ On boit à ton succès/ à ton nouveau travail/ à une nouvelle année fantastique !

Faire des reproches aux Anglais

You are the one to blame!

➥ Celui qu'il faut blâmer, c'est toi !

It's your fault!

➥ C'est ta faute !

How dare you say that?

➥ Comment oses-tu dire ça ?

Why the hell don't you...?

➥ Mais pourquoi diable tu...

LEÇON 219

IDIOM: *To be taken aback*

→ Être confus ou surpris par quelque chose d'inattendu.

SHELDON VOUS MONTRE COMMENT UTILISER CET IDIOME.

The Big Bang Theory (TV show)

Sheldon Cooper: Why can't Leonard teach you?

Penny: 'Cause I want to surprise him.

Sheldon Cooper: Can't you surprise him in some other way? For example, I'm sure he'd be delightfully ***taken aback*** if you cleaned your apartment.

delightfully : délicieusement

Bien utiliser l'adjectif *Far*

LOIN

Is it far?

→ Est-ce que c'est loin ?

How far is it to London?

→ Combien y-a-t-il jusqu'à Londres ?

It's not far from Paris.

→ Ce n'est pas loin de Paris.

We could bonk. My hotel is not far from here.

→ On pourrait s'envoyer en l'air. Mon hôtel n'est pas loin d'ici.

Le mot nouveau et rigolo

MACTURBATE

Ce mot-valise regroupe les mots *Mac* et *masturbate*. Ce verbe désigne une personne qui prend beaucoup de plaisir à utiliser son mac ou n'importe quel autre produit d'Apple.

LEÇON 220

IDIOM: By and large

- ➥ En général
- ➥ Dans l'ensemble

DUKE, BUZZ ET ORSON VOUS MONTRENT COMMENT UTILISER CET IDIOME.

Duke Ellington (American composer, pianist and bandleader of jazz orchestras)
By and large, jazz has always been like the kind of a man you wouldn't want your daughter to associate with.

Orson Welles (American actor, director, writer, producer)
The best thing commercially, which is the worst artistically, ***by and large***, is the most successful.

Buzz Osborne (American guitarist, vocalist, songwriter)
By and large musicians are pretty lazy; they don't do a whole lot. They're usually very busy doing nothing.

Clever quote

"Friendship is born at that moment when one person says to another: "What! You too? I thought I was the only one." ***C.S. Lewis***

- ➥ « L'amitié naît au moment où une personne dit à l'autre : "Quoi ! Toi aussi ? Je pensais que j'étais le seul. »

Bien utiliser le mot *Person*

PERSONNE

I am a very shy/interesting/fascinating person.

- ➥ Je suis quelqu'un de très timide/intéressant/fascinant.

He's the person we need for feeding the crocodiles.

- ➥ C'est la personne dont nous avons besoin pour nourrir les crocodiles.

The price is £30 per person.

- ➥ Le prix est de 30 £ par personne.

LEÇON 221

IDIOM: Over-the-top

➥ En faire trop

CARLY RAE JEPSEN, NICOLAS CAGE ET WILL FERRELL VOUS MONTRENT COMMENT UTILISER CET IDIOME.

CARLY RAE JEPSEN (Canadian singer-songwriter)
I really like guys who have confidence, but not the cocky ***over-the-top*** confidence.
cocky : suffisant, insolent

WILL FERRELL (American comedian)
My dad turned me onto Peter Sellers as a kid. I loved the fact that he was a unique combination of being extremely subtle and ***over-the-top*** all at the same time, and that's a hard thing to do. I admire that.

NICOLAS CAGE (American actor, director, producer)
There is a misperception... that I can only do exaggerated characters. Or what they would call ***over-the-top*** performances. Well, this is completely false.
a misperception : une mauvaise perception

Dr House Quote – Dr House

"You talk to God, you are religious. God talks to you, you are psychotic."

➥ « Vous parlez à Dieu, vous êtes religieux. Dieu vous parle, vous êtes fou. »

LEÇON 222

IDIOM: *Holy shit!*

- Exclamation qui s'utilise lorsqu'on est surpris ou apeuré par un événement soudain.
- Putain de merde !
- Oh, la vache !
- Putain !

La traduction débile

- Merde bénite !

WOLFMAN DE *TOP GUN* VOUS MONTRE COMMENT UTILISER CET IDIOME.
TOP GUN (Movie)
Viper: Good morning, gentlemen, the temperature is 110 degrees.
Wolfman: ***Holy shit***, it's Viper!
Goose: Viper's up here, great... oh shit...
Maverick: Great, he's probably saying, "***Holy shit***, it's Maverick and Goose".
Goose: Yeah, I'm sure he's saying that.

Franglais en vrac

a simulation : une simulation
a site : un site
a sonar : un sonar
a sonnet : un sonnet
an SOS : un SOS
a source : une source
a sphinx : un sphinx
a spiral : une spirale
a statue : une statue
a steward : un steward
a structure : une structure
a style : un style
a substance : une substance
a substitution : une substitution
a succession : une succession
a supposition : une supposition
a surcharge : une surcharge
a surplus : un surplus
a suspension : une suspension
a suspicion : une suspicion

Le mot nouveau et rigolo

NOCIALIZING

L'opposé de *socializing*. Lorsque quelqu'un se plonge dans son Smartphone au lieu de discuter avec ses amis.

LEÇON 223

IDIOM: *Ignorance is bliss*

➥ Pour souligner que le fait de ne pas connaître tous les détails d'une situation est préférable pour quelqu'un.

CYPHER, PAUL DAVIES ET KIN HUBBARD VOUS MONTRENT COMMENT UTILISER CET IDIOME.

KIN HUBBARD (American cartoonist, humorist, and journalist)
Where ***ignorance is bliss*** it's foolish to borrow your neighbor's newspaper.
foolish : insensé, imprudent

PAUL DAVIES (English physicist, writer and broadcaster)
Is there anything science should not try to explain? Science is knowledge and knowledge is power – power to do good or evil. Sometimes ***ignorance is bliss***.
evil : le mal

BATMAN BEGINS (Movie)
Carmine Falcone: ***Ignorance is bliss***, my friend. Don't burden yourself with the secrets of scary people.
to burden : accabler
a burden : un fardeau

MATRIX (Movie)
Agent Smith: Do we have a deal, Mr Reagan?
Cypher: You know, I know this steak doesn't exist. I know that when I put it in my mouth, the Matrix is telling my brain that it is juicy and delicious. After nine years, you know what I realize? ***Ignorance is bliss.***
juicy : juteux

LEÇON 224

Le mot tout nouveau et rigolo

A PARADE MAKER

Could the parade maker go faster?

➥ Est-ce que l'organisateur de la parade pourrait aller plus vite ?

L'expression désigne un conducteur conduisant très lentement et transformant la route en une grande parade faite de dizaines de voitures.

Barney Stinson Quote – How I met Your Mother

"Guess who nailed the chick from Metro News One last night?"

➥ « Devinez qui a sauté la fille de Metro News One la nuit dernière ? »

Franglais en vrac

a ration : une ration
a rectangle : un rectangle
a regret : un regret
a religion : une religion
a reproduction : une reproduction
a reconstitution : une reconstitution
a restriction : une restriction
a riposte : une riposte
a rival : un rival
a rotation : une rotation
a rotor : un rotor
a rupture : une rupture
a salutation : une salutation
a sardine : une sardine
a satisfaction : une satisfaction
a segment : un segment
a service : un service
a session : une session
a simplification : une simplification

LEÇON 225

Tout ce que vous allez bientôt savoir dire avec le verbe *Seem*

SEMBLER

It seems to me she isn't the right person for this job.

➥ Il me semble qu'elle n'est pas la bonne personne pour ce travail.

You seem tired.

➥ Tu as l'air fatigué.

Paul seems nice.

➥ Paul a l'air gentil.

There seems to be a problem.

➥ Il semble qu'il y ait un problème.

The shop seems to be closed.

➥ Le magasin semble être fermé.

He seemed to be very interested.

➥ Il a semblé être très intéressé.

En voyage : au pub

a soft drink : une boisson non alcoolisée
draught beer : une bière pression
a beer, please : une bière s'il vous plait
white/red wine : du vin blanc/rouge
a glass of red wine : un verre de vin rouge
sparkling water : eau gazeuse

Bien utiliser l'adjectif *Long*

LONG

Long hair

➥ Des cheveux longs

How long is my pool?

➥ Quelle est la longueur de ma piscine ?

My pool is 83 meters long.

➥ Ma piscine fait 83 mètres de long.

LEÇON 226

Donner des instructions et bien montrer que le chef, eh bien, c'est vous !

Make sure you add the sugar before the eggs!

→ Mets bien le sucre avant les œufs !

Don't press the button too hard!

→ Ne pousse pas le bouton trop fort !

All you have to do is smash shop windows and overturn cars.

→ Tout ce que tu as à faire est de fracasser des vitrines et de retourner des voitures.

Phrasal verb: work out

Signification : faire de l'exercice, résoudre un problème

I'm sexy and I know it, I work out.

→ Je suis sexy et je le sais, je fais de l'exercice.

I can't work out what to do.

→ Je n'arrive pas à savoir quoi faire.

LEÇON 227

Clever quote

"No one can make you feel inferior without your consent." ***Eleanor Roosevelt***

- « Personne ne peut vous faire vous sentir inférieur sans votre consentement. »

IDIOM: *Sour grapes*

- Jalousie
- Envie

Mais d'où ça vient ?

Une fable d'Ésope est à l'origine de cet idiome. La voici : « Un renard affamé, voyant des grappes de raisin pendre à une treille, voulut les attraper ; mais ne pouvant y parvenir, il s'éloigna en se disant à lui-même : "C'est du verjus." »
verjus : jus acide extrait de raisins cueillis verts.

DEUX FRANK VOUS MONTRENT COMMENT UTILISER CET IDIOME.

FRANK GEHRY (Canadian-American Pritzker Prize-winning architect)
There is stuff I would have liked to have done. But there are no ***sour grapes***.

FRANK BLACK (American singer, songwriter and guitarist)
It's ***sour grapes***, I admit, I want to be more famous so people are examining my work couplet by couplet, you know what I mean? That's the level where I want to go.

LA FAMILLE PIERRAFEU (Movie)
Barney Rubble: Nothin'. ***Just sour grapes***, I guess.

LEÇON 228

IDIOM: *Hold your horses!*

➥ Sois patient !

La traduction débile

➥ Tiens tes chevaux !

Dr House Quote - Dr House

"It's a basic truth of the human condition that everybody lies. The only variable is about what."

➥ « C'est une vérité de base de la condition humaine que tout le monde ment. La seule variable est à propos de quoi. »

IDIOM: *Fair and square*

➥ De façon honnête

➥ Sans aucun doute

SHELDON COOPER ET HAN SOLO VOUS MONTRENT COMMENT UTILISER CET IDIOME.

THE BIG BANG THEORY (TV show)

Stephen Hawking: Or should I say Dr Loser. Ha, ha, ha.

Sheldon Cooper: Yes, congratulations. You won ***fair and square***. Very impressive, sir.

STARS WARS – L'EMPIRE CONTRE-ATTAQUE (Movie)

Lando: What are you doing here?

Han Solo: Ah, repairs. I was hoping you could help me out.

Lando: What have you done to my ship?

Han Solo: Your ship? Hey, remember you lost her to me, ***fair and square***.

Franglais en vrac

a paparazzi : un paparazzi
a papyrus : un papyrus
a parent : un parent
a participant : un participant
a participation : une participation
a patio : un patio
a pause : une pause
a portrait : un portrait
a prestige : le prestige
a prince : un prince
a projection : une projection
a propagation : une propagation
a propulsion : une propulsion
a prototype : un prototype
a provocation : une provocation
a quatrain : un quatrain
a question : une question
a questionnaire : un questionnaire
a radar : un radar
a radiation : une radiation
a raid : un raid
a ratio : un ratio

Le mot tout nouveau et rigolo

A SHOULDER SURFER

When I was using the ATM, a guy was shoulder surfing in order to get my secret code

➥ Quand j'utilisais le distributeur, un gars était en train de regarder par-dessus mon épaule pour espionner mon code secret.

Un *shoulder surfer* est une personne qui regarde par-dessus votre épaule.

Clever quote

"If you tell the truth, you don't have to remember anything." Mark Twain

➥ « Si vous dites la vérité, vous n'avez besoin de vous souvenir de rien. »

LEÇON 230

IDIOM: Hit the nail on the head

- Taper dans le mille.
- Identifier précisément ce qui a engendré un problème ou une situation particulière.

FRIEDRICH NIETZSCHE VOUS MONTRE COMMENT UTILISER CET IDIOME.

FRIEDRICH NIETZSCHE (German philosopher)

There are horrible people who, instead of solving a problem, tangle it up and make it harder to solve for anyone who wants to deal with it. Whoever does not know how ***to hit the nail on the head*** should be asked not to hit it at all.

Le mot tout nouveau et rigolo

ONION BOOTY

This chick has a cute onion booty

- Cette fille a de belles grosses fesses rebondies.

L'expression désigne des fesses rebondies en forme d'oignon.

Remercier quelqu'un (sans le virer !)

Thank you!

- Merci.

Thank you very much!

- Merci beaucoup !

It's really kind of you!

- C'est gentil de votre part !

You're welcome!

- De rien.

LEÇON 231

IDIOM: *To wreak havoc*

➥ Causer des dégâts

Mais d'où ça vient ?

To wreak : causer, provoquer, assouvir

En vieux français, *havot* signifiait pillage et *faire havot de* signifiait se saisir de. Au Moyen Âge, le mot *havot* était devenu un cri de guerre donnant le signal du début du pillage.

HOMER SIMPSON VOUS MONTRE COMMENT UTILISER CET IDIOME.

LES SIMPSONS (TV show)

The fact that I cannot bowl ***wreaks havoc*** with my self-esteem too, hey, but who am I to complain? Well, I'm tired of being a wannabe league bowler.

to bowl : jouer au bowling

wannabe : aspirant

a bowler : un joueur de bowling

Barney Stinson Quote - How I Met Your Mother

"Every Halloween, I bring a spare costume, in case I strike out with the hottest girl at the party. That way, I have a second chance to make a first impression."

➥ « Pour chaque Halloween, j'apporte un costume de rechange, au cas où je me plante avec la plus jolie fille de la soirée. Ainsi, j'ai une deuxième chance de faire une première bonne impression. »

L'expression nouvelle et rigolote

I SHAVED MY BALLS FOR THIS

La traduction littérale de cette expression est « Je me suis rasé les boules pour ça ». Elle est utilisée pour décrire une situation ou un événement décevant et pour lequel vous vous étiez beaucoup préparé.

LEÇON 232

IDIOM: *To keep something at bay*

➥ Tenir quelque chose à distance.

Mais d'où ça vient ?

bay tree : laurier

Dans l'Antiquité, le laurier était considéré comme un arbre protecteur. Lors d'un orage, on le croyait par exemple capable de protéger de la foudre. On plantait aussi des lauriers devant sa maison pour maintenir le danger à l'écart.

MOBBY ET STEVE JOBS, WILLIAM STYRON ET MONICA SELES VOUS MONTRENT COMMENT UTILISER CET IDIOME.

WILLIAM STYRON (American novelist and essayist)

Reading – the best state yet ***to keep absolute loneliness at bay.***

MOBY (American singer-songwriter, musician, DJ)

People assume that somehow fame and wealth will ***keep mortality at bay.***

to assume : supposer

STEVE JOBS (Co-founder, chairman, and CEO of Apple Inc.)

The people who are doing the work are the moving force behind the Macintosh. My job is to create a space for them, to clear out the rest of the organization and ***keep it at bay.***

MONICA SELES (Professional tennis player)

I have this terrible dark side to my personality, which playing tennis ***keeps at bay.***

LEÇON 233

Exprimer votre indignation

That is shocking!

➥ C'est choquant !

How awful!

➥ C'est horrible !

You should be ashamed!

➥ Tu devrais avoir honte !

Clever quote

"I am so clever that sometimes I don't understand a single word of what I am saying." Oscar Wilde

➥ « Je suis si intelligent que parfois je ne comprends pas un seul mot de ce que je dis. »

Les loisirs en franglais (partie 1)

a ballet : un ballet
a banquet : un banquet
a bikini : un bikini
a bistro : un bistro
a brochure : une brochure
a bungalow : un bungalow
a casino : un casino
a catalogue : un catalogue
a catamaran : un catamaran
a cigarette : une cigarette
a collection : une collection
a conversation : une conversation
a destination : une destination
a diva : une diva
a fanfare : une fanfare
a festival : un festival
a film : un film
a forum : un forum
a gadget : un gadget

LEÇON 234

IDIOM: *To go with the flow*

- Faire comme tout le monde.
- Être d'accord avec les autres car c'est la chose la plus facile à faire.

DEUX ACTRICES ET UNE ARTISTE VOUS MONTRENT COMMENT UTILISER CET IDIOME.

NICOLE KIDMAN (Australian American actress, singer and film producer)
I don't really make decisions, I ***go with the flow***.

ALEXIS ARQUETTE (American actress, musician, and cabaret performer)
I realized I'm not the kind of person who wants to ***go with the flow*** and fit in. I'm an agitator, I'm opinionated, I'm a libertine and leader.

YOKO ONO (Japanese artist and peace activist)
I just ***go with the flow***, so any style can be in my music – that makes it exciting.

Le mot tout nouveau et rigolo

JOE SIX-PACK

Joe Six-pack can explain economic conditions better than economists

- L'Américain moyen peut mieux expliquer la conjoncture économique que les économistes.

Cette expression qui signifie littéralement *Joe pack de six (bières)* désigne aux États-Unis l'Américain moyen ou un beauf.

LEÇON 235

Clever quote

"Always forgive your enemies; nothing annoys them so much." Oscar Wilde

➥ « Pardonne toujours à tes ennemis. Rien ne les ennuie plus. »

Tout ce que vous allez bientôt savoir dire avec le verbe *Ask*

DEMANDER

Can I ask a question?

➥ Est-ce que je peux poser une question ?

I need to ask her a question.

➥ J'ai besoin de lui poser une question.

He asked if I was worried.

➥ Il a demandé si j'étais inquiet.

You should ask him why he didn't come to Margaret's orgy.

➥ Tu devrais lui demander pourquoi il n'est pas venu à la partouze de Margaret.

Are you going to Margaret's orgy? – No, I haven't been asked.

➥ Est-ce que tu vas à la partouze de Margaret ?
– Non, on ne me l'a pas proposé.

Why are your breasts different sizes? If you don't mind me asking.

➥ Pourquoi est-ce que vos seins sont de tailles différentes ? Si ça ne vous embête pas que je demande.

On the beach, his father often gets asked where he bought his inflatable crocodile.

➥ Sur la plage, on demande souvent à son père où il a acheté son crocodile gonflable.

ASK dans une citation amusante

"I asked God for a bike, but I know God doesn't work that way. So I stole a bike and asked for forgiveness." Emo Philips

➥ « J'ai demandé un vélo à Dieu mais je sais que Dieu ne fonctionne pas de cette façon. Donc j'ai volé un vélo and j'ai demandé pardon. »

LEÇON 236

Franglais en vrac

a justification : une justification
a Kleenex® : un Kleenex®
a lance : une lance
a laser : un laser
a mentor : un mentor
a message : un message
a microphone : un microphone
a minute : une minute
a miracle : un miracle
a mirage : un mirage
a mode : un mode
a modem : un modem
a monologue : un monologue
a nomination : une nomination
a notation : une notation
a note : une note
a notion : une notion
a novice : un novice
a nuance : une nuance

Phrasal verb: point out

Signification : indiquer, souligner (faire remarquer)

She pointed out a mistake.

→ Elle fit remarquer une erreur.

He pointed out the best beaches in the UK, there was one.

→ Il a indiqué les meilleures plages du Royaume-Uni, il y en avait une.

LEÇON 237

Barney Stinson Quote - How I Met Your Mother

"You know what Marshall needs to do. He needs to stop being sad. When I get sad, I stop being sad, and be awesome instead. True story."

➥ « Tu sais ce que Marshall a besoin de faire. Il a besoin d'arrêter d'être triste. Quand je suis triste, j'arrête d'être triste et, à la place, je suis génial. C'est une vraie histoire. »

Vous pouvez le dire aussi en anglais

En traduisant une expression idiomatique française mot à mot en anglais, on ne sait jamais si on va être compris. Pour les 4 expressions qui suivent, pas de problème, les Anglais utilisent exactement la même que nous.

Mettre le doigt sur quelque chose : *to put your finger on something*
La cerise sur le gâteau : *the icing on the cake*
C'est dans le sac : *it's in the bag*
La part du lion : *the lion's share*

IDIOM: *To leave no stone unturned*

➥ Faire tout ce qu'il est possible de faire pour atteindre un bon résultat.

ARTHUR C. NIELSEN VOUS MONTRE COMMENT UTILISER CET IDIOME.

ARTHUR C. NIELSEN (American market analyst)

Leave no stone unturned to help your clients realize maximum profits from their investment.

Le mot nouveau et rigolo

PRE-PARTY NERVES

L'anxiété et le sentiment d'angoisse que vous pourriez ressentir avant une fête importante.

LEÇON 238

IDIOM: To keep it up

➥ Un encouragement à continuer ce qu'on est en train de faire.

Mais d'où ça vient ?

Pendant l'époque victorienne, le badminton était un jeu prisé. À la belle saison, on y jouait dans les jardins des villas. Les spectateurs encourageaient les joueurs à garder le volant en l'air en leur criant « Keep it up! ». Dans cet idiome, *it* désigne donc un volant de badminton.

SALMA HAYEK VOUS MONTRE COMMENT UTILISER CET IDIOME.

COLD CASE (TV show)

Will Jeffries: ***Keep it up***. See what happens.

SALMA HAYEK (Mexican and American film actress)

When I started acting, I was told over and over again, "You're no good". But I said to myself, "You've ***got to keep it up"***.

LEÇON 239

« On m'a dit... » « Selon... », 4 façons de totalement se dédouaner de ce qu'on va dire juste après

According to my mother, you are Fantômas!

➥ Selon ma mère, c'est toi Fantômas !

I was told you like watercress.

➥ On m'a dit que tu aimes le cresson.

Some say that you earn your money from German porn websites.

➥ Certains disent que tu gagnes ton argent avec des sites pornos allemands.

I've heard that you go to the zoo a couple of times a week.

➥ J'ai entendu dire que tu allais deux ou trois fois par semaine au zoo.

Big quote - Sex & the City

"I know your friends fine. Charlotte is the brunette, Miranda is the redhead and Samantha is trouble."

➥ « Je connais bien tes amies. Charlotte est la brune, Miranda est la rousse et Samantha, les ennuis. »

Le mot tout nouveau et rigolo

WHALE TAIL

Look at this great whale tail?

➥ Regarde cette superbe queue de baleine.

Déjà passée de mode mais très imagée, une *queue de baleine* désigne un string qui dépasse de la taille d'un jean.

LEÇON 240

Le franglais de la violence

a dealer : un dealer
a gangster : un gangster
a pickpocket : un pickpocket
a prison : une prison
a revolver : un revolver
a sabotage : un sabotage
a suicide : un suicide
a suspect : un suspect
a testament : un testament
a torture : une torture
a vendetta : une vendetta
a vice : un vice
a violation : une violation
an accident : un accident
an explosion : l'explosion
an incident : un incident
munitions : des munitions
the police : la police
violence : la violence

Les loisirs en franglais (partie 2)

graffiti : graffiti
karma : le karma
libido : la libido
a massage : un massage
a parade : une parade
a phallus : un phallus
a photo : une photo
a piano : un piano
a rumba : une rumba
a safari : un safari
a sauna : un sauna
a sculpture : une sculpture
a solarium : un solarium
a spectacle : un spectacle
a tango : un tango
a tirade : une tirade
a toboggan : un toboggan
a tourniquet : un tourniquet
a trampoline : un trampoline
a tuba : un tuba
a vodka : une vodka
a weekend : un week-end

LEÇON 241

IDIOM: *The straw (that breaks the camel's back)*

➥ L'équivalent de notre brillant « C'est la goutte d'eau qui fait déborder le vase ». Ici, vous n'en pouvez plus. En version courte, sans l'histoire du chameau, l'idiome se traduit par « c'est le comble » (*this is the last straw*).

La traduction débile

➥ La paille (qui casse le dos du chameau).

ALEX STEFFEN VOUS MONTRE COMMENT UTILISER CET IDIOME.

ALEX STEFFEN (American futurist)

When the Internet really first started to hit, people felt this would be the death blow: after suburbs and long commutes and television and the death of the family dinner, this would be ***the last straw*** that would totally break society.

the death blow : l'événement qui marque la fin de quelque chose

Clever quote

"Live as if you were to die tomorrow. Learn as if you were to live forever." ***Gandhi***

➥ « Vivez comme si vous alliez mourir demain. Apprenez comme si vous alliez vivre pour toujours. »

Bien utiliser l'adjectif *Special*

SPÉCIAL

My rabbit is a very special person in my life.

➥ Mon lapin est une personne très spéciale dans ma vie.

I know you don't like them but let's all make a special effort to welcome our British visitors.

➥ Je sais que vous ne les aimez pas mais faisons tous un effort spécial pour accueillir nos visiteurs britanniques.

I deserve a special treatment. Thank you.

➥ Je mérite un traitement spécial. Merci.

LEÇON 242

IDIOM: *From scratch*

- À partir de rien
- À partir de zéro

Mais d'où ça vient ?

to scratch : gratter, érafler

Au Moyen Âge, lors des courses de chevaux, une ligne de départ était grattée *(scratched)* dans le sol avec une épée ou une lance. Si un des compétiteurs ne respectait pas les règles de la course, il devait revenir au point de départ, au *scratch*.

UN ASTRONOME ET USAIN BOLT, UNE JOUEUSE DE TENNIS ET UN SATIRISTE POLITIQUE VOUS MONTRENT COMMENT UTILISER CET IDIOME.

CARL SAGAN (American astronomer)
If you wish to make an apple pie ***from scratch***, you must first invent the universe.

JON STEWART (American political satirist)
Fatherhood is great because you can ruin someone ***from scratch***.

MARIA SHARAPOVA (Russian professional tennis player)
My family and I built my whole career ***from scratch***.

USAIN BOLT (Jamaican sprinter)
Every season, for me, it's like starting ***from scratch*** again.

LEÇON 243

Homer Quote - Simpsons

"You know, boys, a nuclear reactor is a lot like a woman. You just have to read the manual and press the right buttons."

→ « Vous savez les garçons, un réacteur nucléaire ressemble beaucoup à une femme. Vous avez juste à lire le manuel et à appuyer sur les bons boutons. »

Faire des promesses à des anglais que vous n'allez pas tenir

I promise that.

→ Je le promets.

I swear that.

→ Je le jure.

I can assure you that my Renault 5 holds the road very well.

→ Je peux vous assurer que ma Renault 5 tient très bien la route.

I guarantee that the square root of 4 is not 235,689,745.

→ Je garantis que la racine carrée de 4 n'est pas 235 689 745.

Le mot tout nouveau et rigolo

EARWORM

Why do earworms get stuck in our heads?

→ Pourquoi les refrains débiles restent-ils bloqués dans nos têtes ?

Le mot qui signifie littéralement *ver d'oreille* désigne un morceau de musique ou un refrain qui, après qu'on l'a écouté, résonne en permanence dans la tête et dont on n'arrive plus à se débarrasser.

LEÇON 244

IDIOM: To have the upper hand

→ Avoir l'avantage

Mais d'où ça vient ?

Cet idiome fait référence à un jeu du Moyen Âge qui se jouait avec un bâton. Il se pratiquait à deux joueurs ou plus. Dans le cas de trois joueurs : un premier joueur plaçait sa main tout en bas du bâton, le joueur suivant positionnait la sienne juste au-dessus et le troisième au-dessus de la main du second joueur, le premier joueur plaçait ensuite sa main au-dessus de celle du troisième et ainsi de suite. Le gagnant était celui qui à la fin du jeu avait sa main tout en haut du bâton.

Bono et Bjork vous montrent comment utiliser cet idiome.

Bono (Irish singer-songwriter, musician)

Mandela's heroism is the heroism of a man who suffered so badly for what he thought of as freedom. And yet when he ***had the upper hand***, he has this incredible self-control and these incredible leadership qualities.

Bjork (Icelandic singer-songwriter)

It's funny how the hippies and the punks tried to get rid of the conservatives, but they always seem to ***get the upper hand*** in the end.

to get rid of : se débarrasser

LEÇON 245

Homer Quote - Simpsons

"When will I learn? The answer to life's problems aren't at the bottom of a bottle, they're on TV!"

➥ « Quand est-ce que je vais l'apprendre ? La réponse aux problèmes de la vie n'est pas au fond d'une bouteille, elle est à la télé. »

IDIOM: *A back seat driver*

➥ Un donneur de conseils qui n'est pas impliqué dans la situation.

La traduction débile

➥ Un conducteur de banquette arrière.

Exprimer votre joie (de rentrer enfin en France après deux jours en Angleterre)

I'm so happy.

➥ Je suis si content.

I'm so pleased.

➥ Je suis si content.

I'm really excited.

➥ Je suis très excité.

I'm so happy I could burst.

➥ Je suis si content que je pourrais exploser.

Homer Quote - Simpsons

"Son, when you participate in sporting events, it's not whether you win or lose: it's how drunk you get!"

➥ « Fils, quand tu participes à des événements sportifs, ce n'est pas une question de gagner ou de perdre : c'est à quel point tu es bourré ! »

Quiz

Testez votre anglais en répondant aux questions qui suivent.

Question n° 1 : Comment dit-on *cul sec* en anglais ?
a) Bottoms up!
b) Straight ass!
c) Dry ass!

Question n° 2 : Que signifie *by and large* ?
a) Avec une grande quantité de...
b) De grande taille
c) D'une façon générale

Question n° 3 : Comment dit-on *sardine* en anglais ?
a) Silverfish
b) Goldfish
c) Sardine

Question n° 4 : Que signifie le verbe *to point out* ?
a) Faire un trou
b) Faire remarquer
c) Sortir d'un endroit

Question n° 5 : Comment dit-on *c'est dans le sac* en anglais ?
a) It's in the bag
b) The giraffe is in the house
c) The elephant is in the car

Question n° 6 : Dans l'expression *Keep it up*, que représente le *it* ?
a) Un torchon
b) Un volant de badminton
c) Un phallus

Question n° 7 : Comment traduit-on le mot *turbulence* en anglais ?
a) Fart
b) Turbulence
c) Windy

Réponses :

1a – 2c – 3c – 4b – 5a – 6b – 7b

Les loisirs en franglais (partie 3)

a whisky : un whisky
a yacht : un yacht
a zoo : un zoo
acupuncture : l'acupuncture
an album : un album
an instrument : un instrument
an invitation : une invitation
art : l'art
flamenco : le flamenco
hobby : un hobby
navigation : la navigation
relaxation : la relaxation
tarot : le tarot
thermal : thermal
tropical : tropical
un barbecue : un barbecue

Le retour des faux amis !

to attend : assister à
an exhibition : une exposition
to apologize : s'excuser
a bachelor : un célibataire
a basket : une corbeille, un panier
a camera : un appareil photographique
candid : sincère
a car : une voiture
a character : un personnage
a coin : une pièce de monnaie
a compass : une boussole
a crime : un délit, la délinquance
a demonstration : une manifestation
four : quatre
groom : jeune marié ou palefrenier
large : grand, gros
main : principal
pain : la douleur
to pass an exam : réussir à un examen
petrol : l'essence
a plant : une usine
to resign : démissionner

LEÇON 247

IDIOM: *To go against the grain*

- Aller à l'encontre des valeurs établies.
- Aller à contre-courant.

Mais d'où ça vient ?

grain : la fibre du bois

Cette expression était utilisée par les bûcherons et les artisans du bois. Il est plus facile de travailler le bois et de le couper si l'on suit le sens de la fibre. C'était la façon simple et naturelle de procéder. Réaliser une coupe qui n'allait pas dans le sens du bois était considéré comme difficile et non naturel.

JOEY RAMONE ET DEVON MILES VOUS MONTRENT COMMENT UTILISER CET IDIOME.

K 2000 (TV show)

Devon Miles: It ***goes against the grain*** to see a man rewarded for insubordination.

to reward : récompenser

JOEY RAMONE (Lead vocalist of the punk rock band the Ramones)

To me, punk is about being an individual and ***going against the grain*** and standing up and saying "This is who I am".

to stand up : se mettre debout

LEÇON 248

Le mot tout nouveau et rigolo

MOCKTAIL

Mocktails are non-alcoholic party drinks.

➥ Les « fauxktails » sont des boissons de soirée non alcoolisées.

L'expression fusionne les mots *mock* (parodier, se moquer) et *cocktail*, et désigne un cocktail sans alcool qui ressemble à un cocktail alcoolisé.

IDIOM: *A stumbling block*

➥ Un obstacle

SUSAN LUCCI VOUS MONTRE COMMENT UTILISER CET IDIOME.

SUSAN LUCCI (American actress)

You know what my greatest personal ***stumbling block*** is? My shyness.

SWIMMING UPSTREAM (Movie)

Tony Fingleton: It's funny how ***the stumbling blocks*** of life can help make us better people. I never had the support of my father, but in the end that's what gave me the strength to seek something more than I could've ever imagined. Something in another world.

4 petites phrases très utiles qui commencent par *Give me*

Give me a call (at 6)!

➥ Appelle-moi (à 6 heures) !

Give me a break!

➥ Lâche moi un peu !

Give me a kiss!

➥ Donne moi un baiser !

Give me five!

➥ Tape m'en cinq !

LEÇON 249

Homer Quote - Simpsons

"Remember that postcard Grandpa sent us from Florida of that alligator biting that woman's bottom? That's right, we all thought it was hilarious. But, it turns out we were wrong. That alligator was sexually harrassing that woman."

➥ « Vous vous souvenez de cette carte postale que grand-père nous a envoyée de Floride de cet alligator mordant les fesses d'une femme ? C'est vrai, nous avons tous pensé que c'était hilarant. Mais il se trouve que nous avions tort. Cet alligator harcelait sexuellement cette femme. »

Phrasal verb: end up

Signification : finir par

I ended up eating his turkey at his place.

➥ J'ai fini par manger sa dinde chez lui.

They were drunk and they all ended up naked at the strip club.

➥ Ils étaient bourrés et ont tous terminé tout nus au club de strip tease.

LEÇON 250

Le mot tout nouveau et rigolo

BANKSTER

There's too much money there that their bankster buddies on Wall Street want to get their hands on

➥ Il y a trop d'argent ici sur lequel leurs amis banquiers gangsters de Wall Street veulent mettre la main.

Bankster = banker + gangster. Un banquier fusionné avec un gangster, tout est dit.

Bien utiliser le mot *Part*

PARTIE

Spare parts for cars

➥ Pièces détachées de voiture

The northern part of France

➥ La partie nord de la France

The entire book is bad and the worst part is the ending.

➥ Le livre tout entier est mauvais et la partie la pire est la fin.

Part of me feels sorry for you.

➥ Une partie de moi est désolée pour toi.

Your grandmother needs to be able to work as part of a team.

➥ Ta grand-mère doit être capable de travailler comme un membre de l'équipe.

Bien utiliser l'adjectif *Important*

IMPORTANT

An important decision

➥ Une décision importante

It is (very) important to + verbe

➥ Il est (très) important de + verbe

I am an important person in France.

➥ Je suis une personne importante en France.

You like to feel important. Me too.

➥ Vous aimez vous sentir important. Moi aussi.

LEÇON 251

La bouffe en franglais

a biscuit : un biscuit
a dessert : un dessert
a liqueur : une ligueur
a nougat : le nougat
a pizza : une pizza
a pizzeria : une pizzeria
a quiche : une quiche
a restaurant : un restaurant
a sandwich : un sandwich
a sorbet : un sorbet
a steak : un steak
a toast : un toast
caramel : le caramel
mayonnaise : la mayonnaise

IDIOM: Chip on his/her shoulder

➥ Une attitude hostile et combative.

La traduction débile

➥ Il a une frite sur son épaule.

CARTER HALL ET RUTH LIMBAUGH VOUS MONTRENT COMMENT UTILISER CET IDIOME.

SMALLVILLE (TV show)

Carter Hall: You're not like the others, are you, Clark? Kids who are in it for the thrills or because they have ***a chip on their shoulder.*** You don't do this for glory or vengeance.

Clark Kent: I guess not.

RUSH LIMBAUGH (Political commentator)

Obama's an angry guy. He's got a ***chip on his shoulder.***

LEÇON 252

Exprimer votre indifférence

I don't mind.

➥ Ça m'est égal.

It doesn't matter.

➥ Ça ne fait rien.

I don't care.

➥ Je m'en fiche.

It's none of my business.

➥ Ce ne sont pas mes affaires.

It does not make any difference to me.

➥ Ça ne fait pas de différence pour moi.

Phrasal verb: get out

Signification : sortir de

Get out my car!

➥ Sors de ma voiture !

Get your mum out of my bed!

➥ Sors ta maman de mon lit !

Homer Quote - Simpsons

"How is education supposed to make me feel smarter? Besides, every time I learn something new, it pushes some old stuff out of my brain. Remember when I took that home winemaking course, and I forgot how to drive?"

➥ « Comment l'éducation est-elle censée me faire me sentir plus intelligent ? De plus, chaque fois que j'apprends quelque chose de nouveau, cela pousse certains vieux trucs de mon cerveau. Rappelez-vous quand j'ai pris ce cours sur la vinification à la maison et que j'ai oublié comment conduire ! »

LEÇON 253

IDIOM: A free lunch

➥ Quelque chose acquis sans effort ou sans rien payer.

Mais d'où ça vient ?

Au milieu du XIXe siècle, de nombreux bars et restaurants américains se sont mis à offrir un repas gratuit si le client commandait une boisson. Ces repas étaient le plus souvent des snacks très salés qui incitaient les clients à commander d'autres boissons pour étancher leur soif. Après avoir constaté que les clients commandaient plus que ce qu'ils avaient initialement prévu, la pratique s'est développée. C'est la raison pour laquelle, encore aujourd'hui, de nombreux bars vous offrent gratuitement des gâteaux apéritifs ou des cacahuètes à côté de votre boisson.

MILTON FRIEDMAN VOUS MONTRE COMMENT UTILISER CET IDIOME.

MILTON FRIEDMAN (American economist)
There's no such thing as a ***free lunch***.

Tout ce que vous allez bientôt savoir dire avec le verbe *Call*

APPELER

Call the police!

➥ Appelez la police !

Are you calling me a liar, sir?

➥ Est-ce que vous me traitez de menteur, Monsieur ?

She called yesterday.

➥ Elle a appelé hier.

Everyone calls him Dick.

➥ Tout le monde l'appelle Dick.

I'll give him a call.

➥ Je vais l'appeler.

I'll call a taxi for you.

➥ Je vais t'appeler un taxi.

CALL dans une citation amusante

"I was what they call 'skinny fat' – a body that resembled a python after swallowing a goat." A. J. Jacobs

➥ « J'étais ce qu'ils appellent "maigre gras" – un corps qui ressemble à un python qui a avalé une chèvre. »

LEÇON 254

I love beaucoup ton anatomie (7)

NOSE : NEZ

Stop picking your nose!

➥ Arrête de te curer le nez !

My nose is bleeding.

➥ Je saigne du nez.

THROAT : GORGE

To clear one's throat : *s'éclaircir la voix*

BRAIN : CERVEAU

Use your brain.

➥ Sers-toi de ta tête.

I have got brains.

➥ Je suis intelligent.

BRAIN dans une citation amusante

Estimated amount of glucose used by an adult human brain each day, expressed in M&Ms: 250. **Harper's Index**

➥ Quantité estimée de glucose utilisé chaque jour par un cerveau humain adulte, exprimée en M&MS : 250

Bien utiliser l'adjectif *Hard*

DUR/DIFFICILE

Yes, sir. I'm French. I'm hard to please.

➥ Oui, Monsieur. Je suis français. Je suis difficile à satisfaire.

To be or not to be, that's a hard choice/question.

➥ Être ou ne pas être, c'est un choix / une question difficile.

Sorry but it's hard not to notice that you wife is fat.

➥ Pardon mais il est difficile de ne pas remarquer que votre femme est grosse.

LEÇON 255

Clever quote

"Darkness cannot drive out darkness: only light can do that. Hate cannot drive out hate: only love can do that." ***Martin Luther King Jr***

→ « L'obscurité ne peut pas chasser l'obscurité : seule la lumière peut le faire. La haine ne peut pas chasser la haine : seul l'amour peut le faire. »

Vous hésitez ? Dites-le !

Well...

→ Euh...

Actually

→ En fait

On the one hand he is handsome but on the other hand he is French.

→ D'un côté, il est beau, mais de l'autre, il est français.

Le mot tout nouveau et rigolo

PASSWORD FATIGUE

How to beat password fatigue?

→ Comment vaincre la fatigue des mots de passe ?

L'expression décrit le sentiment éprouvé par beaucoup d'internautes et d'employés qui sont obligés de se souvenir d'un trop grand nombre de mots de passe dans leur vie quotidienne.

LEÇON 256

Le mot nouveau et rigolo

UNKEYBOARDINATED

Ce mot-valise mélange *keyboard* (clavier) et *coordinated* (coordonné). L'adjectif désigne une personne qui tape souvent à côté des bonnes touches et répète fréquemment les mêmes erreurs de frappe.

IDIOM: *A pecking order*

➥ Un ordre hiérarchique

La traduction débile

➥ Il y a un ordre de picorage.

GEORGE CLOONEY VOUS MONTRE COMMENT UTILISER CET IDIOME.

GEORGE CLOONEY (American actor, film director, producer, and screenwriter)
There is a strange ***pecking order*** among actors. Theatre actors look down on film actors, who look down on TV actors. Thank God for reality shows, or we wouldn't have anybody to look down on.
To look down on : mépriser

MON ONCLE CHARLIE (TV show)
Alan Harper: You know what the ***pecking order*** is in this house? Charlie – Women Charlie sleeps with – Charlie's bookie – Woman Charlie hopes to sleep with – termites – *me*!

DR HOUSE (TV show)
Dr House: Yeah, we have ***a pecking order*** here. If Cameron kills someone, Chase takes over. We have a flowchart in the lobby.
a flowchart : un organigramme

Homer Quote - Simpsons

"If something's hard to do, then it's not worth doing."

➥ « Si quelque chose est difficile à faire, alors ce n'est pas la peine de le faire. »

LEÇON 257

Clever quote

"Life is what happens to you while you're busy making other plans." ***John Lennon***

➥ « La vie est ce qui arrive lorsque vous êtes occupé à faire d'autres projets. »

Le retour des insectes et des oiseaux

an eagle : un aigle
a swallow : une hirondelle
a sparrow : un moineau
a raven : un corbeau
a nightingale : un rossignol
a robin : un rouge-gorge
a magpie : une pie
a turkey : une dinde
a pheasant : un faisan
a quail : une caille
a dove : une colombe
an ostrich : une autruche
a peacock : un paon
a penguin : un pingouin
a pigeon : un pigeon
a swan : un cygne
a vulture : un vautour
an owl : un hibou
a stork : une cigogne
a turtledove : une tourterelle
a falcon : un faucon
a partridge : une perdrix
a hen : une poule
a duck : un canard
a goose : une oie

Clever quote

"To live is the rarest thing in the world. Most people exist, that is all." ***Oscar Wilde***

➥ « Vivre est la chose la plus rare au monde. La plupart des gens existent, c'est tout. »

LEÇON 258

IDIOM: Pardon my French!

➥ Pardonnez mon langage ! Votre interlocuteur ne s'excuse pas pour son mauvais français, mais du fait de jurer ou de dire des gros mots. Nous, nous pourrions aujourd'hui dire : « Excusez mon anglais » quand nous sommes polis à l'excès...

La traduction débile

➥ Excusez mon français !

Mais d'où ça vient ?

Pendant la guerre de Cent Ans, le ressentiment était fort entre les Anglais et les Français. Nous étions perçus comme un peuple vulgaire et manquant d'éducation. Pour cette raison, beaucoup d'Anglais attribuaient à leurs jurons une origine française.

FERRIS BUELLER VOUS MONTRE COMMENT UTILISER CET IDIOME.

LA FOLLE JOURNÉE DE FERRIS BUELLER (Movie)

Ferris Bueller: ***Pardon my French***, but you're an asshole!

NCIS (TV show)

Marine Captain Craig Quincy: Agent Gibbs, tell me what you need and I'll do it. But if your people, Dover and AIU are all saying Lt. Flores's DNA wasn't in those remains, then ***pardon my French***, but where the hell is she?

LEÇON 259

Dire que vous aimez quelque chose

I like.

➥ ***J'aime.***

I love.

➥ J'adore.

I really enjoy...

➥ Je prends vraiment du plaisir à...

It's really interesting.

➥ C'est vraiment intéressant.

IDIOM: He can't cut the mustard!

Avec cette expression, on désignera une personne inadéquate pour concourir ou participer.

La traduction débile

➥ Il ne peut pas couper la moutarde.

Phrasal verb: get back

Signification : rendre, retourner

Get my book* Une année d'anglais aux toilettes *back to me as soon as possible.

➥ Rends-moi mon livre *Une année d'anglais aux toilettes* le plus tôt possible.

I get back from work at 10 p.m.

➥ Je rentre du travail à 22 heures.

Le mot tout nouveau et rigolo

QUINTASTIC

Barack Obama is quintastic

➥ Barack Obama est un quinqua fabuleux.

Le mot est utilisé pour décrire les quinquagénaires en pleine forme à tous les niveaux (sexe, travail, sport, famille, amour, gloire, beauté...).

LEÇON 260

IDIOM: *To brush/to sweep something under the carpet*

➥ Cacher quelque chose

RICHARD POUND VOUS MONTRE COMMENT UTILISER CET IDIOME.

Richard Pound (Former president of the World Anti-Doping Agency)
It's very simple. We are asking baseball to come clean and set the record straight. Either baseball officials seriously want to rid their sport of doping, or they want to ***brush the issue under the carpet***. So far, we haven't seen much evidence of the former.

Dr House Quote – Dr House

"Do I get a bonus point if I act like I care?"

➥ « Est-ce que j'obtiens un point bonus si je fais semblant de me sentir concerné ? »

Vous pouvez le dire aussi en anglais

En traduisant une expression idiomatique française mot à mot en anglais, on ne sait jamais si on va être compris. Pour les 4 expressions qui suivent, pas de problème, les Anglais utilisent exactement la même que nous.

Faire d'une pierre deux coups : *kill two birds with one stone*
Pour de bon : *for good*
Une patate chaude : *a hot potato*
Ce n'est pas ma tasse de thé : *it's not my cup of tea*

LEÇON 261

Bien utiliser l'adjectif *International*

INTERNATIONAL

an international airport/company : un aéroport/une entreprise international(e)
an international conference : une conférence internationale

En voyage : le tourisme

a tourist : un tourist
the tourist office : l'office du tourisme
a travel brochure : un dépliant touristique
a day trip : un voyage d'une journée
abroad : à l'étranger
to book : réserver
to cancel : annuler
to confirm a booking : confirmer une réservation

Bien utiliser le mot *Hand*

MAIN

In my left/right hand

➥ Dans ma main gauche/main droite

He gave me a hand with the bags.

➥ Il m'a donné un coup de main avec les sacs.

They were holding hands.

➥ Ils se tenaient la main.

Paul placed a hand on her pussy.

➥ Paul a mis une main sur sa chatte.

LEÇON 262

16 termes et 3 phrases essentiels pour vous acheter plein de trucs et aussi prendre du gras

a mall : un centre commercial
a store : un magasin
a shop : une boutique
a supermarket : un supermarché
a butcher's (shop) : une boucherie
a baker's (shop) : une boulangerie
a fishmonger's (shop) : une poissonnerie
a tobacconist's (shop) : un bureau de tabac
a grocer's (shop) : une épicerie
a greengrocer's (shop) : un primeur
a jeweller's (shop) : une bijouterie
a toy store : un magasin de jouets
a souvenir shop : un magasin de souvenirs
a florist : un fleuriste
a clothes shop : une boutique de vêtements
a delicatessen : une charcuterie

The mall includes a greengrocer's shop, a delicatessen, a florist, a clothes shop, a toy store and a nuclear reactor.

↪ Le centre commercial inclut un primeur, un charcutier, un fleuriste, une boutique de vêtements, un magasin de jouets et un réacteur nucléaire.

I don't mind you selling sea lion.

↪ Cela ne me dérange pas que vous vendiez de l'otarie.

Let's go to the mall!

↪ Allons au centre commercial !

Quiz

Testez votre anglais en répondant aux questions qui suivent.

Question n° 1 : Que signifie le mot *compass* en anglais ?

a) Un compas

b) Une boussole

c) Un triangle

Question n° 2 : Comment dit-on *une dinde* en anglais ?

a) A pigeon

b) A dove

c) A turkey

Question n° 3 : Que signifie l'expression *Pardon my French* ?

a) Excusez-mon langage

b) Excusez mon français

c) Pardon-moi-français

Question n° 4 : Qu'est qu'un *quintastic* ?

a) Un peintre fantastique

b) Un quinqua en grande forme

c) Une personne qui fume beaucoup

Question n° 5 : Que signifie l'expression *To pass an exam* ?

a) Passer un examen

b) Réussir un examen

c) Grosse part de pizza

Question n° 6 : Que signifie l'expression *Pecking order* ?

a) Un ordre hiérarchique

b) À emporter

c) Livraison à domicile

Question n° 7 : Comment dit-on *un paon* en anglais ?

a) Ostrich

b) Peacock

c) Stork

Réponses :

1b –2b –3a – 4b – 5b – 6a – 7b

LEÇON 263

Barney Stinson Quote - How I Met Your Mother

"Think of me like Yoda, but instead of being little and green I wear suits and I'm awesome."

➥ « Pense à moi comme à Yoda, mais au lieu d'être petit et vert, je porte des costumes et je suis génial. »

IDIOM: *To go through the motions*

➥ Faire quelque chose machinalement et sans conviction.

MICKEY ROURKE ET APOLO OHNO VOUS MONTRENT COMMENT UTILISER CET IDIOME.

APOLO OHNO (American short track speed skating competitor)
The last thing I want is for people ***to go through the motions*** in life. We're all meant to do different things, but there's a lot of opportunity for us to do some great things.

MICKEY ROURKE (American actor, screenwriter, and retired boxer)
In Hollywood, you're always playing roles... It's like ***going through the motions***. But in real life, it's like, you gotta take care of business. It's not just the movies.

LEÇON 264

Dire des généralités sur les Anglais

Generally speaking, English people are touchy, idle, lazy and noisy.

➥ D'une façon générale, les Anglais sont susceptibles, oisifs, paresseux et bruyants.

***On the whole,* Great *Britain is not* great.**

➥ Dans l'ensemble, la Grande-Bretagne n'est pas géniale.

In general, English people like plums.

➥ En général, les Anglais aiment les prunes.

Le mot tout nouveau et rigolo

HELICOPTER PARENT

Are you helicopter parents? Helicopter parenting is not helping your child

➥ Êtes-vous des parents surprotecteurs ? La superprotection n'aide pas votre enfant.

Un parent « hélicoptère » couve beaucoup trop son enfant et accourt dès qu'une situation difficile survient, grâce à des hélices dans le dos.

IDIOM: *I don't give a hoot!*

Une expression désuète mais amusante si vous l'utilisez en Angleterre pour dire que vous vous en moquez, que vous vous en fichez et que donc, ça ne mérite même pas un coup de klaxon.

La traduction débile

➥ Je ne donne pas un coup de klaxon.

LEÇON 265

Barney Stinson Quote - How I Met Your Mother

"God, it's me, Barney. What up? I know we don't talk much, but I know a lot of girls call out your name because of me."

➥ « Dieu, c'est moi, Barney ! Ça va ? Je sais que nous ne parlons pas beaucoup, mais je sais que beaucoup de filles crient ton nom à cause de moi. »

Phrasal verb: move on

Signification : passer à autre chose

Move on!

➥ Passe à autre chose !

Clever quote

"Imperfection is beauty, madness is genius and it's better to be absolutely ridiculous than absolutely boring." *Marilyn Monroe*

➥ « L'imperfection est la beauté, la folie est le génie et il est préférable d'être totalement ridicule plutôt que totalement ennuyeux. »

Félicitations

That's great!

➥ C'est génial !

I'm really proud of you!

➥ Je suis vraiment fier de toi !

Congratulations, you are the 999,999th visitor.

➥ Félicitations, vous êtes le 999 999e visiteur.

LEÇON 266

IDIOM: *To pay lip service to something*

- Être d'accord pour la forme.
- Être d'accord mais ne rien faire dans ce sens.

La traduction débile

- Je vais payer le service de la lèvre pour ça.

DEUX ANGLAIS ET UN AMÉRICAIN VOUS MONTRENT COMMENT UTILISER CET IDIOME.

Sting (English musician, singer-songwriter)
I've only ***paid lip service to*** a spiritual life.

Tom Robbins (American author)
Most Americans ***pay lip service to*** the idea of freedom, but can't handle real freedom.

Nevil Shute (British novelist and a successful aeronautical engineer)
Everybody ***pays lip service to*** the safety of the aeroplane, but nobody is prepared to pay for it.

Nathan Quote – Misfits

"Can we please stop killing our probation workers?"

- « Pourrions-nous s'il vous plaît arrêter de tuer nos agents de probation ? »

LEÇON 267

Les insectes et les oiseaux

a caterpillar : une chenille
a bee : une abeille
a spider : une araignée
an ant : une fourmi
a butterfly : un papillon
a moth : un papillon de nuit
an earthworm : un ver de terre
a beetle : un scarabée
a cricket : un grillon
a grasshopper : une sauterelle
a slug : une limace
a centipede : un mille-pattes
a fly : une mouche
a ladybug : une coccinelle
a cockroach : un cafard
a dragonfly : une libellule
a flea : une puce
a mosquito : un moustique
a wasp : une guêpe

Le mot tout nouveau et rigolo

RECESSIONISTA

She is a recessionista

→ Elle est une recessionista.

Le terme désigne une femme qui pour suivre la tendance prétend être touchée par la crise et s'habille dans les enseignes à petits prix même si en réalité la récession ne la touche pas. Compliqué, tout ça...

Phrasal verb: give up

Signification : abandonner

I give up!

→ J'abandonne !

LEÇON 268

IDIOM: *A silver lining*

↪ Un bon côté

PEYTON SAWYER ET DAN ARIELY VOUS MONTRENT COMMENT UTILISER CET IDIOME.

LES FRÈRES SCOTT (TV show)

Peyton Sawyer: This is who I am. This is how I am. And 95% of the time, there isn't a moral, or a victory, or a ***silver lining***. Take it or leave it.

Jeff Nelson: And if we leave it?

Peyton Sawyer: If you leave it, then you'll miss that other 5%. Your mistake.

DAN ARIELY (American professor of psychology and behavioral economics)

It is true that from a behavioral economics perspective we are fallible, easily confused, not that smart, and often irrational. We are more like Homer Simpson than Superman. So from this perspective it is rather depressing. But at the same time there is also a ***silver lining***. There are free lunches!

Barney Stinson Quote - How I Met Your Mother

"Suits are full of joy. They're the sartorial equivalent of a baby's smile."

↪ « Les costumes sont pleins de joie. Ils sont l'équivalent vestimentaire d'un sourire de bébé. »

LEÇON 269

L'habitat et la vie en ville en franglais

a boulevard : un boulevard
a garage : un garage
a mezzanine : une mezzanine
a motel : un motel
a ranch : un ranch
a reconstruction : une reconstruction
a sofa : un sofa
a surface : une surface
a thermostat : un thermostat
transport : le transport
a tunnel : un tunnel
a villa : une villa
a village : un village
an avenue : une avenue
an escalator : un escalator
infrastructure : l'infrastructure
architecture : l'architecture
a façade : une façade
an inauguration : une inauguration
a monument : un monument

Clever quote

"Whenever you find yourself on the side of the majority, it is time to pause and reflect." ***Mark Twain***

➥ « Chaque fois que vous vous retrouvez du côté de la majorité, il est temps de faire une pause et de réfléchir. »

Phrasal verb: put on

Signification : mettre

Put on your suit!

➥ Enfile ton costume !

LEÇON 270

Vocabulaire et expressions « I'm sexy and I know it », une soirée où vous êtes complètement parti en vrille à Brighton !

a girl's only holiday :	des vacances entre filles
a party zone :	une zone de fête
a booze cruise :	une croisière avec l'alcool à volonté
to go out on a night out :	faire une sortie en ville
to have a lot of success :	avoir beaucoup de succès
to attract the opposite sex :	attirer le sexe opposé
a shameless pursuit of the time of one's life :	une poursuite sans honte du meilleur moment de sa vie
to get drunk :	devenir ivre
to take a break from the booze :	faire une pause sur l'alcool
a laid holiday plan :	un plan pour des « vacances sexuelles »
a one night stand :	un coup d'un soir
to have sex with an absolute stranger :	faire l'amour avec un parfait inconnu
to have unprotected sex :	avoir une relation sexuelle non protégée
a threesome :	un plan à trois
Go hard or go home! :	Vas-y fort ou rentre à la maison !
Yolo: you only live once! :	On ne vit qu'une fois !
The aim of the holiday is to pull a few birds. :	Le but des vacances est de choper quelques meufs.

LEÇON 271

Vous pouvez le dire aussi en anglais

En traduisant une expression idiomatique française mot à mot en anglais, on ne sait jamais si on va être compris. Pour les 4 expressions qui suivent, pas de problème, les Anglais utilisent exactement la même que nous.

Une image vaut mille mots : *a picture paints a thousand words*
Donner le bénéfice du doute : *to give someone the benefit of the doubt*
L'avocat du diable : *the devil's advocate*
Œil pour œil : *an eye for an eye*
Coûter un bras : *to cost an arm and a leg*

Sheldon Quote – The Big Bang Theory

"They were threatened by my intelligence and too stupid to know that's why they hated me."

➥ « Ils étaient menacés par mon intelligence mais trop stupides pour savoir que c'était la raison pour laquelle ils me détestaient. »

Le mot tout nouveau et rigolo

SCREENAGER

His son turn into a screenager

➥ Son fils se transforme en accro de l'écran.

Le terme désigne un adolescent (*teenager*) qui passe beaucoup de temps devant l'écran (TV, PC, tablettes…).

Bien utiliser l'adjectif *National*

NATIONAL

the national newspapers : la presse nationale
national anthem : l'hymne national

LEÇON 272

IDIOM: *Call it a day!*

➥ Arrêter de faire ce qui est en train d'être fait en estimant que c'est terminé.

LE PRINCE DE BEL-AIR VOUS MONTRE COMMENT UTILISER CET IDIOME.
LE PRINCE DE BEL-AIR (TV show)
Carlton: Will, if I were you, I'd be preparing for the PSATs.
Will: Carlton, if I were you, I'd get a red nose and some big shoes and ***call it a day***.
PSAT : Preliminary Scholastic Aptitude – test que passent les élèves aux États-Unis.

Les fruits qui se terminent en berry, la totale !

blackberry : la mûre sauvage
raspberry : la framboise
blueberry : la myrtille
cranberry : le cranberry, la canneberge, l'airelle
lingonberry : l'airelle rouge
strawberry : la fraise
gooseberry : la groseille à maquereau
elderberry : le sureau
mulberry : la mûre

Clever quote

"Never put off until tomorrow what you can do the day after tomorrow." ***Mark Twain***

➥ « Ne remettez jamais à demain ce que vous pouvez faire le surlendemain. »

Bien utiliser l'adjectif *Central*

CENTRAL

She lives in central London.

➥ Elle vit dans le centre de Londres

The central issue

➥ Le problème central

LEÇON 273

IDIOM: *To turn a blind eye*

➥ Fermer les yeux sur quelque chose.

LES HÉROS DES SÉRIES POLICIÈRES AMÉRICAINES VOUS MONTRENT COMMENT UTILISER CET IDIOME.

NCIS (TV show)

Mariam Bawali: Wait. I cannot ***turn a blind eye*** anymore.

Les Experts (TV show)

Dr Sheldon Hawkes: So tell me, doctor, how much do you get paid for ***turning a blind eye to*** the Hippocratic Oath?

Hippocratic Oath : serment d'Hippocrate

NCIS (TV show)

Mariam: Perhaps I had suspicions, but have you never ***turned a blind eye*** on someone you love?

Ziva: Yes, and it was a mistake.

Phrasal verb: depend on

Signification : dépendre de

The project's success will depend on funding.

➥ Le succès du projet dépendra du financement.

S'excuser en anglais

I didn't do it on purpose

➥ Je ne l'ai pas fait exprès.

It's my fault!

➥ C'est ma faute !

I didn't mean it!

➥ Je ne voulais pas dire ça.

LEÇON 274

Vocabulaire et expressions utiles pour votre soirée « I'm sexy and I know it 2 » où vous êtes cette fois-ci complètement parti en vrille à Newcastle. Va falloir vous calmer.

to go party hopping : faire la tournée des soirées en buvant
a party animal : un « animal de soirée »
to get pissed : se prendre une mine
to hope for new conquests : espérer de nouvelles conquêtes
a crazy dance : une danse folle
to dance like a freak : danser comme un taré
to fall off the podium : tomber du podium
What's the plan? : C'est quoi le plan ?
Give me a kiss. : Donne-moi un baiser.

Le mot tout nouveau et rigolo

NOUGHTIES

The non return to the consumer boom characterised the mid noughties

→ Le non-retour du boum de la consommation a caractérisé le milieu des années 2000.

On parle en France des sixties, des fifties, des seventies, mais comment désigner les années de 2000 à 2009 ? Le mot existe : *nougties* (*nought* signifie zéro).

Bien utiliser le mot *Sun*

LE SOLEIL

The sun was shining.

→ Le soleil brillait

You are English. You should try to keep out of the sun.

→ Tu es anglais. Tu devrais essayer de rester à l'écart du soleil.

We sat in the sun.

→ On s'est assis au soleil.

LEÇON 275

Vocabulaire et expressions utiles pour votre soirée « I'm sexy and I know it 3 » toujours à Newcastle et toujours pas calmé.

to aim for a beauty :	se diriger vers une beauté
to get rejected :	se prendre un râteau
to have success with the ladies/the men :	avoir du succès avec les femmes/les hommes
to get smashed :	boire de l'alcool (et arriver près de l'évanouissement)
to pass out :	s'évanouir
to have a good time :	avoir du bon temps
to resign onself to a lonely night :	se résigner à une nuit en solitaire
to need a big fat kebab :	avoir besoin d'un bon gros kebab bien gras
to be fucking bad tomorrow :	être vraiment mal demain
to recover from night time adventures :	se remettre des aventures de la nuit
Tonight, I will bluff a girl into bed. :	Ce soir, je vais bluffer une fille pour qu'elle arrive dans mon lit.

Jack Bauer Quote - 24

"Tell me where the bomb is or I will kill your son."

➥ « Dis-moi où est la bombe ou je tue ton fils. »

LEÇON 276

IDIOM: To steer clear of

- Éviter
- Rester à l'écart de

La traduction débile

- Oui, je barre transparent.

BARACK OBAMA ET SARAH PARISH VOUS MONTRENT COMMENT UTILISER CET IDIOME.

Barack Obama (The 44th and current President of the United States)
We need ***to steer clear*** of this poverty of ambition, where people want to drive fancy cars and wear nice clothes and live in nice apartments but don't want to work hard to accomplish these things. Everyone should try to realize their full potential.

Sarah Parish (English actress)
I'll see a beautiful dress in a shop, and then I'll put it on and it looks dreadful because I'm just too curvy. I have to choose carefully – I ***steer clear*** of high necks and go for tailored, fitted things.
dreadful : affreux
tailored : fait sur mesure
fitted : ajusté

Phrasal verb: get on

Signification : monter dans (bus, avion...)

Let's get on the bus!

- Montons dans le bus !

LEÇON 277

IDIOM: *A track record*

- Des états de service
- Un dossier de suivi

To have a good track record : avoir fait ses preuves

ELLIOT STABLER, STEVE JOBS ET MATT DILLON VOUS MONTRENT COMMENT UTILISER CET IDIOME.

NEW YORK, UNITÉ SPÉCIALE (TV show)

Detective Elliot Stabler: Hey, hey. I don't have a good ***track record*** with you and explosives.

STEVE JOBS (Co-founder, chairman, and CEO of Apple Inc.)

We've demonstrated a strong ***track record*** of being very disciplined with the use of our cash. We don't let it burn a hole in our pocket, we don't allow it to motivate us to do stupid acquisitions. And so I think that we'd like to continue to keep our powder dry, because we do feel that there are one or more strategic opportunities in the future.

to keep our powder dry : être prêt et garder ses ressources pour le moment où elles seront nécessaires (allusion à la poudre à canon)

MATT DILLON (American actor, film director)

Directing myself definitely made me a better actor. And, you know, I think actors have the best ***track record*** when they turn to directing. Writers, too. I knew how to direct actors because I've been there and I know what I like.

LEÇON 278

5 phrases pour draguer #1 (+ 1 gratuite) qui marchent plus ou moins bien... plutôt moins que plus...

I was wondering if you could recommend a restaurant, a bar... in the neighbourhood?

➥ Je me demandais si vous pourriez recommander un bon restaurant, un bar... dans le voisinage ?

You're so beautiful that you made me forget my pickup line.

➥ Vous êtes si beau/belle que vous me faites oublier ma phrase de drague.

I'm fighting the urge to make you the happiest woman on earth tonight.

➥ Je me bats avec le besoin de faire de vous la femme la plus heureuse du monde ce soir.

Can I buy you a drink or do you just want the money?

➥ Est-ce que je peux vous offrir un verre ou vous voulez juste l'argent ?

Excuse me, I just noticed you noticing me and I just wanted to give you notice that I noticed you too.

➥ Excuse-moi, j'ai remarqué que tu m'avais remarqué et je voulais juste t'informer que je t'avais remarqué aussi.

I'm not trying to impress you or anything, but... I'm Batman!

➥ Je n'essaie pas de vous impressionner ou quoi que ce soit d'autre, mais... je suis Batman !

LEÇON 279

5 phrases pour draguer #2 (+ 1 gratuite) qui marchent comme on vous l'a dit...

Hello, I'm doing a survey of what people think are the cheesiest pickup lines. So, would you say it's "Do you come here often?", "What's your sign?", or "Hello, I'm doing a survey of what people think are the cheesiest pickup lines"?

➥ Bonjour, je fais une étude sur ce que les gens pensent être les phrases de drague les plus ringardes. Alors, est-ce que vous choisissez « Est-ce que tu viens ici souvent ? », « Quel est ton signe ? » ou « Bonjour, je fais une étude sur ce que les gens pensent être les phrases de drague les plus ringardes » ?

Is that alcohol? Shame on you, drinking isn't allowed here.

➥ Est-ce que c'est de l'alcool ? C'est une honte, boire n'est pas autorisé ici.

We're the best looking people in here, so I guess we should talk to each other and get it over with. What's your name?

➥ Nous sommes les deux êtres les plus beaux ici, donc je suppose qu'on devrait en discuter et en finir avec ça. Comment t'appelles-tu ?

I won a great prize for my pick-up line. Would you like to hear it? "Hi!"

➥ J'ai gagné un grand prix pour ma phrase de drague. Est-ce que tu voudrais l'entendre ? « Salut »

Nice shoes. Wanna fuck?

➥ Jolies chaussures. Tu veux baiser ?

Hi. I suffer from amnesia. Do I come here often?

➥ Salut, je souffre d'amnésie. Est-ce que je viens souvent ici ?

LEÇON 280

IDIOM: *To drop the ball*

- Ne pas réussir à faire ce que l'on devait faire.
- Faire une erreur, en ayant apporté très peu de soin à ce qu'on était censé devoir faire.

La traduction débile

- J'ai laissé tomber la balle.

DEXTER ET QUELQUES AUTRES VOUS MONTRENT COMMENT UTILISER CET IDIOME.

DEXTER (TV show)
Dexter: Most normal people enjoy a sacred pact with society. Live a good life and society will take care of you. But if society ***drops the ball*** then someone else has to pick up the slack. That's where I come in.
to pick up the slack : reprendre le travail que quelqu'un a arrêté de faire

TRANSFORMER 3 (Movie)
Robert Epps: Where are Sam and Carly?
Eddie: Um...
Robert Epps: I give you one thing to do, one thing to do, and you ***drop the ball*** on that?

BREAKING BAD (TV show)
Jesse: You left me to freak out all day long, like I ***dropped the ball*** or something, and you were the one who took it.
Walt: Like ***you dropped the ball***? When have you ever not ***dropped the ball***, Jesse?
to freak out : flipper

LEÇON 281

Homer Quote - Simpsons

"Well, it's 1 a.m. Better go home and spend some quality time with the kids."

→ « Bien, il est 1 heure du matin. Mieux vaut rentrer à la maison et passer des moments de qualité avec les enfants. »

Le mot tout nouveau et rigolo

SOFALIZE

Why socialise when you can just stay home and "sofalize"?

→ Pourquoi socialiser quand vous pouvez rester à la maison et communiquer de votre sofa ?

Le terme mélange *sofa* et *socialize*. Il désigne une attitude consistant à interagir avec les autres principalement par Internet (mail, réseaux sociaux...).

Phrasal verb: put up with

Signification : tolérer

I can't put up with your horse's snoring.

→ Je ne peux pas tolérer le ronflement de ton cheval.

Hank Moody Quote - Californication

"Maybe I should hide under your clit, he'll never find me there."

→ « Je devrais peut-être me cacher sous ton clitoris, il ne me trouvera jamais là. »

LEÇON 282

5 expressions idiomatiques à connaître

IDIOM: *To feel under the weather*

→ Être malade, ne pas se sentir bien.

How I Met Your Mother (TV show)
Ted: Where's Zoey?
The Captain: Well, I'm afraid ***she's feeling under the weather***.

IDIOM: *To give someone a break*

→ Arrêter de critiquer ou d'ennuyer quelqu'un, arrêter de se comporter de façon désagréable.

Les Simpsons (TV show)
Homer Simpson: Oh, ***give me a break***, Marge.

IDIOM: *On the verge of*

→ Au bord de

Jurassic Park (Movie)
John Hammond: Condors are ***on the verge of*** extinction.

IDIOM: *For the time being*

→ Pour le moment

Franz Kafka
So long as you have food in your mouth, you have solved all questions ***for the time being***.

IDIOM: *To push the envelope*

→ Repousser les limites

Norman Reedus (Acteur de la série *Walking Dead*)
I like people who ***push the envelope***.

LEÇON 283

Faites-vous passer pour un philosophe français,

descendant de Descartes, en plaçant dans vos conversations, après avoir pris un air pensif, des phrases que vous avez entendues plus de 100 fois en France dans les publicités pour parfums

"It's not a journey. Every journey ends but we go on!" ***(Brad Pitt - Chanel 5)***

➥ « Ce n'est pas un voyage. Chaque voyage se termine mais nous continuons ! »

"The world turns and we turn with it!" ***(Brad Pitt - Chanel 5)***

➥ « Le monde tourne et nous tournons avec lui ! »

"You know who I am, I know who you are." ***(Jude Law - Dior Homme)***

➥ « Tu sais qui je suis, je sais qui tu es. »

"The best thing about getting lost is what you find along the way, here or there." ***(Jude Law - Dior Homme)***

➥ « La meilleure chose quand on se perd est ce qu'on trouve sur le chemin. »

"I'm not going to be the person I'm expected to be anymore." ***(Gaspard Ulliel - Bleu de Chanel)***

➥ « Je ne vais plus être la personne qu'on attend que je sois. »

LEÇON 284

IDIOM: *To put something on the back burner*

➥ Mettre quelque chose au second plan.

La traduction débile

➥ Je le mets sur le brûleur du fond.

SHELDON ET JENNIFER ANISTON VOUS MONTRENT COMMENT UTILISER CET IDIOME.

THE BIG BANG THEORY (TV show)
Sheldon: I've been thinking about time travel again.
Leonard: Why, did you hit a roadblock with invisibility?
Sheldon: ***Put it on the back burner.*** Anyway, it occurs to me, if I ever did perfect a time machine, I'd just go into the past and give it to myself, thus eliminating the need for me to invent it in the first place.
Leonard: Interesting.
Sheldon: Yeah, it really takes the pressure off.
a roadblock : un obstacle
thus : par conséquent

JENNIFER ANISTON (American actress)
Marriage brings up all the things ***I pushed to the back burner*** – the fears, the mistrust, the doubts, the insecurities. It's like opening Pandora's box.
to bring up : soulever

LEÇON 285

Clever quote

"The person, be it gentleman or lady, who has not pleasure in a good novel, must be intolerably stupid." *Jane Austen*

➥ « Une personne, qu'elle soit un homme ou une femme, qui n'a pas de plaisir avec un bon roman, doit être idiote d'une façon intolérable. »

Phrasal verb: come in

Signification : entrer

Come in!

➥ Entrez !

Vous pouvez le dire aussi en anglais

En traduisant une expression idiomatique française mot à mot en anglais, on ne sait jamais si on va être compris. Pour les 4 expressions qui suivent, pas de problème, les Anglais utilisent exactement la même que nous.

Une tour d'ivoire :	*an ivory tower*
Avoir plus d'une corde à son arc :	*more than one string on his bow*
Une victoire à la Pyrrhus :	*a Pyrrhic victory*
Déshabiller Pierre pour habiller Paul :	*rob Peter to pay Paul*
Une épée de Damoclès :	*the sword of Damocles*

Bien utiliser l'adjectif *Following*

SUIVANT

We met the following day/week/month.

➥ Nous nous sommes rencontrés le jour / la semaine / le mois suivant.

For this classic British dish, combine the following ingredients: butter, milk, anchovies, sugar, bananas, oysters, bacon, mayonnaise, oil.

➥ Pour ce plat britannique classique, mélangez les ingrédients suivants : beurre, lait, anchois, sucre, bananes, huîtres, bacon, mayonnaise, huile.

LEÇON 286

9 animaux marins (ou presque marins, bref, on s'en fout, les animaux, ils vont tous dans l'eau de toute façon) qui pourraient éventuellement ressembler à certaines Anglaises après 23 heures, l'alcool vous facilitant comparaisons et métaphores douteuses...

a sea lion : une otarie
a tuna : un thon
a whale : un cachalot
a seal : un phoque
a jelly fish : une méduse
a starfish : une étoile de mer
a squid : un calmar
a lioness : une lionne
a seagull : une mouette

Hank Moody Quote - Californication

"Oh because you're in love with me and you want to have like 10,000 of my babies."

➥ « Oh, parce que tu es amoureuse de moi et que tu veux 10 000 de mes bébés. »

Le mot tout nouveau et rigolo

BURKINI

I love her burkini

➥ J'aime son burkini.

Un *mix* de burqa et de bikini pour désigner les tenues utilisées par certaines musulmanes quand elles sont à la plage.

LEÇON 287

IDIOM: *Bottom line*

- Le point essentiel
- Ce qu'il faut retenir

STEVE JOBS ET MICHAEL SCOTT VOUS MONTRENT COMMENT UTILISER CET IDIOME.

THE OFFICE (TV show)

Michael Scott: No matter how I look at this, I am in the wrong. And I have looked at this thing like 100 different ways, from my point of view, from their point of view, 98 others, and ***bottom line***: I am in the wrong. I'm the bad guy.

STEVE JOBS (Co-founder, chairman, and CEO of Apple Inc.)

Bottom line is, I didn't return to Apple to make a fortune. I've been very lucky in my life and already have one. When I was 25, my net worth was $100 million or so. I decided then that I wasn't going to let it ruin my life. There's no way you could ever spend it all, and I don't view wealth as something that validates my intelligence.

Clever quote

"I have not failed. I've just found 10,000 ways that won't work." ***Thomas A. Edison***

- « Je n'ai pas échoué. J'ai juste trouvé 10 000 façons qui ne marchent pas. »

LEÇON 288

Les maladies et l'hôpital en franglais pour un séjour tout pourri

patient : un patient
a collision : une collision
a microbe : un microbe
respiration : une respiration
a syndrome : un syndrome
a test : un test
a trauma : un trauma
a vaccination : une vaccination
a virus : un virus
an ambulance : une ambulance
an inflammation : une inflammation
cancer : le cancer
cellulite : la cellulite
contraception : la contraception
convalescence : la convalescence
digestion : la digestion
a handicap : un handicap
urine : l'urine

Clever quote

"Good friends, good books, and a sleepy conscience: this is the ideal life." ***Mark Twain***

➥ « Des bons amis, des bons livres, et une conscience endormie : c'est la vie idéale. »

LEÇON 289

28 termes français utilisés par les Anglais quand il s'agit de mode ou d'amour et à prononcer avec un accent « cute » imitant un Anglais parlant français, faites-vous plaisir !

Coup d'État
Un certain je-ne-sais-quoi
Adieu
Aide-mémoire
Au pair
Bon voyage
Bric-à-brac
Chaise longue
Chacun son goût
Chef-d'œuvre
Raison d'être
Chargé d'affaires
Cul-de-sac
Enfant terrible
Faux pas
Joie de vivre
Nouveau riche
Oh là là
Pas de deux
Petite
Petit mal
Pied-à-terre
Repartie
Sang-froid
Souvenir
Succès fou
Tour de force
Vieux jeu

Hank Moody Quote - Californication

"Women know within the first few seconds of meeting a guy whether they want to marry him, fuck him, or kill him."

→ « Dès les premières secondes, une femme qui rencontre un homme sait si elle veut se marier avec lui, baiser avec lui, ou le tuer. »

LEÇON 290

IDIOM: *There is more to life/something than*

➥ La vie ne se limite pas à...

➥ Quelque chose ne se limite pas à...

GANDHI, ZIGGY MARLEY ET AUDREY HEPBURN VOUS MONTRENT COMMENT UTILISER CET IDIOME.

MAHATMA GANDHI (Leader of Indian nationalism in British-ruled India)
There is more to life than increasing its speed.

AUDREY HEPBURN (British actress)
There is more to sex appeal than just measurements. I don't need a bedroom to prove my womanliness. I can convey just as much sex appeal, picking apples off a tree or standing in the rain.
womanliness : féminité

ZIGGY MARLEY (Jamaican musician)
People have to know ***there is more to living than*** physical things.

Phrasal verb: look forward to

Signification : être impatient que quelque chose arrive

My dog is looking forward to your return to France. Me, not really.

➥ Mon chien attend avec impatience ton retour en France. Moi pas vraiment.

I am looking forward to going to the zoo.

➥ J'attends avec impatience d'aller au zoo.

S'assurer que votre Anglais comprend ce que vous racontez

Do you understand?

➥ Est-ce que tu comprends ?

Do you follow?

➥ Tu me suis ? (suivre un raisonnement)

You know what I mean?

➥ Tu vois ce que je veux dire ?

Do you get it?

➥ Tu comprends ?

LEÇON 291

12 expressions pour parler comme un Londonien,

à utiliser tout le temps !

Source : *Shit London People Say*

It's bloody raining.

➥ Putain de pluie !

Bloody tories!

➥ Conservateurs de merde !

These are a bargain!

➥ Ça, c'est une bonne affaire !

What a beautifull British summer!

➥ Quel bel été anglais ! (sarcastique)

I will grab some fish and chips on the way home!

➥ Je vais acheter des *fish and chips* en rentrant à la maison !

Is this life?

➥ C'est ça la vie ? (désabusé)

I need a cup of tea!

➥ J'ai besoin d'une tasse de thé !

You got me!

➥ Tu m'as eu !

Ok, but just one last drink!

➥ OK, mais juste un dernier verre !

I am so hungover!

➥ J'ai la gueule de bois !

Are you bringing the booze tonight?!

➥ Est-ce que tu apportes l'alcool ce soir ?

I am cream cracked!

➥ Je suis super fatigué !

Phrasal verb: believe in

Signification : croire en

I believe in you.

➥ Je crois en toi.

I will believe in God when he begins to believe in me.

➥ Je croirai en Dieu quand il commencera à croire en moi.

LEÇON 292

Hank Moody Quote - Californication

"You can't snort a line of coke off a woman's ass and not wonder about her hopes and dreams... it's not gentlemanly."

➥ « Vous ne pouvez pas sniffer une ligne de coke sur les fesses d'une femme et ne pas vous demander quels sont ses espoirs et ses rêves... Ce n'est pas une attitude de gentleman. »

IDIOM: *Off the record*

➥ Confidentiel

➥ En privé

DONALD RUMSFELD ET SAM HARRIS VOUS MONTRENT COMMENT UTILISER CET IDIOME.

DONALD RUMSFELD (The 13th Secretary of Defense of the United States)
With the press there is no ***off the record***.

SAM HARRIS (American author)
In my experience with print journalists, the distinction between remarks being uttered on – or ***off-the-record*** is held sacrosanct, but the distinction between truth and falsity sometimes isn't.
uttered : prononcé

BATTLESTAR GALACTICA (TV show)
Lieutenant Kara "Starbuck" Thrace: Permission to speak ***off the record***?
Tigh: Granted.
Starbuck: You're a bastard.
granted : accordé

Quiz

Testez votre anglais en répondant aux questions qui suivent.

Question n° 1 : Comment dit-on *un papillon* en anglais ?
a) A butterfly
b) A fly
c) A slug

Question n° 2 : Comment dire que vous abandonnez ?
a) I give out
b) I give up
c) I give down

Question n° 3 : Comment dit-on *donner le bénéfice du doute* ?
a) To take the doubt out somebody
b) To give someone the benefit of the doubt
c) To give the doubt to an horse and a cow

Question n° 4 : Comment dire à tout le monde que vous avez beaucoup de succès ?
a) I bonk outdoor
b) I have a lot of success
c) I am drunk

Question n° 5 : Comment dit-on *framboise* en anglais ?
a) Strawberry
b) Blackberry
c) Raspberry

Question n° 6 : Comment dit-on *se prendre une mine* en anglais ?
a) To get a hammer
b) To get a bomb
c) To get pissed

Question n° 7 : Trouvez la suite : fifties, sixties, seventies, eighties, nineties...
a) Oooties
b) Noughties
c) Twothouthies

Question n° 8 : Quelle expression française peut-on utiliser en anglais ?
a) Chacun son goût
b) Dents longues
c) Tomber à pic

Réponses :

1a – 2b – 3b – 4b – 5c – 6c – 7b – 8a

LEÇON 293

Vocabulaire et expressions utiles pour votre soirée « I'm sexy and I know it 4 » où vous êtes complètement parti en vrille à Manchester, votre dernière soirée avant de rentrer en France

the ultimate night out : la soirée ultime
the best party in town : la meilleure soirée en ville
to go clubbing : aller en club
a pub crawl : une tournée des pubs
to look for a holiday romance : rechercher un amour de vacances
to have sex on the beach : faire l'amour sur la plage
to go wild : se lâcher totalement
unlimited alcohol : alcool à volonté
to lose one's inhibitions : perdre ses inhibitions
sexploits : des exploits sexuels
to down a shot : vider un shot
to hit the strip : rejoindre la grande rue où se trouvent les bars, les boîtes et les restaurants
to puke in the street : vomir dans la rue
a partygoer : un fêtard
a pal : un bon ami, un pote
to sober up : dessoûler
What happens in Manchester stays in Manchester. : Ce qui se passe à Manchester reste à Manchester.
In Manchester, you get as pissed as you can. : À Manchester, vous êtes aussi bourré que vous le pouvez.
I will show off my skills in the bedroom. : Je vais démontrer mes talents au lit.

LEÇON 294

IDIOM: To go back to the drawing board

➥ Faire un nouveau plan car le premier a échoué.

VIVEK WADHWA VOUS MONTRE COMMENT UTILISER CET IDIOME.

VIVEK WADHWA (Indian-American technology entrepreneur)

Entrepreneurship is like a computer game in which you have to master every level before achieving success. Startups repeatedly stumble and have ***to go back to the drawing board***. The best way to skip some levels and to increase the odds of survival is to learn from others who have already played the game.

to stumble : trébucher

to skip : sauter

the odds of survival : les chances de survie

Le mot tout nouveau et rigolo

NETIQUETTE

Netiquette is important

➥ Bien se comporter sur le Net est important.

L'expression fusionne les mots *Net* et e*tiquette* et désigne des règles informelles de bonne conduite à respecter sur Internet.

Phrasal verb: find out

Signification : découvrir

How can can we find out who Fantômas is?

➥ Comment pourrions-nous découvrir qui est Fantômas ?

LEÇON 295

Clever quote

"Whenever I feel the need to exercise, I lie down until it goes away." ***Paul Terry***

➥ « Dès que je ressens le besoin de faire de l'exercice, je m'allonge jusqu'à ce que ça parte. »

Hank Moody Quote - Californication

"Integrity, that's a fine quality in a mistress."

➥ « L'intégrité, c'est une excellente qualité chez une maîtresse. »

IDIOM: *On the right track*

➥ Être sur la bonne piste.

MICHAEL KNIGHT WOLFMAN DE *TOP GUN* VOUS MONTRE COMMENT UTILISER CET IDIOME.

K2000 (TV show)

Michael Knight: The armored plate in the door on that limousine was so below spec you could use it to wrap sandwiches.

Eugene Hanson: That's a powerful accusation.

Lilah Graham: Ease up, Gene. He hasn't proved a thing. He's a driver, he's got a gas tank for a brain and a tail pipe for a mouth.

Michael Knight: That's right. And I've been behind the wheel long enough to know when I'm ***on the right track***.

Eugene Hanson: You trying to say something?

Michael Knight: I just did.

armored : blindé

specs : spécifications

to wrap : emballer

to ease up : être moins sévère

a tail pipe : un pot d'échappement

LEÇON 296

9 expressions pour parler comme un New-Yorkais : ils les utilisent tout le temps, faites de même !

Source : *Shit New Yorkers Say*

Where is the train?!

➥ Où est le train ? (À dire en attendant sur le quai)

This place got a good write-up in* The New Yorker*!

➥ Cet endroit a eu une bonne critique dans le *New Yorker* !

All I ate today was a bagel!

➥ Tout ce que j'ai mangé aujourd'hui, c'est un bagel !

***I read that in* Time Out.**

➥ J'ai lu ça dans *Time Out*.

I love it here/ I hate it here.

➥ J'adore cet endroit/Je déteste cet endroit.

Who goes to the Statue of Liberty/Ground Zero?

➥ Mais qui peut bien aller à la statue de la Liberté/Ground Zero ?

He is a schmuck.

➥ C'est un idiot.

Damn it!

➥ Mince/merde !

So pretty!

➥ C'est si joli !

Phrasal verb: go ahead

Signification : continuer

Go ahead!

➥ Continuez !

IDIOM: *To get up one's nose*

➥ Irriter quelqu'un

La traduction débile

➥ Tu me montes dans le nez.

LEÇON 297

4 expressions idiomatiques à connaître

IDIOM: *The long face*

- Avoir l'air triste. *"Why the long face?"* est une question qu'on vous posera si vous donnez l'impression d'être contrarié par quelque chose. Votre interlocuteur vous demande alors d'expliquer pourquoi ça ne va pas. Une expression moins familière que notre « tirer la gueule ».

La traduction débile : Pourquoi le visage long ?

The Big Bang Theory (TV show)
Sheldon: Well, I don't think our relationship is a joke. I think a horse goes into a bar. Bartender says, "***Why the long face?***" That's a joke. It's a good one, too, because a horse has a long face.

IDIOM : *To some extent*

- Dans une certaine mesure, jusqu'à un certain point, jusqu'à un certain degré

Matthew Mcconaughey (American actor)
I think most defense attorneys know, ***to some extent***, their clients are guilty.

IDIOM: *On your toes*

- Quelqu'un ou quelque chose vous oblige à consacrer toute votre énergie et votre attention à ce que vous êtes en train de faire.

La traduction débile : Ça me fait rester sur mes orteils.

Bill Gates (Former chief executive and chairman of Microsoft)
Whether it's Google or Apple or free software, we've got some fantastic competitors and it keeps us ***on our toes***.

IDIOM: *A peeping Tom*

- Un voyeur

La traduction débile : Un Tom qui fait des gazouillis.

John Perry Barlow (American poet and essayist)
Relying on the government to protect your privacy is like asking ***a peeping Tom*** to install your window blinds.

LEÇON 298

Le mot tout nouveau et rigolo

A COT POTATO

Her child is a cot potato

On parlait déjà de *coach potato* (patate de canapé) pour désigner les personnes qui passent beaucoup de temps affalées sur leur canapé à regarder leur télé, on parle désormais aussi de *cot potato* pour désigner les très jeunes enfants qui passent des heures devant la télévision (*a cot* : un lit de bébé).

Dexter Quote - Dexter

"The three suicide sisters shared the same therapist, Dr. Emmett Meridian. He must be terrible at his job."

→ « Les trois sœurs qui se sont suicidées partageaient le même thérapeute, le Dr Emmett Meridian. Il doit être très mauvais dans son travail. »

S'exclamer en anglais et bien fort

It's incredible!

→ C'est incroyable !

It's amazing!

→ C'est étonnant !

What a fantastic pressure cooker!

→ Quelle Cocotte-Minute fantastique !

What a lovely Citroen BX!

→ Quelle charmante Citroën BX !

It was incredibly bad!

→ C'était incroyablement mauvais.

LEÇON 299

Le mot tout nouveau et rigolo

GREYCATION

Greycation is a way to save money

➥ Les vacances chez les grands-parents sont une façon d'économiser de l'argent.

Nouveau comportement qui consiste à partir en vacances en emmenant aussi les grands-parents de façon à réduire les coûts. On parle aussi de *staycation* pour des vacances à la maison, *vacation* signifiant vacances en américain.

IDIOM: *By the way*

➥ À propos

➥ Au passage

DES PERSONNES AUSSI DIFFÉRENTES QUE JEMIMA KIRKE, JOSEPH EPSTEIN ET ROBERT REICH VOUS MONTRENT COMMENT UTILISER CET IDIOME.

ROBERT REICH (American political economist, professor, author, political commentator)
The largest party in America, ***by the way***, is neither the Democrats nor the Republicans. It's the party of non-voters.

JOSEPH EPSTEIN (French Resistance leader during World War II)
By the way, the secret of speaking French is confidence. Whether you are right or wrong, you don't hesitate.

JEMIMA KIRKE (British-American actress)
By the way, I'm funniest when I'm not being funny. I'm better to laugh at than with, pretty much.

UNKNOWN
By the way, I'm Fantômas !

LEÇON 300

Clever quote

"Do what you can, with what you have, where you are." ***Theodore Roosevelt***

➥ « Faites ce que vous pouvez, avec ce que vous avez, où vous êtes. »

Phrasal verb: pay back

Signification : rembourser, faire payer quelque chose à quelqu'un

I will pay you back on Monday.

➥ Je te rembourserai lundi.

We will pay Batman back for what he did!

➥ Batman va payer pour ce qu'il a fait !

Exprimer l'espoir en anglais

I hope things will work out for you.

➥ J'espère que les choses vont marcher pour toi.

It would be great if I could find a free ninja training course.

➥ Ce serait super si je pouvais trouver une formation de ninja gratuite.

I hope that you are on Fantômas' trail.

➥ J'espère que tu es sur la trace de Fantômas.

IDIOM: *I have a frog in my throat*

J'ai un chat dans la gorge. Au concours de l'expression la plus débile, nous gagnons haut la main, car le coassement de la grenouille ressemble beaucoup plus au son émis par une personne enrouée qu'à un miaulement...

La traduction débile

➥ J'ai une grenouille dans ma gorge.

LEÇON 301

Le franglais des sentiments et des relations humaines (partie 1)

attitude : l'attitude
attraction : l'attraction
courage : le courage
divorce : un divorce
ego : l'ego
excellence : l'excellence
illusion : une illusion
imagination : imagination
incompatible : incompatible
intelligence : l'intelligence
intelligent : intelligent
patience : la patience
perception : la perception
solitude : la solitude
tact : le tact

Clever quote

"I'm not afraid of death; I just don't want to be there when it happens." ***Woody Allen***

➥ « Je n'ai pas peur de la mort, je ne veux juste pas être là quand elle arrivera. »

Dexter Quote - Dexter

"For the first time, I feel that the future might hold something different for me. It's possible I'm just fooling myself, but I'm willing to take the risk..."

➥ « Pour la première fois, je sens que le futur pourrait me réserver quelque chose de différent. Il est possible que je me fasse des idées, mais j'ai envie de prendre ce risque... »

30 animaux qui pourraient éventuellement ressembler à certains Anglais quand ils sortent d'un pub, l'alcool vous facilitant une nouvelle fois comparaisons et métaphores douteuses…

a fox : un renard
a badger : un blaireau
a boar : un sanglier
a seal : un phoque
a monkey : un singe
a bear : un ours
a panda : un panda
a camel : un chameau
a hippopotamus : un hippopotame
a herring : un hareng
a polar bear : un ours polaire
a buffalo : un buffle
a rhinoceros : un rhinocéros
a chimpanzee : un chimpanzé
a gorilla : un gorille
a zebra : un zèbre
an elephant : un éléphant
a moose : un élan
a kangaroo : un kangourou
a donkey : un âne
a koala : un koala
a ferret : un furet
a bat : une chauve-souris
a rat : un rat
a platypus : un ornithorynque
an ox : un bœuf
a calf : un veau
a sheep : un mouton
a pig : un porc
a chicken : un poulet

Clever quote

"One good thing about music, when it hits you, you feel no pain." ***Bob Marley***

➥ « Une bonne chose à propos de la musique, quand elle vous percute, vous ne ressentez aucune douleur. »

LEÇON 303

Small talk #1, ou comment entamer la conversation en Angleterre, car apprendre à parler l'anglais uniquement aux toilettes n'est pas le but réel de cet ouvrage.

Beautiful day, isn't it?

➥ Belle journée, n'est-ce pas ?

Can you believe all of this rain we've been having?

➥ Incroyable toute cette pluie que nous avons !

It looks like it's going to rain.

➥ Il semble qu'il va encore pleuvoir.

Wow, this buffet looks awesome!

➥ Wow, ce buffet a l'air génial !

We couldn't ask for a nicer day, could we?

➥ Nous n'aurions pas pu demander un meilleur temps, n'est-ce pas ?

Did you order this sunshine?

➥ Est-ce que vous avez commandé ce soleil ?

Phrasal verb: make out

Signification : faire semblant, apercevoir

She made out that she was ill so that she didn't have to go to work.

➥ Elle a fait croire qu'elle était malade afin qu'elle n'ait pas à aller au travail.

Hey, I can make out a flying saucer.

➥ Hé, je peux voir une soucoupe volante.

LEÇON 304

Small talk #2, ou comment entamer la conversation en Angleterre…

The bus must be running late today.

➥ Le bus doit être en retard aujourd'hui.

How long have you been waiting?

➥ Depuis combien de temps attendez-vous ?

Did you hear the news about…?

➥ Est-ce que vous avez entendu parler de cette nouvelle … ?

How about this rugby match? Do you think they're going to win tonight?

➥ Et ce match de rugby ? Est-ce que vous pensez qu'ils vont gagner ce soir ?

Pretty nice place, isn't it?

➥ Joli endroit, n'est-ce pas ?

I love your necklace. Can I ask where you got it?

➥ J'aime beaucoup votre collier. Est-ce que je peux vous demander où vous l'avez acheté ?

How old's your baby?

➥ Quel âge a votre bébé ?

What's your dog's name?

➥ Quel est le nom de votre chien ?

Nice day to be outside, isn't it?

➥ Jolie journée pour être dehors, n'est-ce pas ?

IDIOM: *To get one's knickers in a twist*

➥ S'emporter. Attention ici au faux ami : *knickers* ne signifie pas chaussures. *A pair of knickers* : une culotte.

La traduction débile

➥ Ne mets pas ta culotte en torsion.

LEÇON 305

IDIOM: *To turn your nose up*

➥ Refuser quelque chose car vous pensez que ce n'est pas assez bon pour vous.

SAM EWING VOUS MONTRE COMMENT UTILISER CET IDIOME.

SAM EWING (Baseball player)
Hard work spotlights the character of people: some turn up their sleeves, some ***turn up their noses***, and some don't turn up at all.
to spotlight : mettre en lumière
turn up their sleeves : retrousser leurs manches

Dexter Quote - Dexter

"I really enjoyed our conversations, James. I lie to everyone I know. Except my victims, right before I kill them. It's hard to establish much of a rapport there. Sorry about the cage."

➥ « J'apprécie nos conversations, James. Je mens à tous les gens que je connais. Sauf à mes victimes, juste avant de les tuer. Il est difficile d'établir un rapport ici. Désolé pour la cage. »

Bien utiliser le mot *Number*

NOMBRE/NUMÉRO

Telephone number

➥ Numéro de téléphone

She was ugly. I gave her your number instead of mine.

➥ Elle était moche. Je lui ai donné ton numéro (de téléphone) à la place du mien.

I am the world number one.

➥ Je suis le numéro un mondial.

A small number of supermarkets

➥ Un petit nombre de supermarchés

I decided not to go to the zoo, for a number of reasons.

➥ J'ai décidé de ne pas aller au zoo, pour plein de raisons.

LEÇON 306

8 groupes Facebook qui ont fait un carton en Angleterre

Join this group if you have ever pushed on a door that said pull.

→ Rejoignez ce groupe si vous avez déjà poussé sur une porte qui disait « tirez ».

If Taylor Swift marries Taylor Launter they will both be Taylor Lautner.

→ Si Taylor Swift se marie avec Taylor Launter, tous les deux seront Taylor Launter.

If this group reaches 1 person, I will eat a sandwich!!

→ Si ce groupe atteint une personne, je mangerai un sandwich !

Anatidaephobia - the fear that somewhere, somehow, a duck is watching you.

→ Anatidaephobie, la peur que quelque part, d'une façon ou d'une autre, un canard vous observe.

63 notifications later and I regret liking your status.

→ 63 notifications plus tard et je regrette d'avoir *liké* ton statut.

When I realised the word "bed" looks like a bed, my mind was blown.

→ Quand j'ai réalisé que le mot lit ressemblait à un lit, j'ai été soufflé.

"Let's eat Grandma!" or, "Let's eat, Grandma!" Punctuation saves lives.

→ « Mangeons grand-mère ! » ou « Mangeons, grand-mère ! » La ponctuation sauve des vies.

Hippopotomonstrosesquippedaliophobia - the fear of long words.

→ Hippopotomonstrosesquippedaliophobie – la peur des mots longs.

LEÇON 307

Gabrielle Quote - Desperate Housewives

"You and I need to get laid! Oh, don't judge me. You're not here because you got caught helping the poor."

➥ « Toi et moi avons besoin de baiser. Oh, ne me jugez pas. Vous n'êtes pas ici parce que vous vous êtes fait arrêter en train d'aider des démunis. »

Encourager un Anglais (pourquoi vous auriez à faire ça au juste ?)

You're doing really well.

➥ Tu te débrouilles bien.

Don't give up!

➥ N'abandonne pas !

You see it wasn't that difficult.

➥ Tu vois, ce n'était pas si difficile.

Encourager une équipe ou un sportif français en anglais pour faire clairement comprendre à votre voisin anglais que vous encouragez bel et bien l'autre camp.

Come on!

➥ Vas-y !

Keep going!

➥ Continue !

You're nearly there!

➥ Tu y es presque (pour une course) !

LEÇON 308

IDIOM: *To put your foot in your mouth/To put your foot in it*

→ Dire quelque chose que l'on regrette.

La traduction débile

→ J'ai mis mon pied dans ma bouche.

TROIS HABITANTS DU ROYAUME-UNI VOUS MONTRENT COMMENT UTILISER CET IDIOME.

SELMA BLAIR (Épouse de Tony Blair)
I ***put my foot in my mouth*** every time I'm interviewed.

AUSTIN O'MALLEY (Gaelic football player)
If you keep your mouth shut you will never **put your foot in it.**

COLM TOIBIN (Irish novelist)
I said that when I looked at photographs of the firefighters who went into the Twin Towers, their faces looked to me like Irish faces. I hadn't yet learnt how careful outsiders have to be when talking about race in America, and I'd **put my foot in it.** Someone stood up and said aggressively, "What do you mean by Irish faces?".

Nathan Quote - Misfits

"There is a difference between us! I'm gracefully tall and you're freakishly short."

→ « Il y a une différence entre nous ! Je suis gracieusement grand et toi étonnamment petit. »

LEÇON 309

Le franglais des sentiments et des relations humaines (partie 2)

a compliment : un compliment
a couple : un couple
a grimace : une grimace
a passion : une passion
a secret : un secret
a sensation : une sensation
a sentiment : un sentiment
a suggestion : une suggestion
a superstition : une superstition
a surprise : une surprise
admiration : l'admiration
adoration : l'adoration
affection : l'affection
an allusion : une allusion
an excuse : une excuse
an impression : une impression
an interrogation : une interrogation
an observation : une observation
an obsession : une obsession

Nathan Quote - Misfits

"Monkey Slut - what's the chances of that coming up in a normal conversation?"

- « Une salope-singe, quelle est la probabilité que ce mot apparaisse dans une conversation normale ? »

IDIOM: *A penny for your thoughts*

- Lorsqu'on aimerait bien savoir à quoi une personne pense, souvent après qu'elle a été silencieuse pendant un moment.
- J'aimerais bien savoir à quoi tu penses.

LEÇON 310

IDIOM: To paint the town red

- Beaucoup s'amuser pendant une soirée. Cette expression s'emploie donc pour parler d'une soirée qui s'annonce bien. On l'emploie avant de partir faire la tournée des pubs et des discothèques, par exemple. Ne venez pas au point de rendez-vous en camionnette avec huit gros pots de peinture rouge, des gros rouleaux et deux échelles.

La traduction débile

- Nous allons peindre la ville en rouge.

DAVID LYNCH VOUS MONTRE COMMENT UTILISER CET IDIOME.

DAVID LYNCH (American film director)

I don't ***paint the town red***. But when I do go out, people always want to touch my hair. It happens every time.

Exprimez clairement à un Anglais votre déception

lors de vos vacances dans son pays !

What a shame!

- Quelle honte !

I'm really disappointed. The zoo was closed.

- Je suis vraiment déçu. Le zoo était fermé.

If only I had known, I wouldn't have come.

- Si j'avais su, j'aurais pas venu.

LEÇON 311

Faire des demandes polies, si elles ne fonctionnent pas, passez directement à la section « S'énerver en anglais »

Will you buy me this knickers?

→ Allez-vous m'acheter cette culotte ?

Can you drive me from London to Toulouse for free now?

→ Pouvez-vous me conduire de Londres à Toulouse gratuitement maintenant ?

I'd like you to go to the gym.

→ J'aimerais que vous alliez à la salle de sport.

I'd appreciate if you would speak correct English, as I have done for the last hour with you!

→ J'apprécierais que vous parliez l'anglais correctement comme je le fais depuis une heure avec vous !

Would you mind if I sleep in your living-room for three months?

→ Est-ce que ça vous dérangerait si je dormais pendant trois mois dans votre salon ?

5 excellents conseils pour bien écrire en anglais, du livre *The King's English* (1908) de H. W. Fowler

1. *Prefer the familiar word to the far-fetched.*
2. *Prefer the concrete word to the abstract.*
3. *Prefer the single word to the circumlocution.*
4. *Prefer the short word to the long.*
5. *Prefer the Saxon word to the Romance.*

LEÇON 312

Franglais en vrac

a fortification : une fortification
a bouquet : un bouquet
a bracelet : un bracelet
a cage : une cage
a camp : un camp
a campus : un campus
a commando : un commando
a compensation : une compensation
a compilation : une compilation
a complication : une complication
a conclusion : une conclusion
a confession : une confession
a configuration : une configuration
a confirmation : une confirmation
a contact : un contact
a coupon : un coupon
a cousin : un cousin
a cube : un cube
a description : une description
a direction : une direction
a distribution : une distribution
a donation : une donation
a dragon : un dragon
a duo : un duo
a fascination : une fascination
a fiasco : un fiasco
a format : un format
a formulation : une formulation
a fortune : une fortune
a fracture : une fracture
a fusion : une fusion
a jury : un jury

LEÇON 313

Anglais/américain, les 14 mots importants sur lesquels ces deux pays pourraient au moins faire l'effort de s'harmoniser, car pour nous, c'est deux fois plus de boulot pour les apprendre et, honnêtement, on n'a pas que ça à faire

UK	US	FR
nasty	*mean*	méchant
pavement	*sidewalk*	trottoir
petrol	*gas*	essence
film	*movie*	film
flat	*apartment*	appartement
lift	*elevator*	ascenseur
holiday(s)	*vacation*	vacances
lorry	*truck*	camion
shop	*store*	magasin
taxi	*cab*	taxi
tube	*subway*	métro
angry	*mad*	en colère
crisps	*chips*	chips
motorway	*freeway*	autoroute

McGyver Quote - McGyver

"You guys are missing out on a good deal if you kill me. See, I'm kind of an expert with just about everything."

→ « Les gars, vous allez louper un bon plan si vous me tuez. Vous voyez, je suis une sorte d'expert d'à peu près tout. »

Hank Moody Quote - Californication

"Are you sexually harassing me right now? Because if you are, I think I'm gonna have to report you. For giving me a serious boner."

→ « Êtes-vous en train de me harceler sexuellement en ce moment même ? Car si vous le faites, je pense que je vais devoir vous signaler. Pour m'avoir donné une grosse érection. »

Demander des informations à un Anglais, un paragraphe utile pour les agents secrets français qui nous lisent aux toilettes

Do you happen to know if Fantômas is here?

➥ Est-ce que tu sais si Fantômas est ici ?

Can you now tell me the color of Henri IV's white horse?

➥ Pouvez-vous maintenant me dire quelle est la couleur du cheval blanc d'Henri IV ? (Note : l'humour français de qualité s'exporte mal.)

Do you have any idea where I can buy a new inflatable dolphin?

➥ Est-ce que vous avez la moindre idée de l'endroit où je peux acheter un nouveau dauphin gonflable ?

15 termes français utilisés par les Anglais quand il s'agit de mode ou d'amour et à prononcer avec un accent « cute » imitant un Anglais parlant français

Prêt-à-porter
Rendez-vous
Art nouveau
Avant-garde
Belle Époque
Billet doux
C'est la vie !
Démodé
Déjà vu
Du jour
Haute couture
Fiancé
Ménage à trois
Brunette
Femme fatale

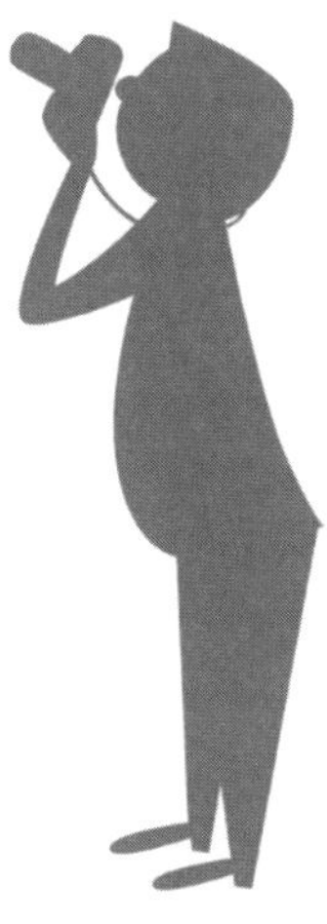

LEÇON 315

Deux blagues à raconter en anglais

I like how the Ninja Turtles wear masks. Good way to hide your identity... I mean, it's not like you're a giant fucking turtle or anything.

- J'aime comme les tortues ninja portent des masques. Une bonne façon de masquer son identité... Je veux dire, ce n'est pas comme si tu étais une putain de tortue géante ou quelque chose du genre.

I told my wife she was drawing her eyebrows too high. She looked surprised.

- J'ai dit à ma femme qu'elle dessinait ses sourcils trop hauts. Elle a eu l'air surprise.

4 expressions courantes qui commencent par *I can't*

I can't believe it.

- Je n'arrive pas à y croire.

I can't help it.

- Je n'y peux rien.

I can't wait.

- J'ai hâte.

I can't understand it.

- Je n'arrive pas à le comprendre.

Bien utiliser l'adjectif *Personal*

PERSONNEL

Many of his personal belongings have been stolen by a kangaroo.

- Beaucoup de ses effets personnels ont été volés par un kangourou.

Nothing personal but you are ugly and you have a big nose.

- Rien de personnel (je ne veux pas vous offenser), mais vous êtes moche et vous avez un gros nez.

LEÇON 316

IDIOM: Across the board

→ Une chose qui s'applique à tout le monde ou pour tout.

Mais d'où ça vient ?

board : tableau

Lors des courses de chevaux du XIXe siècle, les bookmakers indiquaient sur de grands tableaux les cotes des chevaux pour une arrivée en première, en seconde ou en troisième position. Un pari consistait à miser sur les trois places en même temps. Il s'agissait d'un *across the board bet*.

LE GUITARISTE D'AEROSMITH ET UN ÉCRIVAIN AMÉRICAIN VOUS MONTRENT COMMENT UTILISER CET IDIOME.

JOHN HENRIK CLARKE (American writer, historian and professor)

Malcolm X found the language that communicated ***across the board***, from college professor to floor sweeper, all at the same time, without demeaning the intellect of either.

floor sweeper : balayeur

to demean : avilir, rabaisser

JOE PERRY (Guitarist for Aerosmith)

The Beatles just changed everything right ***across the board***. They just had that right combination of clean-cut good looks – a cute band – but under that they had a real rock'n'roll thing going on.

clean-cut : soigné, propre sur soi

LEÇON 317

En anglais, la curiosité est aussi un vilain défaut, alors, profitez-en !

Do you know if her mother eats frogs too?

➥ Est-ce que tu sais si sa mère mange aussi des grenouilles ?

I'd like to know why you are so fat!

➥ Je voudrais savoir pourquoi tu es si gros !

I wonder if pigeons are the babies of turkeys.

➥ Je me demande si les pigeons sont les bébés des dindes.

Bring/take, utilisez le bon mot si vous voulez qu'on fasse ce que vous demandez, bon sang !

Bring

➥ Il y a un mouvement vers vous ou vers la personne qui vous écoute.

Take

➥ L'action se passe ailleurs.

Could you bring me my breast implant?

➥ Pourrais-tu m'apporter mon implant mammaire ?

I'll bring a giraffe.

➥ J'amènerai une girafe.

I took her home to try to bonk her.

➥ Je l'ai ramenée à la maison pour essayer de la baiser. (*to bonk* : rebondir)

IDIOM: *To be a figment of somebody's imagination*

➥ Être un produit de l'imagination.

➥ Quelque chose qui semble réel mais qui ne l'est pas.

RINGO STAR VOUS MONTRE COMMENT UTILISER CET IDIOME.

YELLOW SUBMARINE (Movie)

Ringo Starr: I could've sworn I saw a yellow submarine. But that's not logical now, is it? It must've been one of them "Unidentified Flying Cupcakes". Or ***a figment of my imagination***. But I don't have an imagination.

Unidentified Flying Cupcakes : soucoupes volantes non identifiées.

LEÇON 318

God Save the Queen # 1

Il est maintenant temps de devenir Anglais en apprenant par cœur l'hymne national et sa signification. Maintenant, levez-vous devant vos toilettes, tenez-vous très droit et chantez *the British national anthem* avec autant de sérieux que si vous étiez dans *Westminster Abbey* pour le *wedding of Prince William, Duke of Cambridge, and Catherine Middleton*. Trois jours de suite, ça vous va ? (Non, pas pendant trois jours entiers...)

God save our gracious Queen,	Que Dieu protège notre gracieuse Reine,
Long live our noble Queen,	Longue vie à notre noble Reine,
God save the Queen!	Que Dieu protège la Reine !
Send her victorious,	Rends-la victorieuse,
Happy and glorious,	Heureuse et glorieuse ;
Long to reign over us	Que soit long son règne sur nous,
God save the Queen!	Que Dieu protège la Reine !
O Lord, our God, arise,	Ô Seigneur, notre Dieu, surgis
Scatter her enemies,	Disperse ses ennemis
And make them fall!	Et fais-les chuter !
Confound their politics,	Confonds leurs complots,
Frustrate their knavish tricks,	Déjoue leurs conspirations de filous !
On Thee our hopes we fix,	En Toi, nous mettons notre espoir ;
God save us all!	Que Dieu nous protège tous !

LEÇON 319

God Save the Queen # 2

Apprennez maintenant la deuxième partie de l'hymne national.

Thy choicest gifts in store	Parmi tous, Tu choisis les dons
On her be pleased to pour,	Qu'il Te plaît de lui accorder,
Long may she reign,	Puisse-t-elle régner longuement,
May she defend our laws,	Puisse-t-elle défendre nos lois
And ever give us cause	Et nous donner toujours raison
To sing with heart and voice:	De chanter avec cœur et à pleine voix :
God save the Queen!	Que Dieu protège la Reine !
Not in this land alone,	Non seulement sur cette terre,
But be God's mercies known,	Mais que d'une rive à l'autre (du monde),
From shore to shore!	Soit connue la miséricorde de Dieu !
Lord, make the nations see,	Dieu, fais voir aux nations
That men should brothers be,	Que les hommes devraient être frères,
And form one family,	Et ne former qu'une seule famille
The wide world over.	De par toute la terre.
From every latent foe,	De tout ennemi tapi,
From the assassins blow,	De tout coup d'assassin,
God save the Queen!	Que Dieu protège la Reine !
O'er her Thine arm extend,	Étends Ton bras sur elle,
For Britain's sake defend,	Défends, pour le salut de la Grande-Bretagne,
Our mother, prince and friend,	Notre mère, princesse et amie ;
God save the Queen!	Que Dieu protège la Reine !
Lord, grant that Marshall Wade	Seigneur, accorde au maréchal Wade
May, by Thy mighty aid,	De pouvoir, de par Ton aide puissante,
Victory bring.	Obtenir la victoire.
May he sedition hush,	Puisse-t-il faire taire les voix de la sédition
And like a torrent rush,	Et, à l'instar de la déferlante d'un torrent,
Rebellious Scots to crush.	Écraser les rebelles écossais.
God save the Queen!	Que Dieu protège la Reine !

LEÇON 320

I love beaucoup ton anatomie (8)

TONGUE **: LANGUE**

A foreign tongue

➥ Une langue étrangère

I burnt my tongue

➥ Je me suis brûlé la langue

PENIS **: UN PÉNIS**

VAGINA **: UN VAGIN**

Bien utiliser le mot *Street*

UNE RUE

In a street

➥ Dans une rue

A dead-end street

➥ Une impasse

He just saw Paul walking down the street.

➥ Il vient de voir Paul descendre la rue.

Bien utiliser l'adjectif *General*

GÉNÉRAL

A general description

➥ une description générale

The general idea/belief

➥ L'idée/la croyance générale

Quiz

Testez votre anglais en répondant aux questions qui suivent.

Question n° 1 : Que signifie l'expression *He is a schmuck* ?

a) C'est un dindon
b) C'est un ours
c) C'est un idiot

Question n° 2 : Quelle phrase n'est pas adaptée pour entamer une conversation ?

a) Beautiful day, isn't it ?
b) Pretty nice place, isn't it ?
c) Wanna fuck ?

Question n° 3 : Que signifie l'expression *To paint the town red* ?

a) Rénover une ville
b) Peindre la ville en rouge
c) Beaucoup s'amuser pendant une soirée

Question n° 4 : Par quelle phrase commence l'hymne national anglais ?

a) God save our gracious Queen
b) Long live our noble Queen
c) Happy and glorious

Question n° 5 : Quand utilise-t-on l'expression *A penny for your thoughts* ?

a) Quand on donne une pièce à un sans-abri
b) Quand on veut savoir à quoi pense quelqu'un
c) Quand on jette une pièce dans une fontaine

Question n° 6 : Comment dit-on *un dragon* en anglais ?

a) A fireblower
b) A dragon
c) A tailrat

Question n° 7 : Que signifie l'expression *To put your foot in your mouth* ?

a) Faire du yoga
b) Dire quelque chose que l'on regrette ensuite
c) Avoir très faim

Question n° 8 : Identifiez le groupe de 3 mots américains

a) Gas – vacation – freeway
b) Lorry – shop – taxi
c) Angry – tube - nasty

Réponses :

1c – 2c – 3c – 4a – 5b – 6b – 7b – 8a

Niveau 4
To be, or not to be?
Yes, I know the answer to the question

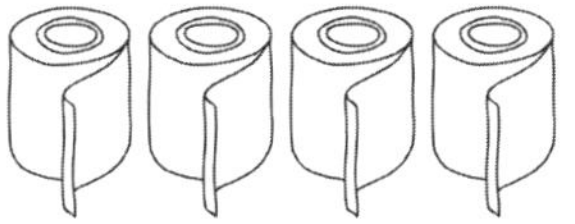

Bravo pour le chemin que vous avez déjà accompli. Vous pouvez être fier de vous. J'espère que votre famille vous soutient dans vos efforts aux toilettes. Dans ce dernier niveau, vous allez continuer à vous améliorer en anglais et être capable de philosopher pour impressionner vos interlocuteurs. À la fin du niveau, vous saurez tout dire, ou presque. Une fois l'apprentissage de ces leçons terminées, vous aurez validé votre niveau quatre balayettes en anglais et vous pourrez l'inscrire sur votre CV.

LEÇON 321

Quelques débuts de phrases utilisés par les Anglais pour dire des méchancetés sans en avoir l'air et que vous allez bientôt pouvoir utiliser…

I'm not racist but you look like a roe deer.

➥ Je ne suis pas raciste mais tu ressembles à un chevreuil.

No offense, but your pink jelly is disgusting!

➥ Sans vouloir offenser personne, votre gelée rose est dégueulasse.

Well, if you want the truth, you are completely red and haven't got a tan at all.

➥ Bien, si tu veux la vérité, tu es totalement rouge et tu n'as pas bronzé du tout.

I hate to break it to you but as an English person, rather than getting a sun tan, you will just turn very red.

➥ Je déteste être celui qui te révèle cela mais en tant que citoyenne anglaise, tu peux seulement devenir très rouge, pas bronzée.

You're gonna hate me for this. I randomnly gave your car to somebody I don't know.

➥ Tu vas me détester pour ça. J'ai donné ta voiture au hasard à quelqu'un que je ne connais pas.

Dire encore plus de mechancetés sans en avoir l'air

We need to talk. Why are you so fat?

➥ Il faut qu'on parle. Pourquoi es-tu si gros ?

Well, you'd be prettier if your nose, your ears and your double-chin were much smaller.

➥ Eh bien, tu serais plus jolie si ton nez, tes oreilles et ton double menton étaient beaucoup plus petits.

I am not trying to be mean but your mother is mean.

➥ Je ne veux pas être méchante mais ta mère est méchante.

I'd never say anything bad about your mother, but she looks like a sausage.

➥ Je ne dirais jamais quelque chose de mal sur ta mère mais elle ressemble à une saucisse.

I hate myself. At the moment, I am with you and with 14 others girls.

➥ Je me déteste. En ce moment, je suis avec toi et avec 14 autres filles.

I don't mean to judge you, but what exactly is that ridiculous accent you have when you try to speak French?

➥ Aucun jugement ici, mais c'est quoi exactement cet accent ridicule lorsque tu essaies de parler français ?

How do I put this gently? Well, Paul, James, Gordon, Jamie, and I- we all hate you.

➥ Comment le dire gentiment ? Bien, Paul, James, Gordon, Jamie et moi, nous te détestons.

Bien utiliser l'adjectif *Political*

POLITIQUE

a political party/leader/prisoner : un parti/leader/prisonnier politique
a political decision : une décision politique

LEÇON 323

Talk ou speak ?

Les verbes **talk** et **speak** signifient parler mais, d'une façon générale, les Anglais les utilisent dans des situations différentes. Ils utilisent **speak** pour dire qu'ils parlent une langue ou s'ils parlent à un grand nombre de personnes en même temps. **Talk** s'utilise pour une conversation avec quelqu'un ou pour parler de quelque chose. Voici des exemples d'utilisation :

I speak fluent English.

➥ Je parle l'anglais couramment.

Are you talking to me?

➥ C'est à moi que tu parles ?

[Au téléphone] Can I speak to Amy please?

➥ Est-ce que je pourrais parler à Amy s'il vous plaît ?

We were talking about it.

➥ Nous étions en train d'en parler.

Here ou There ?

Here signifie *ici* ou *là*. **Here** désigne l'endroit où la personne qui parle se trouve.

What is she doing here?

➥ Qu'est-ce qu'elle fait là ?

She won't be here tomorrow afternoon.

➥ Elle ne sera pas là demain après-midi.

There signifie *là, y, là-bas*. **There** désigne les autres lieux, ceux où la personne qui parle n'est pas.

We are going there on Sunday.

➥ Nous y allons dimanche.

[Au téléphone] Is Amy there?

➥ Est-ce que Amy est là ?

LEÇON 324

IDIOM: *At the drop of a hat*

➥ Faire quelque chose immédiatement.

Mais d'où ça vient ?

Au XIXe siècle, dans de nombreuses compétitions sportives, les arbitres tenaient leur chapeau à bout de bras et le laissaient tomber au sol pour donner le départ.

Emily Browning (Australian film actress, singer and fashion model)
I can cry ***at the drop of a hat***. I've always found that easier than laughing in films.

Eric Idle (English comedian, actor, author, singer, writer, comedic composer)
I will jump on anybody's private plane ***at the drop of a hat***. I'm an old-fashioned lower-middle-class boy.

5 petites phrases à glisser dans vos conversations

Wait a second! : Attends une seconde !
Give it all! : Donne tout !
It sounds so cheesy : Ça sonne tellement faux
It works : Ça fonctionne
It's so cool : C'est trop cool

Clever quote

"A friend is someone who knows all about you and still loves you." ***Elbert Hubbard***

➥ Un ami est quelqu'un qui sait tout de vous et qui vous aime quand même.

LEÇON 325

Boire du vin français avec des Anglais

wine : vin
French wine : le vin français
bottle of wine : bouteille de vin
a glass of wine : un verre de vin
a good wine : un bon vin
red wine : vin rouge
white wine : vin blanc
rosé wine : vin rosé
dessert wine : vin doux
table wine : vin de table
wine cellar : cave à vin
wine expert : œnologue
wine list : carte des vins
wine shop : magasin de vin
to drink wine : boire du vin
to taste a wine : déguster un vin
Burgundy wine : vin de Bourgogne

Rather-Quite-Pretty, 3 mots utiles pour parfois arrêter d'être un Français arrogant et péremptoire !

Utilisés avant un adjectif, **rather**, **pretty** et **quite** signifient *plutôt, assez.*

It's quite cold.

➥ Il fait plutôt froid.

This cake is quite small.

➥ Ce gâteau est plutôt petit.

I was quite tired.

➥ J'étais plutôt fatigué.

James' father's dick was rather small.

➥ La bite du père de James était plutôt petite.

It's rather hot.

➥ Il fait plutôt chaud.

LEÇON 326

Les 3 types de rendez-vous, des mots à connaître pour ne pas fixer sans le savoir un rendez-vous amoureux à son nouveau patron anglais...

Les Anglais ont des mots très précis pour fixer des rendez-vous. Si on les mélange, on risque des quiproquos qui seront soit très gênants, soit très amusants.

A date : Il s'agit d'un rendez-vous amoureux ou d'un premier rendez-vous qui pourrait déboucher sur une histoire amoureuse. Les Anglais utilisent aussi le mot français *rendezvous* et en un seul mot. Un *rendez vous* est toujours un rendez-vous amoureux et/ou un peu secret.

I have a date tonight.

➥ J'ai un rendez-vous ce soir.

We have a rendez vous tomorrow.

➥ Nous avons un rendez-vous (amoureux) demain.

An appointment : Il s'agit d'un rendez-vous médical ou d'un rendez-vous d'affaires.

I'd like to make an appointment with Dr House, please.

➥ J'aimerais prendre rendez-vous avec le docteur House, s'il vous plaît.

To be meeting someone : avoir rendez-vous avec quelqu'un.

She is meeting my mother at four.

➥ Elle a rendez-vous avec ma mère à 4 heures.

Bien utiliser l'adjectif *Whole*

ENTIER

I spent the whole night shagging.

➥ J'ai passé toute la nuit à m'envoyer en l'air.

My whole family came to watch me.

➥ Toute ma famille est venue me regarder.

LEÇON 327

Fixer et valider un rendez-vous

Can we see you tomorrow?

→ Est-ce que nous pouvons vous voir demain ?

Let's meet up for drinks after work.

→ Allons prendre un verre après le boulot.

When is the best time for him?

→ Quand est-ce que ça lui irait le mieux ?

Are you free after school?

→ Tu es libre après l'école ?

What about next week?

→ T'es libre la semaine prochaine ?

Would Tuesday at 11.40 be OK?

→ Est-ce que mardi à 11 h 40 t'irait ?

Let's say tomorrow at 3.

→ Disons demain à 3 heures.

See you on Monday!

→ À lundi !

Clever quote

"I've learned that people will forget what you said, people will forget what you did, but people will never forget how you made them feel." ***Maya Angelou***

→ « J'ai appris que les gens oublieront ce que vous avez dit, oublieront ce que vous avez fait mais les gens n'oublieront jamais la façon dont vous les avez fait se sentir. »

4 petites phrases à glisser dans vos conversations

You screwed up : T'as merdé !
Bollocks! : Foutaises !
No way! : N'y pense même pas !
Wait and see : On verra bien ce qui arrive.

LEÇON 328

Remember ou remind ?

Remind s'emploie pour rappeler quelque chose à quelqu'un.

Remind me to go to the zoo.

➥ Rappelle-moi d'aller au zoo.

Remember s'emploie pour dire « se souvenir de » ou « se rappeler de ».

Where did you leave the crocodile? I can't remember.

➥ Où as-tu laissé le crocodile ? Je n'arrive pas à m'en rappeler.

IDIOM: *The tip of the iceberg*

➥ La partie émergée de l'iceberg.

Bob Woodward (Watergate scandal)
The source known as Deep Throat provided a kind of road map through the scandal. His one consistent message was that the Watergate burglary was just ***the tip of the iceberg***.
a burglary : cambriolage

Clever quote

"I am patient with stupidity but not with those who are proud of it." ***Edith Sitwell***

➥ « Je suis patiente avec la stupidité mais pas avec ceux qui en sont fiers. »

IDIOM: *To be in/of two minds*

➥ Être incapable de se décider à propos de quelque chose.

Batman Forever (Movie)
Bank Guard: Are you gonna kill me?
Two-Face: Maybe, maybe not. You could say we'***re of two minds*** on the subject.

LEÇON 329

J'ai appris l'anglais dans un supermarché !

Dans les supermarchés et dans de nombreux autres magasins, grâce aux marques, vous connaissez de nombreux mots d'anglais.

Des verbes

to pamper : choyer, dorloter
to dash : filer (sens : Je dois filer)
to crunch : croquer

Des mots à utiliser lors de vos voyages lointains

a visa : un visa
the Amazon : l'Amazone, l'Amazonie
coral : corail
a shell : une carapace, un coquillage, une coque
a breeze : une brise
a mango : une mangue
a lotus : un lotus
a puma : un puma
a dove : une colombe
a caterpillar : une chenille
a red bull : un taureau rouge
herbal (essence) : aux herbes
the north face : la face nord
the milky way : la Voie lactée

Et des mots en vrac...

timber(land) : bois de construction
quicksilver : mercure
always : toujours
head & shoulders : tête & épaules
a crunch : un craquement
a bounty : une rançon
an axe : une hache
a signal : un signal
diesel : gazole, véhicule diesel
a gap : un trou, un interstice, un espace
sharp : affûté, tranchant, mordant
an uncle (Bens) : un oncle

LEÇON 330

Vous aimez faire l'amour ? Utilisez l'expression adéquate pour le faire savoir aux Anglais !

Les expressions qui suivent sont classées par ordre croissant de vulgarité. Nous déconseillons fortement d'utiliser les expressions dont le degré de vulgarité est inférieur à 7.

Degré 1 : I like to have sexual intercourse.

➥ J'aime avoir des relations sexuelles.

Degré 2 : I like to make love.

➥ J'aime faire l'amour.

Degré 3 : I slept with him.

➥ J'ai dormi avec lui.

Degré 4 : I need to get laid.

➥ J'ai besoin de m'envoyer en l'air.

Degré 5 : I like to shag outdoors.

➥ J'aime m'envoyer en l'air dans la nature.

Degré 6 : I like to bonk at work.

➥ J'aime m'envoyer en l'air au travail.

Degré 7 : I did her on New Year's Eve.

➥ Je me la suis faite au Nouvel an.

Degré 8 : I banged her.

➥ Je l'ai baisée.

Degré 9 : I screwed him.

➥ Je l'ai baisé.

Degré 10 : Yes, I like to fuck.

➥ Oui, j'aime baiser.

Phrase utile en cas de problème avec la justice sur le sol américain : *I didn't have sexual intercourse with that woman, [insert here « name of that woman »].*

LEÇON 331

Hear ou listen ?

Hear signifie entendre et ***listen*** signifie écouter.

I heard a noise outside.

➥ J'ai entendu un bruit dehors.

I can't hear you.

➥ Je ne t'entends pas.

What kind of music does she listen to?

➥ Quel genre de musique écoute t-elle ?

Don't listen to him!

➥ Ne l'écoute pas !

Clever quote

"Never be afraid to laugh at yourself, after all, you could be missing out on the joke of the century." ***Dame Edna***

➥ « N'ayez jamais peur de rire de vous-même, après tout, vous pourriez passer à côté de la blague du siècle. »

5 petites phrases à glisser dans vos conversations

That would be cool : Ça serait super !
That was pretty funny : C'était plutôt marrant.
That's all I got : C'est tout ce que j'ai !
Come on! You must be joking : Arrête ! Tu dois être en train de plaisanter.
Does that make sense? : Est-ce que c'est compréhensible ?

IDIOM: *Sit on the fence*

➥ Ne pas prendre parti lors d'une dispute.

➥ Ne pas prendre parti dans une compétition.

Calvin Harris (DJ)
I try and ***sit on the fence*** because as soon as you voice any kind of opinion, people begin to think you're an idiot.

LEÇON 332

Expliquer votre routine quotidienne à un anglais

bien que ça ne l'intéresse probablement pas du tout

To wake up :	se réveiller
To wash up :	faire sa toilette
To take my shower :	prendre ma douche
To make the bed :	faire son lit
To make breakfast :	préparer le petit déjeuner
To wait for the bus :	attendre le bus
To go to school :	aller à l'école
To go to work :	aller travailler
To yawn :	bailler
To have a coffee :	prendre un café
To have a nap :	faire la sieste
To go home :	rentrer à la maison
To go to the gym :	aller à la salle de musculation
To watch TV :	regarder la télé
To get undressed :	se déshabiller
To read a book :	lire un livre
To set the alarm clock :	mettre son réveil
To go to bed :	se coucher

Fêter Noël en Angleterre (Mais pourquoi ? Vous n'aimez pas bien manger ?)

Christmas :	Noël
Christmas Day :	le jour de Noël
Christmas Eve :	la veille de Noël
Christmas party :	la fête de Noël
Advent calendar :	un calendrier de l'Avent
candle :	bougie
Christmas card :	une carte de Noël
present :	cadeau
Christmas tree :	l'arbre de Noël
Merry Christmas! :	Joyeux Noël !
Midnight Mass :	la Messe de Minuit

LEÇON 333

Secret Santa, le Père Noël secret des Anglo-Saxons !

Secret Santa est une fête de Noël qui a lieu dans les pays anglo-saxons, souvent au bureau ou dans les associations (*Santa Claus* signifie *Père Noël. Santa* est sa version informelle et raccourcie). **Lors d'un *Secret Santa*, on offre généralement un cadeau et on en reçoit un.** Quelques semaines avant l'événement, les participants tirent un nom dans un chapeau. C'est à cette personne qu'ils devront offrir un cadeau. Le jour du *Secret Santa*, les cadeaux seront rassemblés sur une table. Le nom du receveur est inscrit sur le cadeau, mais pas celui du donneur. Au travail, cela permet de faire des cadeaux très amusants à ses collègues ou à son chef, tout en gardant l'anonymat. La cérémonie de remise déclenche souvent des fous rires. Certains participants rient jaune...

6 nouvelles insultes

Cheap bastard : bâtard à deux balles
Dickhead : tête de bite
Wanker : branleur
Prick : connard
Chav' : caillera
You are a fucking pussy! : t'es une lopette !

LEÇON 334

IDIOM: Straight from the horse's mouth

➥ Apprendre une nouvelle ou une information de source sûre.

La traduction débile

➥ Je l'ai appris de la bouche d'un cheval.

Mais d'où ça vient ?

Dans le passé, acheter un cheval au bon prix n'était pas chose aisée. Il était notamment difficile de connaître l'âge du cheval et son état de santé. Une des techniques employées à l'époque était de regarder dans la bouche du cheval pour observer l'usure de ses dents. On en déduisait son âge et son état de santé.

Big Boi (American rapper)
One thing I like about Twitter is that you can hear it ***from the horse's mouth***.

Batman (Movie)
Batman: I'm gonna get my answers ***straight from the horse's mouth***, at Arkham Asylum.

Fêter Halloween

pumpkin : citrouille
mask : masque
costume : déguisement
witch : sorcière
to dress up : se déguiser
dressed as a witch : déguisée en sorcière
to wear a vampire costume : porter un costume de vampire
skeleton : squelette
spider : araignée
bat : chauve-souris
ghost : fantôme
candy : bonbon
candle : bougie
cemetery : cimetière
monster : un monstre
All Saints' Day : la Toussaint

LEÇON 335

5 petites phrases à glisser dans vos conversations

I have had enough of you : J'ai eu ma dose (de toi)
That's just so funny ! : C'est super drôle !
There is a catch : Il y a un truc.
It doesn't make sense : Ça n'a pas de sens.
How is your herpes? : Comment va ton herpès ?

Clever quote

"If the lessons of history teach us anything it is that nobody learns the lessons that history teaches us."- Anon

➥ « Si les cours d'histoire nous apprennent quelque chose, c'est que personne n'apprend les leçons que l'histoire nous enseigne. »

4 petites phrases pour finir vos phrases

What do you think? : Tu en penses quoi ?
Do you get it? : Tu comprends ?
Right? : C'est bien ça ?
Does that answer your question? : Est-ce que ça répond à ta question ?

Clever quote

"Before I got married I had six theories about bringing up children; now I have six children and no theories." John Wilmot.

➥ « Avant d'être marié, j'avais six théories sur la façon d'élever des enfants ; maintenant, j'ai six enfants et aucune théorie. »

LEÇON 336

To be about to... Une expression qui sera utile à ceux qui font des choses, donc probablement beaucoup de monde...

To be about to... signifie *être sur le point de...* Cette expression est toujours suivie par un verbe à l'infinitif.

I am about to *cry.*

➥ Je suis le point de pleurer.

I was about to *steal a beech-tree when...*

➥ J'étais sur le point de voler un hêtre quand...

I didn't steal your dog. It is at my house because we ***were about to*** *watch a movie together. Dirty Dancing to be specific.*

➥ Je n'ai pas volé ton chien. Il est dans ma maison car nous étions sur le point de regarder un film ensemble. *Dirty dancing* pour être précis.

Clever quote

"To the man who only has a hammer, everything he encounters begins to look like a nail." Abraham Maslow.

➥ « Pour l'homme qui a seulement un marteau, tout ce qu'il rencontre commence à ressembler à un clou. »

Jouer au foot contre des Anglais

football : football
player : joueur
football player : footballeur
game : match
half time : mi-temps
team : équipe
defender : défenseur
winger : ailier
forward : un attaquant
striker : buteur
goal : but
substitute : remplaçant
coach : entraîneur
referee : arbitre
whistle : sifflet
foul : faute
yellow card : carton jaune
red card : carton rouge
free kick : coup de pied arrêté
penalty kick : pénalty
penalty box : surface de réparation
offside : hors-jeu
corner kick : un corner
to dribble : dribbler
to shoot : tirer
pass : passe
tackle : tacle
World Cup : Coupe du monde
stadium : stade

Across ou through, de la 2D à la 3D !

Across et ***through*** signifient à travers.

Across s'emploie pour les espaces en deux dimensions ainsi que pour les lacs ou fleuves traversés à la nage.

Through s'emploie pour les espaces en trois dimensions.

Exemples :
To run across a field : courir à travers un champ
To swim across a river : nager à travers une rivière
To go through the forest : passer à travers la forêt

7 petites phrases très utiles qui commencent par *Don't*

Don't est l'abréviation de **Do not.**

Don't bother!

→ Ce n'est pas la peine !

Don't even think about it!

→ N'y pense même pas !

Don't give up!

→ N'abandonne pas !

Don't make me laugh!

→ Ne me fais pas rire !

Don't waste your time!

→ Ne perds pas ton temps !

Don't worry about it!

→ Ne t'inquiète pas pour ça !

Don't move!

→ Ne bouge pas !

LEÇON 339

Jouer au tennis contre un Anglais

tennis : tennis
court : court
net : filet
to hit : frapper
to break someone's serve : prendre le service de quelqu'un
to serve : servir
grass court : court en gazon
clay court : court de terre battue
tennis player : tennisman
tennis ball : balle de tennis
service box : carré de service
racket : raquette
drop shot : amorti

Clever quote

"Knowledge is knowing a tomato is a fruit; wisdom is not putting it in a fruit salad." Miles Kington.

➥ « Le savoir est de savoir qu'une tomate est un fruit ; la sagesse est de ne pas la mettre dans une salade de fruits. »

Bien utiliser *Ago*

Ago est un adverbe qui s'emploie après une expression de temps. On le place après.

Two days ago *I saw two cats.*

➥ Il y a deux jours, j'ai vu deux chats.

Two months ago *I watched TV.*

➥ Il y a deux mois, j'ai regardé la télé.

Two minutes ago *she was here.*

➥ Il y a deux minutes, elle était là.

According to this monk, ***a long time ago*** *I was a currant.*

➥ Selon ce moine, il y a longtemps, j'étais une groseille.

LEÇON 340

IDIOM: *The big picture*

- Toute l'histoire
- Une vue globale de la situation en prenant de la hauteur.

La traduction débile

- Tu ne vois pas le grand tableau.

BUFFY CONTRE LES VAMPIRES (TV show)
Buffy: It wasn't that bad.
Principal Flutie: You burned down the gym!
Buffy: I did. I really did, but-but you're not seeing ***the big picture*** here. I mean that gym was full of vampires.
to burn : incendier

JAMES BOND – QUITTE OU DOUBLE (Movie)
Look at ***the big picture***. In 12 hours I'll be in Moscow. When my nanorobots will destroy the Kremlin, after I take over Russia, Europe will follow...
to take over : prendre le pouvoir

What et such, exclamez-vous !

What a pity! : Quel dommage !
What a nice lawn! : Quel joli gazon !
What a mess! : Quel bazar !
Such a shame! : Quel dommage !
It is such a perfect day! : C'est une si belle journée !

Twice le mot très utile pour tous ceux qui font des trucs deux fois

Choisissez la phrase ci-dessous qui vous correspond. Chacun va à son rythme. Nous n'avons pas à juger les autres et leurs habitudes.

*I brush my teeth **twice** a day.*

➥ Je me lave les dents deux fois par jour.

*I brush my teeth **twice** a week.*

➥ Je me lave les dents deux fois par semaine.

*I brush my teeth **twice** a month.*

➥ Je me lave les dents deux fois par mois.

*I brush my teeth **twice** a year.*

➥ Je me lave les dents deux fois par an.

IDIOM: *To go the extra mile*

➥ En faire plus que ce qui est habituellement demandé.

Anne Lamott (American novelist)
Some people won't ***go the extra mile***, and then on their birthday, when no one makes a fuss, they feel neglected and bitter.

Anna Kendrick (American actress and singer)
The consummate gentleman on the planet today is George Clooney, who never fails ***to go the extra mile*** for people. Every person matters to George.

LEÇON 342

Des expressions avec le mot shit !

Le mot anglais *shit* signifie *merde*. Au cours des derniers siècles, au même rythme que les Français ont élaboré de multiples expressions avec les dérivés du mot merde (T'as merdé - un fout-la-merde – un truc merdique...), de l'autre côté de la Manche, les Anglais ont créé des expressions avec le mot *shit*. Découvrez dix de leurs expressions familières avec ce mot ou un de ses dérivés.

*I had a **shitty** day.*

➥ J'ai eu une journée merdique.

*It was **shitty**.*

➥ C'était merdique.

*In Brighton, Sarah was **shitfaced** most of the time.*

➥ À Brighton, Sarah était totalement bourrée la plupart du temps.

*Did you see that **shitbox** she was driving? It was a Citroën.*

➥ Est-ce que tu as vu la caisse de merde qu'elle conduisait ? C'était une Citroën.

*I don't **give a shit**.*

➥ J'en ai rien à foutre.

*That's total **bullshit!***

➥ C'est des grosses conneries !

*Paul is a **total shithead**.*

➥ Paul est un gros connard.

*In Disneyland, "it's a small world" **scared the shit out of me.***

➥ À Disneyland, "it's a small world" m'a foutu la trouille.

*This dude is so **full of shit**.*

➥ Ce mec est bidon.

*Are you **shitting me**?*

➥ Tu te fiches de moi ?

*Stop **talking shit**!*

➥ Arrête de dire des conneries !

LEÇON 343

Bien utiliser l'adjectif *True*

VRAI

A true story

➥ Une histoire vraie

I am a true gentleman.

➥ Je suis un vrai gentleman.

Is it true that you did not steal the inflatable crocodile?

➥ Est-ce vrai que tu n'as pas volé le crocodile gonflable ?

Bien utiliser le mot *Woman*

FEMME

A 26-year-old woman

➥ Une femme de 26 ans

Your wife is a really nice woman. Is she free?

➥ Votre femme est une très belle femme. Est-elle libre ?

Have you met my new woman?

➥ Avez-vous déjà rencontré ma nouvelle femme ?

WOMAN dans une citation amusante

Instead of getting married again, I'm going to find a woman I don't like and just give her a house. Rod Stewart

➥ Au lieu de me marier une nouvelle fois, je vais trouver une femme que je n'aime pas et juste lui donner une maison.

LEÇON 344

IDIOM: *To breathe down somebody's neck*

- Faire très attention à ce que quelqu'un fait à tel point que ça l'ennuie.
- Surveiller quelqu'un par-dessus son épaule.

La traduction débile

- Il me sent le bas du cou.

David Lindsay-Abaire (American playwright, lyricist, screenwriter)
Having deadlines helps because people are constantly ***breathing down my neck***, and tapping their toes waiting for pages. So I just have to work nine to five. If I didn't have deadlines then I might be more of a golden hour kind of guy, writing from eight to noon and calling it a day, but that's just not the way I work right now.

Clever quote

"A bargain is something you don't need at a price you can't resist." Franklin Jones.

- « Une bonne affaire est quelque chose dont vous n'avez pas besoin vendu à un prix auquel vous ne pouvez pas résister. »

Bien utiliser l'adjectif *Ready*

PRÊT

I'm nearly ready.

- Je suis presque prêt.

Are you ready for that ?

- Est-ce que tu es prêt pour ça ?

He'll be ready in 20 minutes.

- Il sera prêt dans 20 minutes

His parents are ready to go.

- Ses parents sont prêts à y aller.

LEÇON 345

J'ai appris l'anglais sur mes t-shirts ! #1

Les grandes marques utilisent très souvent les mêmes mots sur les t-shirts. Ce sont des mots anglais que vous connaissez pour les avoir lus des centaines de fois. Voici leur signification et comment vous pouvez recycler ce vocabulaire dans des phrases anglaises.

Established 1975, est. 1892...

To establish : fonder

Apple was established on April 1, 1976.

➥ Apple a été fondée le 1er avril 1976.

Denim

Denim : en jean, toile de jean

I am usually in my denims at work.

➥ Je porte des vêtements en jean au travail.

I don't like your denim jacket.

➥ Je n'aime pas ton blouson en jean.

Trademark

Trademark : marque (de fabrique), symbole caractéristique d'une marque

Louis Vuitton is a registered trademark.

LEÇON 346

L'anglais sur mes t-shirts #2

Premium

Premium : plus que d'habitude

You will have to pay a premium to live in this district.

Genuine, genuine quality...

genuine : authentique, vrai

It is a genuine Van Gogh.

➥ C'est un authentique Van Gogh.

He is a very genuine man.

➥ C'est un homme très authentique.

Tailored

Tailored : fait sur mesure, adapté à un besoin particulier

I bought a tailored suit.

➥ J'ai acheté un costume fait sur mesure.

Her massive handmade dildo was tailored to her needs.

➥ Son énorme gode fait à la main a été conçu en fonction de ses besoins.

6 autres mots souvent présents sur les t-shirts

industry	:	l'industrie
extra strong	:	très résistant
corporation	:	une grande compagnie
a patrol	:	une patrouille
crew	:	une équipe, une bande
athletics	:	athlétisme

LEÇON 347

Clever quote

"I couldn't repair your brakes, so I made your horn louder." Steven Wright.

➥ « Je ne pouvais pas réparer tes freins alors j'ai amplifié ton klaxon. »

IDIOM: *To bite off more than you can chew*

➥ Essayer de faire quelque chose de trop difficile pour vous.

JFK (Movie)

Senator Long: Fucking out of control. All of these hippies running around on drugs. You can't tell a boy from a girl anymore. I saw a girl the other day. Pregnant. You could see her whole belly. You know what she had painted on it? "Love Child." It's a mess down there, Jim. ***We've bitten off more Vietnam than we can chew.***

You can't tell... : vous ne pouvez pas différencier
pregnant : enceinte
belly : ventre
mess : désordre

4 expressions courantes qui commencent par *Have*

Have a good day!

➥ Passez une bonne journée !

Have a good time!

➥ Passez du bon temps !

Have a good/nice/safe trip!

➥ Faites bon voyage !

Have fun!

➥ Amusez-vous bien !

Bien utiliser le mot *Dog*

UN CHIEN

Have you fed the dog?

➥ As-tu nourri le chien ?

I'm taking the dog for a walk.

➥ J'emmène le chien se promener.

I'm not really a dog/cat person.

➥ Je n'aime pas trop les chiens/chats.

LEÇON 348

J'ai appris l'anglais au McDo, oui, c'est bien ça, en mangeant des Big Mac

Mc Donald's a ouvert son premier restaurant français en 1979 à Strasbourg. Depuis cette date, chez McDo, nous avons été en contact avec plusieurs mots d'anglais. Voici comment vous pourriez utiliser ces connaissances pour créer des phrases utiles en anglais.

CHICKEN MC<u>NUGGET</u>
I found a nugget.

→ J'ai trouvé une pépite d'or*.

<u>DOUBLE</u> CHEESE
Go through the double door, enter the bar and order a double expresso for me.

→ Passe la double porte, entre dans le bar et commande un double expresso pour moi.

<u>ROYAL</u> CHEESE
Members of the royal family are on a royal visit in France.

→ Les membres de la famille royale font une visite royale en France.

Mc <u>WRAP</u>
Could you wrap her present?

→ Pourrais-tu emballer son cadeau ?

HAPPY <u>MEAL</u>
The meal was heavy, not happy.

→ Le repas était lourd, pas joyeux.

* Pas d'emballement dans le cas où cette phrase est prononcée par votre interlocuteur à l'intérieur d'un McDonald's puisqu'elle signifie alors probablement qu'un Chicken McNuggets a été trouvé sous la table et non une pépite d'or.

LEÇON 349

IDIOM: *You can't judge a book by its cover*

➥ Vous ne pouvez pas savoir ce que quelqu'un ou quelque chose est, seulement à partir de son apparence.

Ozzy Osbourne (English rock vocalist, songwriter, and television personality)
I have a saying. ***"Never judge a book by its cover."*** I say that because I don't even know who Ozzy is. I wake up a new person every day.

Adam Lambert (American singer-songwriter and stage actor)
I'm trying to convey to my audience that ***you really can't judge a book by its cover***, and there's more to the universe than you can see with your eyes.

3 façons de marquer votre désaccord

Absolutely not!

➥ Absolument pas !

Certainly not!

➥ Certainement pas !

Definitely not!

➥ Définitivement pas !

Bien utiliser l'adjectif *Nice*

BIEN, BEAU, JOLI

I am very nice : je suis très sympa
a nice day : une belle journée
nice weather : beau temps
a nice wedding : un beau mariage

LEÇON 350

Mon prof d'anglais s'appelait Michael Jackson.

Vous connaissez tous les plus grands titres de Michael Jackson. Voici comment recycler ce savoir dans des phrases anglaises utiles dans la vie de tous les jours.

Black or white
Which car color blends in better, black or white?

➥ Quelle couleur de voiture rend le mieux, noir ou blanc ?

Beat it
Michael always beats me at ping-pong.

➥ Michael me bat toujours au ping-pong.

Off the wall
Michael made an off-the-wall joke.

➥ Michael a fait une blague très surprenante.

Thriller
I love to watch psychological thrillers.

➥ J'aime regarder des thrillers psychologiques.

Don't stop till you get enough

➥ N'arrête pas tant que tu n'en as pas assez.

Wanna be starting something

➥ Envie de commencer quelque chose.

LEÇON 351

Jackson again!

Rock with you
If you rock the baby gently, he will fall asleep in five minutes.

➥ Si tu berces le bébé, il dormira dans les cinq minutes.

I love
The way you make me feel.

➥ J'aime la façon dont tu me fais me sentir.

They don't care about us

➥ Ils en ont rien à faire de nous.

The girl is mine.

➥ La fille est à moi.

Bad
I am bad.

➥ Je suis mauvais.

I (Remember the time) when we met.

➥ Je me rappelle de l'époque où nous nous sommes rencontrés.

Blood on the dancefloor
There was blood on the dancefloor.

➥ Il y avait du sang sur la piste de danse.

Who is it
Who is it? It's Brian. I am in the kitchen.

➥ Qui est-ce ? C'est Brian. Je suis dans la cuisine.

You are not alone
I am here, you are not alone.

➥ Je suis là, tu n'es pas seule.

You rock my world
I like the fact that you rock my world.

➥ J'aime le fait que tu ébranles mon monde.

LEÇON 352

Clever quote

"The trouble with being punctual is that nobody's there to appreciate it."
Franklin P. Jones.

- « Le problème avec le fait d'être ponctuel est que personne n'est là pour l'apprécier. »

IDIOM: *A blessing in disguise*

- Un événement qui dans un premier temps semble négatif mais qui se révèle par la suite être positif.
- Un mal pour un bien.

TOM FRESTON (Entertainment industry executive)
People often say that a bad event is a ***blessing in disguise***. Trust me, experience will teach you that some are unbelievably well disguised. Everyone gets fired, or decides to make a radical change at some point. Everyone suffers setbacks.
fired : viré
setback : revers

Bien utiliser le mot *Point*

POINT

What's your point?

- Où veux-tu en venir ?

Please get to the point!

- S'il vous plaît, venez-en aux faits !

Intelligence is one of my strong points.

- L'intelligence est un de mes points forts.

He had been trying for one hour. He was on the point of giving up.

- Il essayait depuis une heure. Il était sur le point d'abandonner.

What is the point of your visit?

- Quel est le but de votre visite?

LEÇON 353

Perde de l'argent à la city

the market : le marché
the stock exchange : la bourse
share : action
quotation : cotation
securities : valeurs, titres
shareholder : actionnaire
bond : obligation
dividend : dividende
portofolio : portefeuille
currency : monnaie
rate of exchange : taux de change
a bull market : un marché haussier
a bear market : un marché baissier
to rise : augmenter
to fall : baisser
to rally : se redresser rapidement
a crash : un krach
banker : banquier
banking : la banque
finance : la finance
to be in the red : être dans le rouge

LEÇON 354

Faire des trucs (de l'effet, l'appel, l'aumône...)

Faire le pari de faire qqch :	*to gamble on doing something*
Faire l'effet de :	*to seem like*
Faire le ménage :	*to do the housework*
Faire la vaisselle :	*to do the dishes*
Faire le mort :	*to play dead*
Faire du piano :	*to play the piano*
Faire du football :	*to play football*
Faire du rugby :	*to play rugby*
Faire trop de bruit :	*to make too much noise*
Faire la lessive :	*to do the laundry*
Faire l'amour :	*to make love*
Faire l'amour sur la machine à laver :	*to make love on the washing machine*
Faire les magasins :	*to go shopping*
Ça ne fait rien :	*it doesn't matter*
Faire vite :	*to act quickly*
Faire du droit :	*to do law*
Faire de l'anglais :	*to do English*
Faire tomber quelque chose :	*to make something fall*

5 petites phrases très utiles qui commencent par *Let's*

Let's go!

➥ Allons-y !

Let's talk about it!

➥ Parlons-en !

Let's get out of here!

➥ Sortons d'ici !

Let's eat!

➥ Allons manger !

Let's go somewhere else!

➥ Allons ailleurs !

LEÇON 355

Faire encore plus de trucs !

Faire réparer quelque chose : *to get something repaired*
Faire démarrer le moteur : *to start up the engine*
Faire l'ignorant : *to play the fool*
Il ne fait que + verbe : *all he does is to + verb*
Faire des économies : *to save money*
Faire une offre : *to make an offer*
Faire une pipe : *to give a blow job*
Se faire sucer : *to be sucked off*
Se faire beaucoup d'argent : *to make a lot of money*
Que faites-vous dans la vie ? : *What do you do?*
Se faire des amis : *to make friends*
Se faire vieux : *to be getting old*
Il s'est fait enculer/baiser : *He has been screwed over*
Se faire couper les cheveux : *to get one's hair cut*
Se faire à : *to get used to*
Il ne s'en fait pas : *He doesn't worry*
Se faire opérer : *to have an operation*
Cela se fait beaucoup : *people do it a lot*

Bien utiliser l'adjectif *Cold*

FROID

Are you cold?
➥ As-tu froid ?

A cold beer
➥ Une bière fraîche

I'm a cold and distant man.
➥ Je suis un homme froid et distant.

It's freezing cold.
➥ Il fait un froid glacial

Your hands are freezing cold.
➥ Tes mains sont gelées.

LEÇON 356

5 phrases philosophiques pour montrer toute votre sagesse à votre interlocuteur anglais

I think therefore I am.

➥ Je pense donc je suis. **(Descartes)**

To be, or not to be, that is the question.

➥ Être ou ne pas être, telle est la question. **(Shakespeare)**

The heart has its reasons which reason knows nothing of.

➥ Le cœur a ses raisons que la raison ignore. **(Pascal)**

Nothing great in the World has been accomplished without passion.

➥ Rien de grand ne s'est fait dans le monde sans passion. **(Hegel)**

Life is not a problem to be solved, but a reality to be experienced.

➥ La vie n'est pas un problème à résoudre mais une réalité qui doit être vécue. **(Kierkegaard)**

Tout ce que vous allez bientôt savoir dire avec le verbe *Feel*

SE SENTIR

I feel lonely.

➥ Je me sens seul.

Do you feel better?

➥ Est-ce que tu te sens mieux ?

How are you feeling?

➥ Comment vous sentez-vous ?

I feel like a cup of coffee/tea.

➥ J'ai envie d'une tasse de café/thé.

I don't feel well.

➥ Je ne me sens pas bien.

FEEL dans une citation amusante

"My therapist told me the way to achieve true inner peace is to finish what I start. So far I've finished two bags of M&Ms and a chocolate cake. I feel better already." Dave Barry

➥ « Mon thérapiste m'a dit que la façon d'atteindre la vraie paix intérieure est de finir ce que je commence. Jusqu'ici, j'ai fini deux paquets de M&Ms et un gâteau au chocolat. Je me sens déjà mieux. »

LEÇON 357

Faire du business avec les Anglais

company : société
staff : personnel
sales department : département commercial
accounting department : comptabilité
buyer : acheteur
seller : vendeur
partner : associé
profit : bénéfice
account : compte
market study : étude de marché
managing director : directeur général
boss : chef
to run a business : diriger une affaire
meeting : rendez-vous
laptop : ordinateur portable
business trip : voyage d'affaires
business lunch : déjeuner d'affaires
contract : contrat
to sign a contract : signer un contrat
to set up a company : créer une entreprise
a competitor : un concurrent

Regardez *Top Gear* !

Top Gear est une émission anglaise sur l'automobile et l'une des émissions emblématiques de la BBC. Elle existe depuis 1977 et s'est arrêtée récemment. Les présentateurs Jeremy Clarkson, Richard Hammond et James May en avaient fait une émission automobile intelligente et agréable à regarder. De France, vous pouvez regarder les meilleurs passages de l'émission sur leur chaîne YouTube. Si vous aimez les voitures et si vous voulez faire des progrès en anglais, allez sur YouTube dès votre sortie des toilettes.

- **La page Facebook à suivre** : www.facebook.com/topgear.
- **La page YouTube à suivre** : www.youtube.com/user/TopGear.

LEÇON 358

Prendre des photos

photography : la photographie
camera : appareil photo
digital camera : appareil photo numérique
to take a picture : prendre une photo
lens : objectif
flash : flash
portrait : portrait
underexposed : sous-exposé
overexposed : surexposé
out of focus : flou
enlargement : agrandissement

IDIOM: *To get the hang of something*

➥ Apprendre à faire quelque chose de compliqué.

Kimberley Nixon (Welsh actress)
I have a PC because I don't know how to use a Mac. Actors always have Mac with them, and when I try to use someone else's, I can't ***get the hang of*** it. It's very strange; I don't like it.

Bien utiliser l'adjectif *Real*

VRAI

I have no real friends. You are my only friend.

➥ Je n'ai pas de vrais amis. Tu es mon seul ami.

You could have told me your mother was a real nerd.

➥ Tu aurais pu me dire que ta mère était une vraie nerd.

Shyla Swift is your porn name. What's your real name?

➥ Shyla Swift est ton nom d'actrice porno. Quel est ton vrai nom ?

LEÇON 359

Dire aux Anglais que vous êtes arrivé le premier

et que eux sont arrivés après…

Pour exprimer un classement ou un ordre, on utilise les nombres ordinaux. Voici comment les utiliser en anglais.

I am first. You are second and third.

➥ Je suis le premier. Vous êtes deuxième et troisième.

Pour les autres, qui sont arrivés après vous et les deux autres, on rajoute "th" à la fin.

The fourth : le quatrième
The fifth : le cinquième
The sixth : le sixième
The seventh : le septième
The eighth : le huitième
The ninth : le neuvième
The tenth : le dixième
The eleventh : le onzième
The twelfth : le douzième
The thirteenth : le treizième
The fourteenth : le quatorzième
The fifteenth : le quinzième
The sixteenth : le seizième
The seventeenth : le dix-septième
The eighteenth : le dix-huitième
The ninteenth : le dix-neuvième
The twentieth : le vingtième
puis
The twenty-first : le vingt-et-unième
The twenty-second : le vingt-deuxième
The twenty-third : le vingt-troisième
The twenty-fourth : le vingt-quatrième

LEÇON 360

IDIOM: See eye to eye

→ Être d'accord

Patricia Rae (American actress)
You don't always necessarily ***see eye to eye*** with the people that you are getting married into you, so you really have to learn to open your mind, open your heart and be super compassionate about other people's points of view, faith and opinions.

Tout ce que vous allez bientôt savoir dire avec le verbe *Leave*

QUITTER

He'll be leaving at six o'clock on Monday.

→ Il partira à six heures lundi.

The train leaves in three minutes.

→ Le train part dans trois minutes.

Can I leave a message for the Queen?

→ Est-ce que je peux laisser un message pour la reine ?

Leave that inflatable crocodile where it is!

→ Laisse ce crocodile gonflable là où il est !

Are there any apples left?

→ Est-ce qu'il reste des pommes ?

I left school at 16.

→ J'ai quitté l'école à 16 ans.

I'm very happy to leave England at the end of the week.

→ Je suis très content de quitter l'Angleterre à la fin de la semaine.

LEÇON 361

Les arbres

fir	sapin
maple	érable
horse-chestnut	marronnier
birch	bouleau
box tree	buis
hornbeam	charme
cedar	cèdre
hazelnut tree	noisetier
olive tree	olivier
beech	hêtre
elm	orme
holly	houx
larch	mélèze
pine	pin
pomegranate	grenadier
oak	chêne
rosemary	romarin
weeping willow	saule pleureur
lilac	lilas
yew	if
linden	tilleul

Clever quote

"Women who seek to be equal with men lack ambition." Marylin Monroe.

➥ « Les femmes qui cherchent à être égales aux hommes manquent d'ambition. »

6 expressions courantes qui commencent par *I'll*

I'll see.

➥ Je verrai.

I'll be ok.

➥ Ça va aller.

I'll drink to that.

➥ Excellente idée !

I'll call back later.

➥ Je rappellerai plus tard.

I'll have the same.

➥ Je vais prendre la même chose.

I'll miss you.

➥ Vous me manquerez.

LEÇON 362

10 expressions avec le mot *ass* !

En français, le mot « cul » est utilisé dans de nombreuses expressions familières (J'en ai ras-le-cul, j'étais sur le cul, t'as le cul bordé de nouilles, il l'a dans le cul, etc.), vous ne serez donc pas étonné d'apprendre que les Anglais ont élaboré le même genre d'expressions avec le mot *ass*.

He is ***an ass.***

➥ Il est stupide. (C'est un trou du cul.)

What a ***jackass!***

➥ Quel crétin ! (Quel imbécile !)

I am gonna go in there and ***kick ass.***

➥ Je vais aller leur botter le cul.

That ***kicks ass!***

➥ C'est super cool !

Kiss my ass!

➥ Va te faire foutre ! (Sens : Je ne ferai pas ce que tu veux que je fasse.)

He is a ***candy-ass.***

➥ C'est une poule mouillée.

He expects me to go ***licking his ass!***

➥ Il s'attend à ce que j'aille lui lécher le cul.

His kids are ***a real pain in the ass.***

➥ Ses enfants sont des vrais emmerdeurs.

He is not as funny as he thinks. He is ***a real horse's ass.***

➥ Il n'est pas aussi drôle qu'il le croit. C'est un vrai trou du cul.

Ok, ***wise ass****, if you're so smart, tell me how we are going to solve that!*

➥ OK, gros malin, si tu es si brillant, dis-moi comment on va résoudre ça.

Clever quote

"The best books are those that tell you what you know already." George Orwell.

➥ « Les meilleurs livres sont ceux qui vous disent ce que vous saviez déjà. »

LEÇON 363

IDIOM: *To take its toll*

➥ Avoir un impact négatif.

SALMA HAYEK (Mexican and American film actress)
I will not have Botox. You know why? Because I eat! I eat the fat, I eat the vegetable, I eat everything. If you exercise and you don't eat enough, it ***takes its toll*** on the skin.

IDIOM: *A level playing field*

➥ Une situation équitable, sur un pied d'égalité

ELIZABETH WARREN (American academic and politician)
Americans are fighters. We're tough, resourceful and creative, and if we have the chance to fight ***on a level playing field***, where everyone pays a fair share and everyone has a real shot, then no one – no one can stop us.

IDIOM: *A leap of faith*

➥ Un acte de foi

PRISON BREAK (TV show)
Michael Scofield: Preparation will only take you so far. After that you gotta take a few ***leaps of faith.***

IDIOM: *Out of my league*

➥ Trop belle pour moi, Pas pour moi

WENDY DAVIS (American politician)
Harvard was the most intimidating experience. I felt so ***out of my league*** there.

IDIOM: *To take steps*

➥ Prendre des mesures

ABYSS (Movie)
Lt. Coffey: We don't need them. We can't trust them. We may have ***to take steps***. We're gonna have to take steps.

LEÇON 364

Travailler dans un bureau anglais

to work in an office	travailler dans un bureau
to be at work	être au travail
desk	bureau (table)
office	bureau (pièce)
office hours	les horaires de bureau
computer	ordinateur
keyboard	clavier
mouse	souris
telephone	téléphone
cell phone	mobile
pen	stylo
ballpoint pen	stylo à bille
pencil	crayon
highlighter	surligneur
stapler	agrafeuse
paperclip	trombone
scissors	ciseaux
binder	un classeur
filing cabinet	classeur
file folder	chemise
receptionist	réceptionniste
to photocopy	photocopier
to print	imprimer
drawer	tiroir
scotch tape	scotch
notepad	bloc-notes

Bien utiliser le mot *Way*

CHEMIN, FAÇON

There are so many disgusting ways you can prepare English jelly.

➥ Il y a tant de façons dégoûtantes de préparer la gelée anglaise.

Do you know the way to the opera?

➥ Est-ce que vous connaissez le chemin vers l'opéra ?

On the way to the airport/train station

➥ Sur le chemin de l'aéroport/la gare

You should have done it my way.

➥ Tu aurais dû le faire à ma façon.

Get out of my way!

➥ Dégage de mon chemin !

LEÇON 365

Travailler dans un bureau anglais (la suite)

conference room : salle de réunion
coffee machine : machine à café
lift : ascenseur
stairs : escaliers
employer : employeur
team : équipe
teamwork : travail d'équipe
the staff : le personnel
executive : cadre
to work flexitime : avoir des horaires flexibles
to work overtime : faire des heures supplémentaires
part-time : à temps partiel
half-time : à mi-temps
full-time : à temps plein
work sharing : partage du temps de travail
to have a job : avoir un emploi
carreer : carrière
work experience : expérience professionnelle

IDIOM: (When) the shit hits the fan

- Des informations gardées secrètes deviennent publiques et engendrent des problèmes conséquents.
- Être soudainement dans la merde jusqu'au cou.

La traduction débile

- Quand la merde atteint le ventilateur.

LE TEMPS D'UN WEEK-END (movie)
Frank Slade: Well, gentlemen. ***When the shit hits the fan***, some guys run and some guys stay. Here's Charlie – facing the fire –, and there's George – hiding in big Daddy's pocket. And what are you doing?

UNKNOWN
When the shit hits the fan, don't blame the fan.

4 petites phrases à glisser dans vos conversations

That was so amazing : C'était énorme
Damn it! : Merde ! (Quelque chose survient.)
It's insane : C'est dingue !
Oh my gosh! : Oh, mon Dieu !

Du même auteur, aux éditions Tut-tut

11 x 15,5 cm
192 pages
6 euros

11 x 15,5 cm
192 pages
6 euros

11 x 15,5 cm
224 pages
6 euros

11 x 15,5 cm
224 pages
6 euros

Achevé d'imprimer en Espagne
par Novoprint
Dépôt légal : octobre 2015